36 i 6 sposobów na to, jak uniknąć życiowej gorączki, czyli Katechizm według SZYMONA HOŁOWNI

Projekt okładki
Paweł Panczakiewicz/PANCZAKIEWICZ ART.DESIGN
(Michał Anioł *Stworzenie Adama* – fragment)

Redaktor prowadząca
Katarzyna Litwińczuk

Redakcja merytoryczna
Elżbieta Wiater

Korekta
Małgorzata Ablewska, Mirosława Jasińska-Nowacka

Skład
Tomasz Erbel

Wydawca
Czerwone i Czarne Sp. z o.o. S.K.A.
Rynek Starego Miasta 5/7 m. 5
00-272 Warszawa

Druk i oprawa
Toruńskie Zakłady Graficzne
„Zapolex" Sp. z o.o.
ul. Gen. Sowińskiego 2/4
87-100 Toruń

Wyłączny dystrybutor
Firma Księgarska Olesiejuk Sp. z o.o. sp. j.
ul. Poznańska 91
05-850 Ożarów Mazowiecki

www.olesiejuk.pl

firma księgarska
fk
J&K Olesiejuk

ISBN 978-83-7700-224-7

Warszawa 2016

Książkę wydrukowano na papierze Hi Bulk 53 g vol. 2.4
dostarczonym przez Zing Sp. z o.o.

ZING
www.zing.com.pl

36 i 6 sposobów na to, jak uniknąć życiowej gorączki, czyli Katechizm według SZYMONA HOŁOWNI

Warszawa 2016

Wstęp

Wielka postać XX-wiecznego chrześcijaństwa (i moja idolka) Catherine de Hueck Doherty napisała (w superksiążce *Ewangelia bez kompromisu*): „Dziś trwa wielkie poszukiwanie Boga chrześcijan. Ludzie poszukują cieśli z Nazaretu, ubogiego wędrownego kaznodziei, Boga Człowieka, który umarł z miłości do nas". Dlaczego nie zawsze znajdują?

Prawda się nie przeterminowała, to my przerabiamy ją na nie to, co trzeba. Na bajki o dobrej Bozi, która zawsze obroni nas od chorób i wojen. Na pulpety z moraliny odżywiające przekonaniem, że głównym przesłaniem Ewangelii jest wyregulowanie ludziom ich seksualności. Na tak obce Jezusowi kunktatorstwo i tchórzostwo, motywowane koniecznością obrony stanu posiadania.

Kocham ten Kościół nad życie, on jest moim domem i innego pewnie mieć już nie będę. Podjąłem kiedyś decyzję, że zamiast stać na jego trybunach i krzyczeć: „Bramkarz pipa!", albo w poczuciu rozczarowania wracać do domu na serial, zwlokę się na trawę i wejdę do gry. Dlaczego? Bo z trybun nie wygrywa się meczu. Żeby wygrać (szczęście, nic innego nie jest warte zachodu) – trzeba grać. A żeby grać – trzeba znać zasady tej gry.

I je właśnie chcę w tej książce przypomnieć.

Komu?

Gdyby przerzucić się na chwilę z metafor sportowych na drogowe, mógłbym pewnie powiedzieć, że napisałem to coś dla ludzi takich jak ja. Katolików, którzy jeżdżą na pamięć i jakimś cudem (chyba) jeszcze nikogo nie zabili. Prawo jazdy mam od 20 lat, ale gdyby ktoś chciał przemaglować mnie z wszystkich detali kodeksu drogowego (np. z zasad zawracania na skrzyżowaniach z sygnalizacją świetlną, ze zmiany pasa ruchu na rondzie) – nie wiem, czy wszystko zdałbym na sto procent. Głupio i źle, bo przepisy, normy i regulacje nie są przecież po to, by mnie dręczyć, ale po to, by mi (albo mojej potencjalnej ofierze) kiedyś uratować życie.

Ale w ekstazę wpadnę dopiero, gdy po tę książkę sięgną owi kibice. Którzy kiedyś z nami jeździli, a teraz jeżdżą mało albo w ogóle nie jeżdżą. Bo Kościół, który znali, był nie autostradą do nieba, ale miasteczkiem ruchu drogowego, gdzie wciąż się ćwiczy, lecz dojechać donikąd nie sposób. Uwierzcie mi, ja też przez ostatnie ćwierć wieku słyszałem w polskim katolicyzmie chyba każdą głupotę i widziałem każdy rodzaj leczonego agresją lęku (przed liberałami, przed uchodźcami, przed inaczej myślącymi Polakami). Widzę też w nim jednak mnóstwo (i coraz więcej) miejsc dobrych, zdrowych, ocalałych z ideologicznej pożogi przełomu wieków. Nie poznacie ich, jeśli za szybko odejdziecie, jeśli – choć na chwilę – nie wrócicie. Dla każdego jest miejsce w Kościele Jezusa. Naprawdę.

A Jego Ewangelia to nie licencja na wymądrzanie, lecz prawdziwa petarda. Przygoda życia, która może nas czasem wprowadzić w niezłe tarapaty. Możemy być zabijani, okradani, wyśmiewani (wcale nie przez lewaków albo muzułmanów – z moich obserwacji wynika, że najwięcej krzywd robią sobie wzajemnie bracia chrześcijanie), ale i tak będziemy spójni, o jasnych twarzach, spokojni, szczęśliwi. Świat wokół może się kończyć, bredzić w malignie lub omdlewać z osłabienia, a my – stosując się do wskazówek podanych przez naszego Trenera i Szefa – w duszach zawsze będziemy mieli 36 i 6.

Przekonajcie się sami. Zdrówka życzę!

PS

Tak, wiem, że podobno 36,6 stopni Celsjusza uznawane było za normalną temperaturę ciała wyłącznie w Polsce i w Rosji. Wiem, że najnowsza norma to 36,8, a tak naprawdę – wszystko, co mieści się między 36,4 a 37,2. W Polsce jednak to „trzydzieści sześć i sześć" zawsze było synonimem pełni zdrowia i niech tak już zostanie na wieki wieków. Poza tym w książce omawiam (bardzo po swojemu) 42 zasady wiary, a jak wiadomo dzięki odkryciom radzieckich i amerykańskich naukowców: 42 = 36 + 6, jak by na to nie patrzeć.

PS

Uwaga! Treści zawarte w tej książce są wariacją jednego z miliarda trzystu tysięcy katolików na temat kościelnego nauczania, a nie kościelnym nauczaniem. Piszę tu, jak ja je rozumiem, a nie jak powinno się je powszechnie rozumieć. Dlatego, czytając ten utwór, należy zachować wszelkie środki ostrożności, a tak w ogóle – to najlepiej czytać Ewangelię zamiast książki o niej. To nam wszystkim dobrze zrobi.

PS

Jeśli mogę doradzić: proponuję czytać tę książkę na wyrywki. To bardziej zbiór pogadanek (och, jak ja lubię gadać) niż systematyczny wykład (i stąd czasem powtórzenia, odwołania do czegoś, o czym mowa była też gdzie indziej). A tak w ogóle, to tym z Państwa, którzy nie przepadają za teorią, polecam zacząć lekturę od ostatniej części „Siedem uczynków miłosierdzia (względem ciała)", bo ona jest praktyczna tak, że już bardziej się nie dało.

CZĘŚĆ

I

JAK NIE WYPAŚĆ
Z TRASY?

Rozdział I

DWANAŚCIE PRAWD WIARY

1

WIERZĘ W BOGA OJCA WSZECHMOGĄCEGO, STWORZYCIELA NIEBA I ZIEMI

KRÓTKO I NA TEMAT:

No właśnie: „Wierzę", a nie: „Wiem". Francuski filozof i ateista André Comte-Sponville stwierdził zgrabnie: „Tylko imbecyl może uważać, że wie, iż Bóg istnieje lub nie istnieje". Nie jestem w stanie przynieść niewierzącemu zaświadczenia z laboratorium, że Bóg jednak istnieje, a on nie jest w stanie w żaden sposób dowieść mi, że Boga nie ma.

To generalna zasada, którą da się stosować w wielu szczegółowych debatach. Załóżmy, że przychodzi ktoś i mówi: „Ej, wyznawco bajek, udowodnij, że Chrystus zmartwychwstał!". Odpowiadam mu: „Kolego, najpierw dowiedź, że On nie zmartwychwstał". Pokaż mi grób, a w nim zidentyfikowane bez wątpliwości ciało. To, że nie przekonuje cię fragment teologii albo wkurzyło cię kazanie, to jeszcze za mało, by obalić moje „wierzę". Chcesz zrobić mi kuku mózgiem? Uważaj, byś sam się nim nie skaleczył. Oczekując ode mnie twardych faktów, sam nie jesteś przecież w stanie ich podać. Rozstańmy się więc w zgodzie: ja wierzę, ty nie wierzysz, dziękuję uprzejmie, kropka.

A przecież są tacy, którzy próbują naukowo dowodzić, że Boga nie ma, że Wszechświat wziął i sam się stworzył. Ich zdaniem najpierw było nic i nie było nikogo. Widać – było to chyba nic dużo sprytniejsze od tego nic, na które gapię się właśnie od kwadransa, próbując stworzyć choć z pół planetki, bo jakoś mi nie wychodzi. Zresztą – moje nic to żadne nic, przecież nie umiem wytworzyć w domu doskonałej próżni (i nie umiem też otworzyć sobie czaszki, by dostać się do tej próżni, o której wiem na pewno). Jest tu powietrze, jest cała kupa niewidocznych gołym okiem bakterii, wirusów, grzybów, atomów, neutronów, protonów. A tam było nic doskonałe. Pustka tak pusta, że nie było w niej nawet żadnych praw, które mogłyby zadziałać! A jednak coś się tam jak piorun z jasnego nieba przytrafiło (tyle, że przecież nie było tam piorunów ani nieba). Pustka i nagle – ŁUP! W ciągu trzech minut powstają wszystkie istniejące pierwiastki i dziesięć wymiarów. Po dziesięciu milionach wieków powstają gwiazdy, pięć miliardów lat temu – Słońce. 45 milionów wieków temu w Ziemię wali z impetem planeta Theia, z kawałka naszej planety robi Księżyc i funduje nam pory roku (bo po ciosie odchyla się ziemska orbita). Ziemia jest gorąca i paruje, powstają chmury. Chmury zasłaniają Słońce i Ziemia zaczyna stygnąć. Pada. Przez kilkanaście tysięcy lat. W końcu trzy i pół miliarda lat temu jakiś zbiór pierwiastków wytwarza powłokę, odróżnia się od otoczenia i zaczyna żyć. Miliard lat później pewna bakteria uczy się wykorzystywać światło do produkcji cukrów, wydzielając przy tym tlen. Na ziemi pojawiają się grzyby i mchy. 700 milionów lat temu pojawiają się rośliny, a jakieś 150 tysięcy lat temu – homo sapiens (gdyby dotychczasową, liczącą 4,5 miliarda lat historię Ziemi uznać za pełną dobę, my zjawiliśmy się na niej o 23:59:58).

Wszystko to znikąd, z pustki i zupełnie przez totalny przypadek. Z fizyki zawsze byłem nogą (a raczej protezą nogi), ale jedno zapamiętałem na amen: teoria to jedno, ale muszą ją jeszcze potwierdzić doświadczenia. I to takie, które da się powtórzyć. Powtarzam więc apel: czy jest na sali ktoś, komu z niczego udało się stworzyć coś? Są jakieś zgłoszenia? Cisza?

Współczesne chrześcijaństwo nie ma problemu z tzw. teorią Wielkiego Wybuchu. Od dawna powtarzamy, że Biblia to nie podręcznik do fizyki, historii czy biologii. Że ludzie, którzy ją pisali, mieli Boże natchnienie, ale wykorzystywali je, obrabiając taką wiedzę o świecie, jaką wówczas dysponowali. Chodziło im o pokazanie zasadniczych prawd, a nie o przyrodnicze detale. Mówią więc: Bóg jest i jest Wszechmogący (bo nie może być naraz dwóch Wszechmogących, to logiczne). Stworzył świat z niczego (a nie jak inni legendarni bogowie – porządkując coś już zastanego). Z doskonałej pustki, o której mówią fizycy. Mógł to zrobić choćby poprzez Wielki Wybuch, dając impuls, dzięki któremu prawie 14 miliardów lat temu nieistniejący wcześniej dywan Wszechświata zaczął się nagle rozwijać.

Powtórzę po raz trzeci, żeby się utrwaliło: żadne z dotychczasowych odkryć nauki nie stoi w sprzeczności z ideą Boga Stworzyciela. A może kiedyś nauka odkryje coś takiego, że jednak sprzeczność będzie? To wtedy będziemy się martwić. Na razie mamy spór między zmieniającymi się co chwila genialnymi opiniami genialnych fizyków, a nie mniej genialnym spostrzeżeniem wielkiego dominikańskiego filozofa, św. Tomasza z Akwinu. Gdyby ten cudowny święty (nazywany przez hejterów ze względu na swoją tuszę „Milczącym Wołem") żył dzisiaj, z pewnością świetnie odnalazłby się w branży spożywczej (nie tylko dlatego, że kochał żywność): on z każdej myśli potrafił wycisnąć taką esencjonalną esencję, że idealnie sprawdziłby się jako producent tak popularnych w XXI wieku suszonych dań czy zup. Tomasz, dumając nad początkiem świata, pyta więc: skoro wszystko ma jakąś przyczynę, a przyczyna też musi mieć jakąś przyczynę, przecież to chyba jasne, że gdzieś musi być przyczyna poza tym łańcuchem przyczyn? Pierwsza Przyczyna – Bóg? Albo: skoro na świecie są takie rzeczy, które mogłyby nie istnieć, a jednak są, to znaczy, że świata mogłoby nie być. A jest. To znak, że istnieje w nim także coś, co istnieć musi, bez czego świat nie mógłby istnieć, byt Absolutnie Konieczny, Bóg. Itd. Itp. Etc.

Możemy się spierać *ad mortem defecatum*, ale prędzej czy później i tak wszyscy dojdziemy do ściany, przy której każdy z nas będzie musiał powiedzieć, w co wierzy. Ja powiem: „Wierzę, że za nią Ktoś jest". Kolega powie: „A ja w to nie wierzę" (a więc: wierzę, że tam nikogo nie ma, bo ateizm też jest aktem wiary, skoro nie można go dowieść, sorry).

DLA TYCH, CO WYTRZYMAJĄ JESZCZE TROCHĘ:

Wybitny jezuita i filozof Karl Rahner rzucił kiedyś taką myśl: ale skoro w ogóle wiemy, że ta ściana istnieje, skoro zdajemy sobie sprawę z naszych ludzkich ograniczeń – czy samo w sobie nie jest to uznaniem, że może istnieć coś poza nami? Przecież jeśli widzisz ścianę, to już z samego tego faktu wynika, że musi być coś za nią? Skoro człowiek od samego początku niezmiennie pyta o coś większego od niego (nawet dziś ludzie niewierzący stanowią zaledwie 16 procent światowej populacji) – czy nie jest to wyraźne wskazanie, że coś na rzeczy może jednak być? Jasne, ateiści zaraz wyjadą z tekstem, że wszystkie znane ludzkości bóstwa to po prostu wymyślanki stworzone przez psychikę człowieka zderzonego z sytuacjami, które go przerastają. OK, ale skoro jednak są w ogóle jakieś sytuacje, które człowieka przerastają, to może jednak możemy roboczo założyć, że pokój, w którym żyje, nie jest wszystkim, co mamy na świecie?

Można zadać sobie jeszcze jedno pytanie: jeśli Bóg rzeczywiście istnieje i stworzył to wszystko – po co robi całe te podchody? Nie mógłby wyświetlić na nieboskłonie informacji podobnych do tych, które lecą po zakończeniu filmu: oto scenarzysta, reżyser, producent? To, że tego nie zrobił, jest dla mnie osobiście najsilniejszym argumentem za tym, że On rzeczywiście istnieje. Uwaga, bo teraz będzie stromo: Bóg, w którego wierzymy, istniał zawsze (jest niestworzony). Stworzył człowieka, bo chciał podzielić się z kimś jeszcze miłością. Moja wiara jest odpowiedzią na to, że On wysyła do mnie cały pociąg miłości. A miłość NIGDY do niczego nie zmusza. Nie dostarcza zaświadczeń z pieczątkami oraz paragonów potwierdzających, że to wszystko kupiła mi ta osoba, że właśnie jej to wszystko zawdzięczam, a nie komuś innemu. Czy żona nosi w portfelu zaświadczenie od psychiatry potwierdzające jej miłość do małżonka? Ale jeśli takich zaświadczeń naprawdę potrzebujesz, nie wiem – być może Bóg dostarczy ci i takich. On parę razy dowiódł, że jest gotów na każde szaleństwo.

JAKBY KOMUŚ JESZCZE BYŁO MAŁO:

Tylko jeszcze jedna, maleńka uwaga. Święty Augustyn napisał kiedyś piękne zdanko: „Czym zajmował się Bóg, nim stworzył niebo i ziemię? Przygotowywał piekło dla tych, którzy chcieliby dociec tajemnic". Poprawię Augustyna: dociekając ich – sam robisz sobie piekło. Nasze umysły są ściśle przystosowane do obsługi świata, w którym wszystko ma swój początek, koniec, porządek wynikania. Nie jesteśmy więc w stanie obsłużyć sytuacji, w której mowa o Kimś, kto nie miał początku albo który był, gdy jednocześnie niczego nie było. To nie jest ucieczka, to uznanie, że mam w ręku termometr, ale nie jestem w stanie zmierzyć nim prędkości ruchu ziemi, bo on po prostu nie do tego służy. Jedynym (i innego nie ma) narzędziem do obsługi Boga, jakie mamy obecnie dostępne, nie jest więc fizyka, a relacja. Nie wiem i pewnie nie będę wiedział nic o przedświatowym życiu Boga. Poza tym jednym: skoro wiem, że teraz mnie kocha, to znaczy, że kochał mnie zawsze. Skąd ta pewność? Ano stąd, że skoro jest wszechwiedzący. Wiedział więc, że będę. Hans Urs von Balthasar, wielki XX-wieczny teolog, zamknął tę prawdę w zdaniu: „W Bogu jestem starszy niż w sobie samym".

Przepraszam, ale nie mogę się powstrzymać: jasne, że ksiądz biskup czasem przysmęci, ojciec dyrektor irytuje, a kolejna zbiórka na parapet do plebanii pcha człowieka w ciężkie nerwy. Ale czy jest sens zatrzymywać się na takich bzdetach choć na pół sekundy, jeśli ktoś pozwala nam ot tak, bez żadnych warunków, dopuszczeń i zaświadczeń zanurzyć się w tak kosmicznie nieprawdopodobnej tajemnicy?

PS
A gdyby kogoś interesowało, jak odpowiadać na wszystkie te głupio-mądre zaczepki z gatunku: „A czy Bóg, skoro jest wszechmocny, może stworzyć kamień, którego sam nie da rady podnieść?", odsyłam do mojej książki *Bóg. Życie i twórczość*, w której próbowałem wyjaśnić, że zanim się człowiek zacznie jarać faktem, że wymyślił coś błyskotliwego, niech najpierw dobrze się przyjrzy temu, co wymyślił, i sprawdzi, czy nie strzelił tam ja-

kiegoś logicznego babola (tak jak w opisanej wyżej zagadce: przecież już poczynione na wstępie założenie, że Bóg jest wszechmogący, dyskwalifikuje następujące po nim pytanie).

2

I W JEZUSA CHRYSTUSA,
JEGO SYNA JEDYNEGO,
PANA NASZEGO

KRÓTKO I NA TEMAT:

W poprzednim podrozdziale tak się rozpędziłem przy tłumaczeniu, co to znaczy, że Bóg jest Stworzycielem, że nie wspomniałem ani słowem o prawdzie: „Bóg jest Ojcem". Po pierwsze Bóg jest Ojcem, bo gdyby nie On, nas by nie było. A taki ktoś, kto sprawia, że jestem, to właśnie Ojciec. Oraz Matka. Bo Bóg, choć objawił się jako Ojciec, jest też jak Matka.

Dlaczego Bóg ma Syna? Po co? Dlaczego nie Córkę? I dlaczego tylko jednego? Nie wiem. Nikt z nas nie siedzi w Jego głowie. My, którzy nie radzimy sobie z ogarnięciem naszego życia i nie umiemy rozwiązać choćby tak nieskomplikowanych problemów, jak ten, że w lasach cały czas jest brudno, a politycy to gamonie – powinniśmy wykazywać nieco więcej powściągliwości w porywaniu się na sprawy wykraczające poza Wszechświat. Moglibyśmy częściej i bardziej ochoczo używać zwrotu: „Nie wiemy". Jedyne, co możemy, to próbować odczytać, wydedukować i ubrać w słowa to, co Bóg objawił i uznał, że właśnie tyle nam wystarczy. Bo wystarczy. Ba – jest aż za dużo. Spójrzmy: ludzie od dwóch tysięcy lat, mając tyle danych, ile mają w Piśmie Świętym, spierają się na zabój, o co chodzi z Trójcą Świętą. Więc gdyby Pan dorzucił nam jeszcze trochę danych do pieca, nie można wykluczyć, że ów piec by nam eksplodował.

DLA TYCH, CO WYTRZYMAJĄ JESZCZE TROCHĘ:

Jak mawia pewien znany mi sympatyczny pułkownik, gdy zapędzi się w piętrowe dygresje: do brzegu! A więc: w tym fragmencie *Credo* wyznajemy wiarę w to, że Jezus

Chrystus, człowiek, który chodził po świecie dwa tysiące lat temu (zanim zabili go Jego współziomkowie do spółki z okupacyjną władzą rzymską), jest Synem Boga. OK, ale przecież wyznawaliśmy przed chwilą, że Bóg jest wszechmogący, a więc samowystarczalny, w takim razie po co Mu ten Syn?!

Skoro, jak podpowiada Biblia, zostaliśmy stworzeni na obraz i podobieństwo Boże, może jakiejś podpowiedzi możemy poszukać w relacjach panujących między ludźmi. Po co ludzie mają dzieci? W odpowiedziach: „Żeby ktoś ich utrzymał na starość", „Żeby móc się spełnić jako ojciec lub matka", „Żeby odziedziczyć gospodarstwo", „Żeby w domu było gwarno i żeby nas cieszyły", instynktownie wyczuwamy fałszywy ton. To jeszcze nie to. Dziecko to jednak coś więcej niż ZUS, tabletki z serotoniny, ciągnik albo telewizor. Polski słownik (angielski zresztą też) szkodzi nam tutaj, a nie pomaga: dziecko to nie rzecz, nie można więc „mieć" dziecka. Dziecko przychodzi na świat (a przynajmniej tak powinno być), gdy dwoje ludzi kocha się i pozwala, by z tej miłości powstał kolejny człowiek. Miłość rodzi miłość. Za darmo. Bez zobowiązań. Człowiek istnieje, bo ktoś mówi: chcę, żebyś istniał. To dlatego Kościół tak bardzo pilnuje okoliczności, w jakich przekazywane jest życie, nie zgadza się na przemysłową produkcję człowieka, na przypadkowy seks bez miłości – przekazanie życia to sytuacja najświętsza ze świętych, właśnie dlatego że jest odbiciem tego, co kiedyś stało się w Bogu, gdy On swoje życie Komuś przekazał.

Kiedy to się stało? Pytanie bez sensu. Skoro działo się to przed stworzeniem materii, nie było też czasu. Kościelni mędrcy mówią, że choć w Trójcy Świętej Ojciec zrodził Syna, to nie było takiego momentu, żeby tego Syna nie było. Proste, prawda? Filozof Justyn, opisując sam akt, w którym Bóg Ojciec zdecydował się podzielić swoim szczęściem i miłością, porównuje to do wypowiedzenia słowa albo zapalenia ognia od pochodni. Gdy wypowiadasz słowo, nie doznajesz żadnego uszczerbku, nie masz odtąd mniejszego zasobu słów, a ono już poleciało w przestrzeń i właśnie coś tworzy. Gdy odpalasz świecę od świecy – płomień tej pierwszej nie staje się przecież przez to mniejszy, odtąd płoną obok siebie dwa równe płomienie.

W przypadku naszej Trójcy Świętej dochodzi do tego rzecz jasna Duch Święty, ale o Nim za chwilę. Na razie zostańmy przy Synu. Który, choć jest inną Osobą niż Ojciec, jest też Mu równy. Trójca Święta to nie szef rady nadzorczej, prezes zarządu i dyrektor ds. komunikacji. Wszyscy Trzej są równi, wszyscy Trzej nie mają też jednak problemu, by – gdy trzeba – jeden drugiemu się podporządkować (patrz Jezus, który chce wypełnić wolę Ojca, przyjmując ją za swoją).

Dlaczego jeden Syn, a nie mnóstwo Synów? Przecież skoro miłość tak chciała się dzielić, to mogła się jeszcze podzielić. A jeśli w tym akcie zawarło się już wszystko, okazał się na tyle pełny, że kolejny nie był potrzebny? No to dlaczego Syn, a nie Córka? Tyle wiemy, ile nam objawiono. Jezus, gdy stawał się człowiekiem, stał się człowiekiem – mężczyzną. Taka to przypadłość ludzkiej natury, że nie da się być jednocześnie i panem, i panią (choć ostatnio zdania w tej sprawie bywają podzielone). Trudno więc, by cała refleksja opierająca się na objawieniu się Boga w Jezusie mówiła później o Córce

Bożej, skoro po ziemi chodził Syn. Co oczywiście absolutnie nie znaczy, że kobiety w jakikolwiek sposób są tu dyskryminowane. Bóg stworzył człowieka mężczyzną i kobietą, a choć Jezus bez cienia wątpliwości był (i jest) facetem, tylko człowiek, który upadł na głowę, mógłby twierdzić, że jest w stanie określić płeć Boga Ojca albo Ducha Świętego. Bóg jest poza porządkiem naszej płci, rasy, DNA czy języka.

JAKBY KOMUŚ JESZCZE BYŁO MAŁO:

No i na koniec: „Pana naszego". To bardzo poważna sprawa. Wielokrotnie już pisałem i mówiłem: przez lata nosiłem w sobie traumę po tym, jak w zamierzchłej erze mojego dzieciństwa oazowi animatorzy biegali za mną z formularzem, żądając, bym podpisał im, że „uznaję Jezusa za mojego Pana i Zbawiciela", bo jak tego nie zrobię – nie pojadę na wakacyjne koloniorekolekcje. Opędzałem się od nich jak od akwizytorów. Od tego czasu wysłuchałem takich pytań jeszcze wiele razy (zwykle padały z ust tzw. świeżo nawróconych, dla których owo „uznanie Jezusa za swojego Pana i Zbawiciela" było pstryczkiem, po naciśnięciu którego wszystko zaczyna działać). Wkurzała mnie jakaś dziwna obrzędowość, stechnicyzowanie tego gestu.

W końcu dotarło do mnie coś, co powinienem zrozumieć już 20 lat temu, ale wtedy byłem jeszcze zbyt głupi. To nie Pan Bóg tego potrzebuje, to ja tego potrzebuję. Podreptałem więc do mojej domowej kaplicy i powiedziałem głośno i wyraźnie: „Uznaję, że Jezus Chrystus jest moim Panem, Królem i Zbawicielem", tak żebym ja to usłyszał. Co to znaczy, że jest Panem? Że uznaję

Jego zwierzchność, daję mu prawo do decydowania. Nie dlatego, że jestem taką sierotą, że sam nie potrafię, ale dlatego, że wiem, gdzie jestem w stanie się zaprowadzić, gdy decyduję sam. Psuję relacje, niszczę ludzi, zatrzymuję się w rozwoju, rozmieniam na duperele, tracę czas, siły, zdrowie, nadzieję, pieniądze. Po prostu – tym aktem oddaję wreszcie moją najcenniejszą rzecz, życie, w ręce prawdziwego Fachowca. Bo co to znaczy, że Jezus jest Królem? To znaczy, że wszystko może. Może sprawić, że umrę (oby to jednak, jak pisała słynna gwiazda Facebooka, Ola Radomiak z Piotrkowa Trybunalskiego, stało się po tym, „jak zjem kanapkę z drzemem i obejżę Żułwie Nindża"), może spowodować, że wygram w totolotka. Przede wszystkim jednak, żyjąc pod Jego kierownictwem, mogę czuć się totalnie bezpiecznie. Bo to jedyny znany mi Król (a z historii byłem niezły), który za swojego poddanego jest w stanie oddać życie. Nikt inny za mnie życia nie oddał, a On oddał.

I dlatego uznaję w nim mojego Pana, Króla i Zbawiciela. Zbawiciela, bo obiecał, że mnie przeprowadzi do miejsca, w którym wreszcie zrzucę przemoczony płaszcz i będę mógł w pełni być sobą. Że obiecuje, a może nie spełni? Na razie w niczym mnie jeszcze nie zawiódł, więc dlaczego mam Mu nie zaufać? Przecież co Bóg niby z tego ma, że ja do Niego przyjdę? Że mu coś miłego poszepczę albo że wyzłocę ściany w świątyni? Wolne żarty. Gdyby on rzeczywiście wchodził w relację z ludźmi dla zaspokajania jakichś swoich potrzeb, trzeba by było uznać, że pakuje się w najgorszy biznes świata. Wytężam wzrok, jak umiem, ale naprawdę nie potrafię znaleźć żadnego powodu, dla którego Wszechmogący Bóg miałby tak latać za człowiekiem, jak Ten lata. Jest w tym coś wzruszającego.

Czy każdy musi iść za Nim? Jasne, że nie musi. Znam takich, których do zrobienia paru kroków na tej drodze przekonał np. zakład Pascala (czyli założenie: że jeśli Bóg jest, to super, a jeśli Go nie ma, to i tak przecież nic nie tracisz, nawet nie zdąży być ci głupio, bo przecież po tamtej stronie nic nie będzie). Ja poszedłem (chyba) trochę dalej nie dlatego, że jestem takim herosem wiary, ale – powtórzę – dlatego, że sam już próbowałem i wiem, jak wychodzi. Przerobiłem na wszystkim, na czym zwykle się przerabia, czym kończy się czczenie obrazu z napisem: „Jezu, ufam sobie!". Czas na: „Jezu, ufam Tobie!". I zobaczymy.

3

KTÓRY SIĘ POCZĄŁ
Z DUCHA ŚWIĘTEGO
I NARODZIŁ SIĘ
Z MARYI DZIEWICY

KRÓTKO I NA TEMAT:

Po co Bóg stał się człowiekiem? Bo nie było innej możliwości odkręcenia tego, co inny człowiek popsuł w raju. A cóż takiego popsuł? Na dobre zwichnął relacje rodzaju ludzkiego z Bogiem, ale i ze światem. Popsuł relację góra-dół, ale te poziome też. Nic nam nie wiadomo o tym, by w biblijnym raju komary kąsały ludzi albo żeby myśliwi wypruwali flaki wilkom, które z kolei wykradały komuś owce.

DLA TYCH, CO WYTRZYMAJĄ JESZCZE TROCHĘ:

Jak to się wszystko stało? Otóż pierwszy człowiek stwierdził: OK, to teraz ja będę tak jakby równy Bogu – sam będę decydował, co jest dobre, a co złe. Po którym to komunikacie świat zachował się jak komputer, do którego ktoś wprowadził zainfekowany system operacyjny. Niby to wszystko jakoś działa, ale w trybie awaryjnym: wolniej, co chwila się zawieszając, raz na jakiś czas kasując potrzebne pliki. Nie trzeba być superspecem, by widzieć, że to wszystko zmierza jednak nieuchronnie w stronę samozagłady.

Tu naprawdę nie chodziło o jakieś tam jabłko. Opis biblijny jest symboliczny, ale spod tych wszystkich symboli: drzew, nagle uświadomionej nagości, węży, aniołów z mieczami – bije wstrząsająca prawda. Cały rodzaj ludzki (tu przedstawiony pod postacią Adama i Ewy) dał się omamić gościowi, który ożenił mu GPS zawierający fałszywe współrzędne. Ta historia z Księgi Rodzaju jest szalenie ważna i boleśnie aktualna, bo do dziś pokazuje ludziom główny mechanizm działania Złego. On nie zjawia się nam nagle z różkami i w otoczeniu woni, jaka jeszcze kilkadziesiąt lat temu roztaczała się w Tarnobrzegu (drogie dzieci, w czasach młodości wujka Szymona Tarnobrzeg był polskim królestwem siarki). Nie mówi: „Zgwałć dziewicę", „Rąbnij milion", „Chodź, napadniemy tę miłą staruszkę". Detaliczna kreatywność w robieniu zła to zwykle czysto ludzka sprawka, szatan działa głębiej, na poziomie podstawowych motywacji. „No przecież to, kurczę, nie jest sprawiedliwe, że on ma, a ja nie mam". „Przecież mi też się coś od życia należy!". „Przecież nic się nie stanie!". „Przecież to takie ludzkie!". „Przecież ludzie robią gorsze rzeczy!". „Przecież to tylko raz!".

Szatan w raju nie mówi człowiekowi: „Idź i powiedz: Bóg jest głupi!". A skąd! My tu wszyscy szanujemy Boga! My się tylko upewniamy, czy Go dobrze rozumiemy. Czy On na pewno powiedział: „Nie jedz ze wszystkich drzew w ogrodzie". Przecież to byłby absurd. Przecież podejrzewanie Boga o takie rzeczy, o taką małostkowość – to byłoby bluźnierstwo! „Ach, więc nie możecie jeść tylko z jednego? Przecież Bóg na pewno nie miał tego na myśli, musieliście coś pokręcić. Przecież jeśli zjecie, stanie się samo dobro: otworzą wam się oczy, będziecie jak Bóg, poznacie dobro i zło!". I poznaliśmy. Dostaliśmy w ręce życie i śmierć. Z życiem próbujemy sobie jakoś radzić, ale śmierci nikt z nas nie jest w stanie udźwignąć, nikt nie jest w stanie nad nią zapanować. Popełniliśmy więc jako ludzkość odroczone samobójstwo.

Zło od tysięcy lat oferuje się i zaleca człowiekowi jako dobro, a człowiek od tysięcy lat tę bujdę kupuje. Piłując w ten sposób pracowicie gałąź, na której siedzi. Ta gałąź w końcu pęknie, nie ma zmiłuj. Co można więc z tym zrobić? Nic. Człowiek ma wolną wolę. Podjął decyzję. A każda decyzja oznacza konsekwencje. Gdyby Bóg chciał zrobić interwencję i powiedzieć: „No dobra, wygłupili się ci nasi ludzie, kasujemy konsekwencje" – zanegowałby przecież naszą wolną wolę! Jeśli zrobiłby to nawet w przypadku jednego człowieka, znaczyłoby to, że może to zrobić także w każdym innym. Stalibyśmy się kukiełkami. Wyjście było tylko jedno, szalone do szczętu: Bóg musiał stać się człowiekiem, stuprocentowym, z krwi i kości, jednym z nas, żeby jako człowiek podjąć decyzję inną niż ta, którą podjął kiedyś Adam. Jeszcze raz podłączyć się do centrum świata i zalogować się doń poprawnie, zachowując się wobec Boga, tak jak powinien się wobec Niego zachować człowiek, przywrócić porządek we wzajemnych relacjach.

Dlaczego nie mogli tego zrobić pan Józek albo pani Frania? Dlatego, że oni już byli popsuci. Musiał to zrobić ktoś o identycznej jak Adam kondycji, bez grzechu, czyj wybór byłby doskonały i na wieki. Dlaczego dokonanie owego wyboru musiało się odbyć w tak krwawych okolicznościach, na krzyżu? O, pardon, krzyż to już zupełnie ludzka inwencja. Już samo to, że Bóg przyjmuje ciało jednego ze swoich stworzeń, nie chce się zmieścić w głowie, ale to, że wyładowały się na tym ciele cała małość, złość, nienawiść i głupota, że na Golgocie jak w soczewce zebrały się wszystkie najciemniejsze sprawy tego świata – to już wyłącznie nasza zasługa. I dowód na to, jak bardzo realna, a nie bajkowa, jest biblijna relacja o zniszczeniu grzechem świata. Bo to nie jest chyba zdrowy świat, gdy człowieka, który był chodzącym dobrem, który nigdy nic złego nikomu nie zrobił, ba – który tylu ludziom przywrócił zdrowie, nadzieję, nauczył ich kochać – pozbawia się czci i życia w sposób tak okrutny, że obrazą dla zwierząt byłoby nazwać to zezwierzęceniem?

JAKBY KOMUŚ JESZCZE BYŁO MAŁO:

To dlatego Jezus przyszedł na świat. Dlaczego wtedy? Widać był to pierwszy możliwy moment, w którym mogło się to dokonać. Bóg przez parę tysięcy lat opisanej w Starym Testamencie historii próbował wysyłać ludziom koła ratunkowe, oni jednak nie bardzo chcieli je łapać i nadal robili swoje. W końcu – stało się. Przyszedł. Żeby ktoś był człowiekiem, musi się urodzić. Więc i Jezus musiał się urodzić. Musiał więc mieć matkę. Nie surogatkę, której zadaniem byłoby wyłącznie ogarnięcie biologicznej strony sytuacji, ale mamę w pełnym tego słowa znaczeniu. Musiał też mieć ojca. Z zasady jest tak, że człowiek powstaje, gdy dwoje ludzi na to pozwoli. O tym, że Bóg przychodzi na świat, nie mógł jednak zdecydować człowiek, dlatego poczęcie nastąpiło „za sprawą Ducha Świętego". Jak? Dla kogoś, kto stworzył wszystkie prawa biologii, nie stanowi to żadnego problemu. A ja nie muszę mieć na to zaświadczeń od ginekologa. Nie chcę zrywać zasłony, która spowija tajemnicę, bo co mi z tego przyjdzie, co mi to da?

Choć narzeczony, a później mąż Marii, Józef, nie był biologicznym ojcem Jezusa – dał mu wszystko, co dziecko od ojca dostać powinno. Wychowali go wraz z matką na mądrego, współczującego, otwartego i konkretnego mężczyznę. Przez setki lat wymyślano mnóstwo herezji, próbując jakoś poradzić sobie z rzeczą, z którą nie da się ludzkim mózgiem poradzić. Kombinowano: a może boska natura Jezusa wchłonęła tę ludzką? A może On był jednak po prostu człowiekiem, którego Bóg adoptował i w ten sposób awansował na Syna Bożego? A może On wcale nie miał dwóch natur, tylko po prostu się za człowieka przebrał? Nasza wiara jest taka: Jezus to w 100 procentach Bóg i w 100 procentach człowiek. Jego Ojcem jest Bóg, a On sam, będąc przecież stworzycielem własnej Matki, zdecydował się mówić do niej „mamo", a do jej męża „tato" (i niewykluczone, że nadal do nich tak mówi).

4

UMĘCZON POD PONCJUSZEM PIŁATEM, **UKRZYŻOWAN,** UMARŁ I POGRZEBION

TROCHĘ DŁUŻEJ (ALE CIĄGLE NA TEMAT):

Stało się to w kwietniu, prawdopodobnie w 30 roku n.e. (choć ostatnio znów zwolenników zyskuje stara teza, że rzecz działa się w roku 33). Jezus z Nazaretu został zadenuncjowany przez jednego ze swoich uczniów, uznany za winnego bluźnierstwa przez żydowską arystokrację religijną, a następnie skazany na śmierć i stracony przez okupacyjne władze rzymskie.

Łańcuch motywacji i zdarzeń, który doprowadził do tej tragedii, po ludzku jest całkowicie zrozumiały. Żydom Jezus działał na system nerwowy z dwóch powodów. Po pierwsze: twierdził, że nie tylko jest Mesjaszem, ale wręcz, że jest Synem Bożym, ergo – wyglądało na to, że człowiek stawia się na równi z Bogiem, więc nieprzytomnie wręcz bluźni. Po drugie: Jezus jawił się im jako religijny anarchista. Występował bowiem wprost przeciwko ustalonemu porządkowi, w którym dostępu do Boga Jahwe broniły szczegółowo rozpisane (i rozpasane) kasty religijnych urzędników. Uzależniające uzyskanie Bożej łaskawości od złożenia konkretnych ofiar, wypełnienia setek hiperdetalicznych zakazów i nakazów, a nade wszystko – uległości wobec tych, którzy mianowali się Bożymi PR-owcami, adwokatami, konsulami i ochroniarzami.

Na to wszystko nałożyła się skomplikowana sytuacja polityczna. Ziemia, na której żył i nauczał Jezus, pozostawała pod rzymską okupacją. Jej zarządca, Poncjusz Piłat, był ciężko przerażony wieściami dochodzącymi z rzymskiej centrali, gdzie popłoch siał cesarz Tyberiusz, który w 26 r. n.e., parę lat po śmierci swojego syna Druzusa, przeniósł się do willi na Capri, gdzie

– zdaniem Swetoniusza – przeżywał rozpacz, oddając się rozpuście w towarzystwie młodych chłopców i kompletując imponujące pornograficzne kolekcje. Na miejscu Piłat otoczony był ambicjuszami, z których każdy też chciał kręcić swoje lody. Nigdy nie mógł mieć pewności, czy ktoś nie wysmaży nań jakiegoś donosu (robiono to rzeczywiście nieraz), co tylko nakręcało jego podejrzliwość, brutalność i generalną niechęć do hałaśliwego, butnego i praktykującego dziwną religię narodu, nad którym kazano mu sprawować władzę.

Najbardziej przerażające w całej tej historii jest to, że – by zabić samego Boga – wystarczyły drobne słabości wielu ludzi. Wokół Jezusa trudno dopatrzyć się jakichś opętanych ideologów, stoi tam raczej szereg małych kombinatorów, kalkulujących, co będzie mniejszym złem, przekonujących, że jakieś ofiary muszą być, że przecież naszym celem jest dobro, święty spokój. Że nic takiego się nie stanie: jeden skazaniec w tę czy we w tę. Naprawdę – ludzką rzeczą jest się czasem pomylić.

Co do Judasza teorii jest parę. Jedna głosi, że chciał on sprowokować Jezusa, by wreszcie okazał się tym, na kogo wszyscy czekają: politycznym przywódcą, który zrobi powstanie. Inna, że po prostu jako kasjer apostolskiego grona był przy okazji patologicznym chciwcem i postanowił zamienić Przyjaciela na gotówkę (30, 60 albo 120 dniówek, w zależności od tego, czy owe słynne 30 srebrników to były denary, dwudrachmy, czy szekle). Oczywiście wyłącznie z najczystszych intencji, oczywiście tylko po to, by ów hajs dobrze spożytkować, by naprawić świat (Judasz chwilę wcześniej marudził przecież, że Maria, znajoma Jezusa, wylała mu na stopy olejek wart 300 dniówek, i psioczył, że można by to wydać na działalność charytatywną. „Komu żal poświęcić dla Chrystusa wiele, ten sprzeda Go za mało. Kto żałuje złotówki, ten zdradzi za grosze" – pisze biblista ks. Wojciech Węgrzyniak i trudno się z nim nie zgodzić).

Sanhedryn nie może dopuścić, by na horyzoncie pojawił się jakiś inny religijny autorytet (bo to oznacza straty nie tylko dla Boga, ale też dla świątynnej kasy). Piłat chce jedynie, żeby Żydzi przestali wreszcie zarzucać go petycjami, awanturować się o wszystko, na każdym kroku okazywać mu pogardę (to znamienne, że gdy Jezus debatuje z Żydami, oni – choć siedzą pod okupacją – mówią: „My nigdy nie byliśmy niczyimi poddanymi").

Wszyscy spieszą się też do świątyni na największe doroczne święto. Józef Flawiusz w swojej kronice zapisał, że do Jerozolimy na Paschę ściągało wtedy ponad dwa i pół miliona ludzi. W tym dniach życie traciło w świętym mieście kilkaset tysięcy ofiarnych jagniąt. W świątyni kłębiły się dzikie tłumy ludzi szukających noclegu, wymieniających pieniądze z całego ówczesnego świata. Nie wiem, do czego można porównać klimat tamtego czasu, może do przedwigilijnego wieczoru w wielkiej handlowej galerii?

Gdzieś na obrzeżach tego całego pobożnego galimatiasu dzieje się rzecz o kosmicznym znaczeniu. Człowiek lata po sklepach i kościołach, a paręset metrów dalej, za murem – ktoś zabija Boga. Wykonujący wyrok zaciągnięci do rzymskiej służby Syryjczycy (pewnie tylko oficerowie byli tam Rzymianami) torturują skazańca fachowo. Najpierw każą mu nieść koszmarnie ciężką belkę, do której zostanie przybity (poziomą, pionowa była wmontowana w ziemię na stałe i służyła do wielorazowego użytku; mężczyzn krzyżowano przodem do publiczności, kobiety – tyłem). Później przybijają go, pionizują i czekają, aż skona (a gdyby nie skonał, połamaliby mu nogi, żeby nie mogąc się już podeprzeć, po prostu się udusił). W końcu – przebijają go włócznią.

Śmierć na krzyżu zarezerwowana była dla zbiegłych niewolników albo buntowników. Chciano im w ten sposób pokazać, ile znaczą ich wola, ich chęć pójścia gdzieś albo zrobienia czegoś, czego nie chciał ich pan. Nie było w ówczesnym świecie większego upokorzenia. Jezus musiał przejść przez nie do samego końca, wziąć na siebie maksymalne dostępne cierpienie, żeby wypełnić swoją misję: przyjąć na siebie absolutnie wszystkie konsekwencje grzechu.

Zniósł to bez gadania, choć jego dramatyczna modlitwa parę godzin przed aresztowaniem pokazuje, że nie było Mu łatwo. Wobec swoich oprawców zachował się jak ktoś, kto jest samą Prawdą. Nie kombinował, o nic nie prosił. Mówił, jak jest, bez agresji i publicystycznego zacięcia. Pozwalał ludziom, by zajęli stanowisko, by nic nie zakłócało ich wolnej decyzji. Dziś wiemy, że choć owi ludzie osiągnęli swoje krótkoterminowe cele, w dłuższej perspektywie sromotnie przegrali. Żydowską arystokrację parędziesiąt lat później (po kolejnym powstaniu) wymordowali albo rozpędzili Rzymianie (zburzyli też świątynię). Piłat i tak padł w końcu ofiarą donosów i zdegradowany skończył gdzieś na wygnaniu. Judasz popełnił kolejny błąd: skoro zabił jedynego, który mógł sprawiedliwie go osądzić, postanowił osądzić się sam – popełnił samobójstwo (i to wyraźnie pokazuje, jaką tragedią jest to, że człowiek stawia się na miejscu Boga: my nawet siebie osądzić nie umiemy, tak żeby nie zrobić sobie krzywdy). Do końca życia będzie mi dźwięczało w uszach zasłyszane gdzieś zdanie dotyczące jednego z bohaterów tych dni: „Jego tragedią nie było to, że stał się człowiekiem złym, ale że o mały włos nie stał się człowiekiem dobrym".

Ciało Jezusa szybko zdjęto z krzyża. Piłat pozwolił, by zamiast wrzucać je do masowego grobu, zostało pochowane w grobie należącym do jedynego normalnego człowieka w gronie żydowskiej starszyzny, który poznał się na Jezusie, ale nie miał pewnie możliwości, by zrobić dla niego coś więcej (demokracja też potrafi zabijać, niestety). Józef z Arymatei – warto zapamiętać to nazwisko, bo może będzie on jedynym człowiekiem, który na Sądzie Ostatecznym stanie w naszej obronie, rozumiejąc ludzi, których jedyną zasługą było to, że umieli być mądrzy po szkodzie.

5

ZSTĄPIŁ DO PIEKIEŁ, TRZECIEGO DNIA **ZMARTWYCHWSTAŁ**

KRÓTKO I NA TEMAT:

To w ogóle jakaś niesamowita historia – Bóg poszedł do piekła?! Nie takiego jednak, o jakim w pierwszej chwili myślimy. Tu „piekło" to Otchłań, Szeol, miejsce, w którym – według wierzeń ziomali Jezusa – przebywali zmarli. Swoisty magazyn, obóz przejściowy dla dusz. Były tam jakieś obszary względnego szczęścia, były kolonie karne dla tych, którzy w życiu nabałaganili. W sumie wszystko to jednak było trochę jak siedzenie w piwnicy i czekanie, aż zabrzmi trąba zwiastująca dzień końca świata i wtedy wszyscy pobożni żydzi na hurra ruszą, by zmartwychwstać (zaczynając od tych, co leżą w Dolinie Jozafata, między Wzgórzem Świątynnym a Górą Oliwną w Jerozolimie, z którego to powodu groby na położonej tam nekropolii są tak horrendalnie drogie).

DLA TYCH, CO WYTRZYMAJĄ JESZCZE TROCHĘ:

Jezus idzie jednak do wszystkich. Do żydów i nieżydów, do Greków, Rzymian, Asyryjczyków, do wszystkich, którzy zeszli z tego świata, zanim On na niego przyszedł, ściska się z babcią Ewą i dziadkiem Adamem. Chce przynieść im najwspanialszego newsa: „Panie, panowie – dług spłacony! Kto idzie ze mną do nieba?!". Nie ma rzecz jasna na ten temat żadnych danych, ale kto nam zabroni postawić tezę, że właśnie wtedy powstał czyściec? Bo ci ze zmarłych, którzy odpowiedzieli pozytywnie na wezwanie Jezusa, a nie byli jeszcze w stanie podłączyć się do napięcia w Bożych gniazdkach, drogę do nieba musieli poprzedzić przejściem właśnie przez czyściec. Może właśnie wtedy uroczyście zainaugurowało też swoją działalność piekło? Może wszak być, że wśród ówczesnych rozmówców Chrystusa znaleźli się i tacy, którzy powiedzieli: „A nie, a my Panu Jezusowi to jednak dziękujemy"? Piekło to nie wielopalnikowy grill do torturowania grzeszników. To stan, w którym człowiek mówi: „A odwalcie się ode mnie z całym tym miłosierdziem, z tym Bogiem, ja sobie poradzę sam". I zostaje sam. Sam staje się miarą swojego szczęścia, swojego życia i nie można mu tego zabronić.

Od dawna w teologii toczy się dyskusja: czy Bóg może być szczęśliwy, wiedząc, że któreś z jego dzieci wypięło się nań i cierpi? Możemy chyba mieć nadzieję, że On jednak znajdzie jakąś metodę tak sugestywnego wpłynięcia na owych nieszczęśników, że piekło okaże się puste. Nie wiemy. Póki co trzeba zapamiętać jedno: do piekła trafia ten, kto umiera w stanie grzechu śmiertelnego, a do tego, spotykając się z Bogiem twarzą w twarz, odrzuca Jego miłosierdzie. Jeden z Ojców Kościoła opisywał kiedyś, jak takie spotkanie mogłoby wyglądać. Oto Sędzia na tronie, *vis-à-vis* podsądny, a pomiędzy nimi rzeka ognia. Sędzia pyta: „Czy chcesz być ze mną?". Jeśli podsądny odpowie „tak", przechodzi rzekę, ogień go oczyszcza, idzie do wiecznego szczęścia. Jeśli odpowie „nie", Sędzia zadaje pytanie numer dwa: „A czy pozwolisz, żebym ja z tobą był?". Gdy padnie odpowiedź twierdząca, rzeka rozstępuje się i sędzia wychodzi po pytanego, gdy jest negatywna – dzieli już na zawsze.

Z piekła (a nie Otchłani) nawet Bóg nie może więc wyciągnąć człowieka wbrew jego woli. Czy jednak ci, którzy w chwili śmierci wybrali piekło, zmartwychwstaną? Jasne, bo Chrystus zmartwychwstał i wszyscy zmartwychwstaniemy. Gdzie się wtedy będą podziewać? Nie wiem. Co wtedy będą robić? Nie wiem. Co my wtedy będziemy robić? Nie wiem. Jedyną wiedzę o tym, co stanie się z nami po Sądzie Ostatecznym i po zmartwychwstaniu, czerpiemy z ewangelicznych relacji o Jezusie już po jego wyjściu z grobu. O tym jednak później. Póki co zaś ustalmy raz a dobrze: co więc właściwie wyznajemy, mówiąc, że wierzymy, że On zmartwychwstał? Ano to, że skoro powiedział, że wyszedł z grobu o własnych siłach, to wierzymy, że tak właśnie się stało. Że był pierwszym człowiekiem, który pokonał śmierć. Że nie zapadł w śpiączkę lub śmierć kliniczną (wtedy dochodziłby pewnie do siebie miesiącami, a nie biegał między Emaus a Galileą). Że poszedł do końca na drodze miłości do człowieka (Bóg może przecież zniszczyć człowieka koniuszkiem małego palca, a tu – szanując jego wolną wolę i chcąc go uratować – daje mu się zabić). Dowiódł też na sobie, że Bóg naprawdę przewidział dla nas życie, a nie siedzenie w jakiejś piwnicznej otchłani.

JAKBY KOMUŚ JESZCZE BYŁO MAŁO:

Ludzie mają taki zwyczaj, że gdy coś zgubią, wracają do miejsca, w którym po raz ostatni to widzieli. Spierasz się z kimś o wiarę? Cofajcie się w rozważaniach do miejsca, w którym po raz pierwszy co do czegoś się zgodzicie. Jeśli będzie trzeba, mińcie sobory, wyprawy krzyżowe, ustanowienie tego czy innego święta. Wróćcie być może właśnie aż do Jerozolimy sprzed dwóch tysięcy lat.

Dlaczego grób Jezusa był pusty? Ktoś wykradł ciało, by zbudować sobie na tym kult? Mało prawdopodobne. Gdyby ciało wykradziono, kto zawracałby sobie głowę równym składaniem chust i prześcieradeł, w które był owinięty, a świadkowie zdarzenia zeznali, że w pustym grobie panował idealny porządek. Poza tym: przecież na miejscu były tysiące ludzi, którym zależało, żeby zdemaskować uczniów Chrystusa jako oszołomów, a Jego samego jako hochsztaplera. Oni z pewnością, mając w ręku twarde dowody, nie zawahaliby się ich użyć i mieliby je do dyspozycji ówcześni pisarze i zupełnie niechrześcijańscy historycy. Po drugie: gdyby rzeczywiście uczniowie wykradli Jego zwłoki, czy miejsce ich ukrycia prędzej czy później nie stałoby się miejscem ogromnego kultu? Nie wymagam od ateistów czy agnostyków, żeby natychmiast poszli za mną i wznieśli transparent „Bardzo kocham Jezusa!". Czasem wystarczy zatrzymać się i uczciwie powiedzieć: „Nie wiem, zawieszam sąd". Wiary nie hoduje się na pewności, a na niepewności. Taka *natura rerum*.

6

WSTĄPIŁ DO NIEBA, SIEDZI PO PRAWICY OJCA

KRÓTKO I NA TEMAT:

Jezus po zmartwychwstaniu jakby zupełnie nie dbał o to, co za chwilę ma po sobie zostawić. Nie robi apostołom warsztatów z zarządzania i budowania organizacji. Nie kreśli detalicznych strategii, nie coachuje, nie wykłada wiedzy. Jest z uczniami, ale jakby sercem, myślami był jednocześnie gdzie indziej. Szczerze? Każdy by chyba był.

Jeśli po zmartwychwstaniu Jezus na powrót wrócił do swojego Domu, zanurzył się choć na chwilę w obecności swojego Ojca (a zanurzył się, skoro do spotykającej go przy grobie Marii Magdaleny mówi, żeby go nie zatrzymywała właśnie dlatego, że musi wstąpić do Ojca), to nic dziwnego, że może i nie bardzo chciało Mu się wracać na ziemię. A wyznanie wiary we wniebowstąpienie Jezusa nie jest tylko i wyłącznie kolejnym potwierdzeniem Jego boskiej mocy i pochodzenia. To jedno zdanie powinno wywoływać w nas automatyczne otwarcie oczu i przebudzenie: skoro On tam teraz jest, to przecież i my tam będziemy! Ba, jeśli za chwilę, w czasie mszy (*Credo* najczęściej mówimy podczas mszy niedzielnej) przyjmiemy Go w komunii, już w tej samej chwili znajdziemy się przecież tam, gdzie jest On! Czyli po prawej ręce, na sąsiednim krześle obok Boga Ojca! Tego samego, który stworzył cały świat, włącznie z tymi wszystkimi, którym wydaje się, że go stworzyli albo tworzą. Który jest większy od wszystkiego i wszystkich i który mógłby ten świat zwinąć i obrócić w nicość, ale tego nie robi. Bo nie jest demiurgiem, ale Ojcem.

DLA TYCH, CO WYTRZYMAJĄ JESZCZE TROCHĘ:

Słowo „ojciec" i samą ideę ojcostwa udało nam się skutecznie zdewaluować. Warto jednak spróbować się przebić przez wszystkie odkładające się nam w głowach wyobrażenia: naszego własnego ojca, ojców, o których słyszeliśmy, albo ojców duchownych (ze szczególnym uwzględnieniem ojca Tadeusza i ojca Mateusza). Wyprać się z tych wszystkich naleciałości i raz w życiu powiedzieć do Boga po prostu: „Tatusiu".

Wiem, że to brzmi tak infantylnie, że aż w uszach dzwoni. Moim celem nie jest jednak poprowadzenie kogokolwiek drogą, którą sam nie mam zamiaru iść. Za dużo nasłuchałem się już w katechezach i kazaniach różnej maści projekcji, które bazując na własnych potrzebach albo wyobrażeniach mówców, lepiły jakieś pełne przekonania obrazki, że oto Pan Bóg jest taki albo siaki: surowy, łagodny, zagniewany, rozpogodzony, smutny, szczęśliwy. Nie ma innej drogi ucieczki od zawsze koślawej antropomorfizacji Boga (wciskania go w płaszczyk z ludzkich cech) niż ta, którą On sam wskazał przez Jezusa Chrystusa. A Ten nie gadał o Nim niestworzonych historii, ale po prostu mówił do niego: „Tato" (bo to właśnie znaczy owo słynne „Abba", które dzięki popularnej pieśni autorstwa świętej pamięci o. Jana Góry zlało się u nas w jedną tajemniczą frazę: „Abbaojcze").

Nie ma innej drogi do Boga Ojca niż przez Syna. Przez Syna, czyli przez Jezusa Chrystusa, ale też przez osobiste uznanie się za syna (albo córkę). Do Jezusa czasem się modlimy, bo Go jakoś najbardziej widać, najprościej nam skoncentrować na nim swoje myśli. Czasem może komuś z nas przyjdzie do głowy, by poprosić o coś Ducha Świętego, bo jego kojarzymy z konkretnymi funkcjami, głównie z tymi, które wiążą się z rozjaśnianiem ludziom w głowach. Bóg Ojciec (wcale nie Duch Święty, jak twierdzą niektórzy) to – moim zdaniem – najbardziej zaniedbywana osoba Trójcy Świętej. I najbardziej niezrozumiana, nieuświadomiona. Bo niby dlaczego to jest tak, że – jak mówi Jezus – „nikt nie widział Ojca, tylko Syn i ten, komu Syn zechce objawić"? Co to jest, jakaś zazdrość? Po co w ogóle cała ta idea pośrednictwa, czy nie można spraw załatwiać wprost?

Jeszcze raz powtórzę: Jezus nie broni nikomu dostępu do Ojca. Przeciwnie, On go pokazuje. Chcesz spotkać Kogoś, kogo nie można sobie wyobrazić, ale kto wie o Tobie więcej niż ty sam, bo cię wymyślił, zechciał, żebyś raczej był, niż żeby cię nie było, więc cię stworzył? Zaryzykuj i przez jeden dzień powtarzaj po prostu w każdej chwili, gdy sobie o tym przypomnisz, jedno słowo: „Tatusiu". Tak, żeby nikt nie słyszał, bo to jest intymna rzecz. Powtarzaj tak długo, aż usłyszysz w głowie, w sercu, w całym swoim istnieniu odpowiedź: „Syneczku", „Córeczko".

Może nie usłyszysz nic więcej, ale na pewno coś więcej zobaczysz. Bóg ma milion sposobów, by okazać ci troskę, tak jak tylko Jemu może to przyjść do głowy. Nie wiem, czy zaczną dziać się cuda, znikną choroby, czy pieniądze popłyną szerokim strumieniem, a pokłóceni ludzie rzucą się sobie w ramiona. Ja wiem, że gdy tak się modlę, to wszystko przestaje mieć aż tak wielkie znaczenie. Człowiek będący dotąd kłębkiem nerwów zasypia.

Jak w Psalmie 121. To króciutki wstrząsający tekst. Autor (prawdopodobnie był nim żydowski zawadiaka i macho, król Dawid) mówi tu, że ma wszystko w nosie, że o nic nie dba, ani o rzeczy wielkie, ani o to, co go przerasta. Po prostu śpi jak nażarty niemowlak w ramionach matki. Zero refleksji teologicznej, psychologicznej, socjologicznej, historycznej. Najadł się i śpi. Czy naprawdę potrzeba czegoś więcej, by wytłumaczyć relację człowieka z Bogiem? Widział ktoś malucha kołysanego przez tatę albo mamę, którzy czuwają nad całokształtem jego potrzeb, a jak będzie trzeba, to życie za niego oddadzą? Nie ma takiej rzeczy, której nie chcieliby dla niego zrobić. Ot, i cała teologia. Cała tajemnica Trójcy Świętej zawiera się w tym jednym słowie: „Tatusiu".

JAKBY KOMUŚ JESZCZE BYŁO MAŁO:

Jest tylko jeden szkopuł. Gdy na krzyżu Jezus woła Ojca, ten milczy. Niektórzy widzą w tym dowód na swoistą sprawiedliwą surowość Boga, dla którego wypełnienie się procedur, wyrównanie rachunków jest ważniejsze od jakichś tam czułości. Nie rozumiem tak myślących ludzi. Przecież to oczywiste, że Bóg Ojciec reagując, wkraczając bezpośrednio w całą tę sytuację, waląc piorunem w pluton egzekucyjny, porażając paraliżem Piłata czy Kajfasza, uratowałby swojego Syna, ale na zawsze uwięziłby inne swoje dzieci, choćby tych wymienionych wyżej z nazwiska delikwentów. Pisałem już o tym: jeden ruch Boga ograniczający konsekwencje wolnych wyborów człowieka – i zostajemy marionetkami na zawsze. Na całe wieczne życie. Nie wiem, co musiał czuć Bóg, gdy na to wszystko patrzył (bo nie wiem, co i jak Bóg czuje), przypuszczam jednak, że mógł wtedy na swój boski sposób doświadczyć największej osobistej tragedii. Człowiek złapał go i uwięził w sidle swojej wolnej woli, każąc wybierać między jednym dzieckiem a drugim. Bóg nie potrafi skazać żadnego ze swoich dzieci na śmierć, więc patrzył, jak jeden syn morduje drugiego. A gdy wypełniła się miara zbrodni pierwszego, wyrwał śmierci obu.

7

STAMTĄD PRZYJDZIE **SĄDZIĆ** ŻYWYCH I UMARŁYCH

KRÓTKO I NA TEMAT:

Proszę się przyszykować, ładnie ubrać, wziąć jaja na twardo i bidon, bo będą dwa sądy. Będzie Ostateczny, ale zaraz po śmierci będzie wstępny, który teologowie nazywają sądem szczegółowym. Każdy człowiek widzi na nim całe swoje życie. Czy puszczają mu film? Czy otwiera mu się tablet w mózgu? Czy to jest jak połknięcie książki? Nie mamy zielonego pojęcia, bo nikt, kto umarł, jeszcze do nas nie wrócił (a ci, co twierdzą, że wrócili – widać jeszcze nie umarli, skoro żyją). Ten listing naszych czynów dobrych, złych i tych takich sobie nie będzie miał jednak formy aktu oskarżenia. W tym sądzie nie będzie pana prokuratora, oskarżyciela ani obrońcy. Bardzo lubię i często powtarzam cytat ze wspomnianego tu już Hansa Ursa von Balthasara, który pisał: „Sędzia nie musi nic robić, wystarczy, żeby był". W jednej chwili wszystko stanie się dla nas jasne. Być może niektórzy z nas poczują żal, inni nie będą wiedzieli, gdzie się schować przed walącymi im się nagle na głowę dziesięcioma tonami obciachu. Zobaczymy swoje dobre i złe intencje. Zostanie skrupulatnie policzone każde pięć złotych, jakie kiedykolwiek komuś ofiarowaliśmy, nie oczekując zwrotu, każdy uśmiech, każde zniecierpliwienie i każde durne słowo. Rzecz w tym jednak, że niezależnie od wyniku, jaki pokaże się wtedy na naszym rachunku, nadal będziemy mieć szansę. Sędzia zada nam pytanie o przyszłość.

DLA TYCH, CO WYTRZYMAJĄ JESZCZE TROCHĘ:

To nie jest tak, że można brudzić się bez konsekwencji, skoro bez względu na wszystko będziemy mieli wstęp do nieba. Rzecz w tym, że przed wejściem do nieba człowiek będzie się musiał umyć. Niekiedy tylko opłukać, a niekiedy dogłębnie, do imentu wyszorować i zdezynfekować. Zamiast porównań higienicznych lepiej jednak chyba w odniesieniu do eschatologii stosować elektryczne – pisałem już o tym wcześniej: jeśli chcesz być w niebie, musisz przestroić się na panujące tam napięcie. Owo przestrojenie to czyściec. Z niego prowadzi tylko jedno wyjście – do nieba.

Ale wierzymy też w drugi Sąd. Ten Ostateczny. Będzie miał miejsce po powrocie Chrystusa na ziemię w dniu końca świata. Kiedy nastąpi koniec świata? Bóg to wie – i dobrze, że tylko On. Gdyby ludzie to też wiedzieli, natychmiast zamieniliby świat w piekło. Zdecydowana większość ludzkości poszłaby się oddawać rui i porubstwu, by w ostatnim tygodniu rzucić się do konfesjonałów i klasztorów oraz rozdawać pieniądze biedakom, którzy zatkaliby się i przestali móc je przyjmować. Rozmawiałem kiedyś o tych wszystkich ostatecznych sprawach z wybitnym teologiem, ks. Grzegorzem Strzelczykiem (patrz: książka *Niebo dla średnio zaawansowanych*), a on trafnie podpowiedział, by zastanawiając się nad tym, czy lepiej znać termin końca świata, czy jednak nie – spojrzeć na zachowanie tych, co mówią, że wiedzą, kiedy ów koniec nastąpi. Oni dostają kompletnego świra. Jest w nich lęk, jest zwolnienie hamulców, jest jakaś totalna destrukcja hierarchii wartości. Słowo daję – lepiej, że nic o tej dacie nie wiemy.

Sąd Ostateczny tym będzie różnił się od szczegółowego, że wtedy na stół zostaną wyłożone dokładnie wszystkie karty dotyczące całej historii świata. My, niezależnie od tego, czy będziemy wtedy w niebie, czyśćcu, czy w piekle, staniemy na nim raz jeszcze, by zobaczyć w całej rozciągłości wszystkie skutki naszych działań w życiu każdego człowieka, każdej społeczności. Zobaczymy wtedy, co robiliśmy światu naszymi zakupami, słowami, wyborami politycznymi, takim, a nie innym stosunkiem do pieniędzy, do zwierząt, do wszystkiego. Niezależnie od tego, jak kto będzie się chciał wytłumaczyć i jakie okrzyki w swojej obronie wznosić, nie będzie to miało żadnego znaczenia, ponieważ wszystko dla wszystkich będzie po prostu oczywiste. Zobaczymy (i wszyscy zobaczą) to, co każdy próbował wstydliwie ukryć. Jeśli ukrywał, bo bał się wyśmiania – zostanie to wreszcie ogrzane uzdrawiającym światłem. Jeśli w ukryciu popełniliśmy grzech – będzie trzeba uzyskać przebaczenie od tego, kogo skrzywdziliśmy.

Ten moment Sądu będzie chyba miał coś wspólnego z nabożeństwem odprawianym w prawosławnych świątyniach dokładnie w przeddzień Wielkiego Postu. Każdy obecny w cerkwi musi wtedy podejść do każdego, paść przed nim (literalnie) na podłogę i poprosić go o wybaczenie. Że to trochę zajmie – prosić o wybaczenie siedem miliardów ludzi, którzy dzielili ze mną życie na ziemi (i jeszcze wiele kolejnych miliardów, którym ziemię bardziej popsutą po sobie zostawię)? Nie szkodzi, będziemy mieli czas. A dokładniej – chyba już go właśnie nie będziemy mieli (i właśnie dlatego będziemy go mieli dużo). Czas skończy się bowiem wraz z końcem świata. Zacznie się funkcjonowanie w wymiarze, o którym naszym mózgom niewiele wiadomo (bo i tak byśmy nie umieli nic z tego zrozumieć ani do niczego owych danych odnieść, więc po co nam by to być miało).

JAKBY KOMUŚ JESZCZE BYŁO MAŁO:

To, co dla wielu może wydać się w idei Sądu najbardziej przerażające, dla mnie jest najbardziej pociągające. Proszę sobie wyobrazić radykalne uzdrowienie relacji z wszystkimi żyjącymi ludźmi. Momentalne (poprzez prawdę, teraz podaną nie przez oszalałych dziennikarzy śledczych, a w kontekście miłości) rozsupłanie wszystkich traum, węzłów, kwasów, przykrości. W Piśmie też mówi się sporo o społecznym wymiarze sądzenia. Co to na przykład znaczy, że będziemy sądzeni przez Boga i przez świętych? Wystarczy rzut oka na kogoś, kto stanie wtedy koło mnie, i na jego święte życie, by samemu doskonale zorientować się, ile udało mi się schrzanić. Moje dobre czyny będą zaś w oczywisty sposób zauważone i uznane w uśmiechu tych, którzy podejdą wtedy, by mi podziękować.

Co będzie dalej? Ci, których koniec świata zastał przy życiu, będą musieli jeszcze przed Sądem Ostatecznym przeżyć jakoś swój czyściec (może na nich poczekamy). Po Sądzie ci, co chcieli iść do piekła, pójdą do piekła (które dla niektórych będzie może ich własnym wyobrażeniem nieba – grillem, żaglówką, wiaterkiem, piwkiem – pomnożonym przez koszmarnie, niewyobrażalnie długo, czyli wieczność). A reszta pójdzie do przygotowanego przez Boga świata w wersji 2.0. Gdzie będzie ten świat? Nie wiem. Czy tylko na ziemi, czy we Wszechświecie? Nie wiem. I nie muszę wiedzieć, na razie mam inne zmartwienie. Patrzę w oczy każdego spotkanego na ulicy, w przychodni, w pracy człowieka i myślę: kurczę, ta pani/ten pan mnie kiedyś osądzi. Po czym zwykle robi mi się słabo.

8

WIERZĘ W **DUCHA ŚWIĘTEGO**

KRÓTKO I NA TEMAT:

Bardzo trafia mi do przekonania myśl wyrażona przez hebraistkę i teolog Marię Miduch: gdyby Pan Bóg chciał, zrzuciłby nam z nieba sto ton książek teologicznych i kazał nam to wszystko czytać, abyśmy Go poznali. Zrobił jednak coś innego: wysłał nam Ducha Świętego. I to On, jedna z osób Trójcy Świętej, ma nam wszystko wyjaśnić, wszystkiego nauczyć i literalnie wszystko, do imentu, pokazać.

DLA TYCH, CO WYTRZYMAJĄ JESZCZE TROCHĘ:

A na dodatek pocieszyć i wzmocnić. Jedno z najbardziej kojarzonych przez wierzącą publiczność wystąpień Ducha Świętego ma wszak miejsce w Wieczerniku, gdzie 50 dni po zmartwychwstaniu Jezusa (i jakieś dziesięć po jego wniebowstąpieniu) grupa uczniów i uczennic modli się i zastanawia się, co dalej z tym wszystkim robić. Nagle na sali pojawia się podmuch, nad głowami – coś na kształt płomyków, wszyscy zaczynają mówić niezrozumiałymi językami. Dostają nieziemskiego powera, który pozwala im wyjść i robić coś, co dla grupki nieuczonych galilejskich wieśniaków i rybaków wydawało się wyzwaniem szalonym. Wszystkim i wszędzie – bez zwracania uwagi na różnice klasowe, językowe, majątkowe – głosić Ewangelię, czyli Dobrą Wiadomość, o tym, że Bóg kocha ludzi i że nie ma już śmierci (to znaczy jest, ale nie ma już żadnego znaczenia)!

Duch Święty jest jednak obecny w Piśmie Świętym także w innych miejscach. Jest przy stworzeniu świata, kiedy to „Duch Boży" (a raczej – na co zwraca uwagę

Maria Miduch – „ta Ducha", gdyż hebrajskie *ruah* jest rodzaju żeńskiego) unosi się nad pustkowiem i wodami. Jest z prorokiem Ezechielem, gdy ten dostaje od Boga megaabsurdalne zadanie, by gadał do kości poległych spoczywających w dolince, a następnie by wzywał Ducha, żeby owe kości ożywił. Duch zstępuje na Maryję w chwili zwiastowania. Pokazuje się nad Jezusem w momencie Jego chrztu.

W tym akurat wypadku robi to pod postacią gołębicy i stąd bierze się cała nasza współczesna ikonografia, która narobiła nam w głowach więcej szkody niż pożytku. Umysł ludzki porządkuje od razu każdy strzępek danych niczym w jakiejś neurotycznie zarządzanej sortowni, byle szybciej zamknąć wszystko w odpowiednich pojemnikach. I tak wystarczyło ludziom powiedzieć, że Bóg jest ojcem, żeby zrobiono zeń starca (wiadomo, skoro Jezus jako człowiek ma na obrazach koło czterdziestki, to Ojciec musi mieć od siedemdziesiątki w górę). Duch Święty ten jeden jedyny raz nieopatrznie (po co to robiłeś, Duchu Święty) pokazał się pod postacią jakby gołębicy, byśmy od razu zamknęli go w sekcji dziwnych boskich zwierząt. A przecież On nie jest ptakiem, jest osobą! Nie grucha, nie czyści sobie skrzydełek. Ale myśli, czuje, istnieje, wie wszystko i bardzo często mówi.

JAKBY KOMUŚ JESZCZE BYŁO MAŁO:

Ba, mówi pewnie cały czas, tylko żeby Go usłyszeć, trzeba by się zamknąć. Duch Święty – mam czasem wrażenie – jest jak owe radiostacje działające ponoć w paru miejscach w Polsce, nadające dniem i nocą ciągi jakichś cyfr, o których jedni mówią, że to wskazówki dla szpiegów, a jeszcze inni, że to supertajne cuda. Jak jednak rozplątać cały ten szyfr? Nic nie trzeba robić. Należy po prostu stać, słuchać i patrzeć. Nie potrzeba żadnych talentów i figur, wystarczy nadstawić uszu, by to, co było szyfrem, nagle stało się zbiorem jasnych wskazań.

One najczęściej nie przychodzą przez jakieś konkretne słowa: „idź w lewo", „pojedź w prawo". Wszystkie siedem darów Ducha Świętego, które dostajemy w czasie bierzmowania, mają za zadanie wzmacniać nasze własne cnoty: wiarę, nadzieję, miłość, roztropność, umiarkowanie, sprawiedliwość, męstwo. Duch Święty nie wymienił w Wieczerniku świętego Piotra na nowy, lepszy model. Pracował na materiale zastanym. Tego Piotra, jaki był dostępny, uzdrowił, poodblokowywał, wypalił mu w głowie lęki, a zaszczepił nadzieję. Duch Święty to genialny mechanik, który nawet z twojego trabanta zrobi wyścigowy bolid.

Osobiście chciałbym Go kiedyś spotkać. Tylko czy Jego da się zatrzymać w pędzie? Nie wiem. Ducha Świętego (właśnie przez owo *ruah*, które również „wiatr" oznacza) porównuje się do wiatru. A przecież wiatr, który się nie rusza, nie jest wiatrem. Porównuje się Go także do ognia. I do wody. Te wszystkie mniej lub bardziej poradne intuicje pokazują, że mamy tu do czynienia z Osobą, ale i z żywiołem. Że taką osobę ciężko sobie wyobrazić? Jasne, nie znamy przecież nikogo takiego. Nie znajdziemy go jednak nigdzie indziej jak w nas samych. Jak powiedział kiedyś mądrze ks. Grzegorz Strzelczyk, Duch Święty tak bardzo jest w nas, tak bardzo jest po naszej stronie, że aż go ignorujemy.

Działające w Kościele ruchy charyzmatyczne zachęcają: „Przyjdźcie, dowiedziemy wam istnienia Ducha Świętego, gdy na waszych oczach zaczną się dziać uzdrowienia, ludzie zaczną mówić dziwne słowa albo padać". Ja tego typu zebrania zwykle obchodzę z rezerwą. Choć parę razy, stojąc na ich obrzeżach, zdarzyło mi się doświadczyć, że huragan porywający innych ludzi pod sufit, mnie muska jakimś łagodnym wietrzykiem. Który – choć przecież jest powietrzem – obmywa mi twarz.

Cytowany przez Marię Miduch francuski filozof Gabriel Marcel pisał: „Kochać kogoś to mówić: ty nigdy nie umrzesz". Nie wiem, co robi Duch Święty u innych. Wiem, że u mnie po prostu powtarza te cztery słowa. Wszystko, co dobrego, odważnego, mężnego, roztropnego, umiarkowanego, pełnego nadziei, wiary i miłości zdarzyło się w moim życiu, zdarzyło się tylko dlatego, że posłuchałem tych słów i przez chwilę w nie wierzyłem.

A skoro już się tak wam zwierzam intymnie i serdecznie: wiecie, Drodzy Czytelnicy, jaki jest dla mnie koronny dowód, że ja wciąż w owego Ducha Świętego niezbyt wierzę? Pokazuję i objaśniam: otóż Duch Święty, jako się rzekło, jest w człowieku sprawcą wszelkiej wiary. Bez pomocy Ducha nikt nie może uwierzyć Bogu, powiedzieć: „Jezus jest Panem", tak stoi w Piśmie. OK, mówię więc: „Jezus jest Panem". I co z tego? Otóż wszystko. Wiara to w zasadzie jedyna rzecz, o którą powinniśmy się modlić, bo to uniwersalny klucz, który otworzy nam później wszystkie drzwi. Niezależnie od tego, o co będziesz się modlił, czy o zdrowie, czy o kasę, czy o rozwiązanie sporu, jeśli będziesz się modlił z wiarą – dostaniesz to. Albo dużo więcej. Jezus nie dawał chorym protez, nie rozdawał lekarstw, On im dawał zdrowie. Niepełnosprawny (Dzieje Apostolskie podają, że nie chodził od urodzenia) leżący przy bramie świątyni prosił Piotra i Jana o jałmużnę. Co dostał w imię Jezusa? To, że minutę później zaczął tańczyć i skakać. Podczas jakichś rekolekcji usłyszałem historię pewnego znanego polskiego ewangelizatora (zupełnie świeckiego faceta), który pędzi życie nomady, wraz ze swoją liczną rodziną przemieszczając się między jednym miejscem głoszenia a drugim. Ów gość z zawodu jest muzykiem. Gdy w jego życiu pojawił się ostry kryzys finansowy, zrozumiał, że powinien założyć firmę, która pozwoli mu zapewnić byt bliskim, a jednocześnie swobodnie głosić Jezusa. Firma miałaby zajmować się nagłośnieniem imprez i chyba produkcją muzyczną. Do tego potrzebny był sprzęt. Ów człowiek z wiarą oddał tę sprawę w ręce Jezusa. Po jednej z jego konferencji podszedł do niego ktoś, kto – ot tak, poruszony tym, co usłyszał – zaoferował mu... milion złotych.

Milion złotych. Bańka! Mnie do dziś wszystko zżera z zazdrości. Panie Boże, a ja?! Możliwe wytłumaczenia są dwa: albo ja tego miliona jednak w tej chwili nie potrzebuję (choć mi się wydaje, że potrzebuję), w myśl zasady, że „na koniec wszystko na pewno będzie dobrze, a jeśli nie jest dobrze, to znak, że to jeszcze nie koniec". Albo (i to wydaje mi się bardziej prawdopodobne): wciąż nie umiem prosić z wiarą.

Nie o wiarę w to, że Bóg jest wszechmocny i że może coś zrobić, tu chodzi. A o wiarę w to, że kocha, że chce i że to dla mnie zrobi. Czy ktoś widział fajny ewangelizacyjnie, ale filmowo kiepski film *Bóg nie umarł*? Pewien pastor z kolegą mają jechać gdzieś na weekend, wypożyczają auto, ale ono nie odpala. Wypożyczalnia podstawia drugie, ale ono też czegoś nie kręci. Trzecie – to samo. Za czwartym razem kolega pastora mówi mu, żeby krótko i zwięźle pomodlił się, żeby ruszyło. Ten bez przekonania (wszak rozruszniki to sprawa mechaników, a nie Boga) modli się i rusza do wozu. „A walizki wziąłeś? Zapakuj do bagażnika walizki!" – mówi pastorowi kolega. I oto właśnie chodzi! Uwierzyć, że jeśli prosisz, to dostaniesz. Jak ma dostać ktoś, kto na wejściu nie wierzy, że dostanie? Jak Bóg ma obdarować kogoś trzema tonami darów, skoro on prosi tylko o naprawienie roweru?

To Duch Święty sprawia, że zaczynając jakąś fajną sprawę, czasem zupełnie bez perspektyw, umiemy wierzyć, że dojedziemy do happy endu. Tylko Duch Święty może sprawić, że wreszcie przestaniemy Boga obchodzić jak pies jeża i zaczniemy go traktować jak Ojca. Czasem z czułością i chcąc się po prostu przytulić. Czasem chcąc posłuchać mądrej rady. A czasem jasno, wyraźnie, konkretnie i bez kokieterii prosząc o to, czego nam realnie brakuje. To Duch Święty daje nam wtedy pewność, że choć z naszym wysłuchiwaniem najbliższych bywa różnie, Bóg Ojciec zawsze wysłuchuje próśb swojego Syna oraz Jego braci i sióstr.

9

ŚWIĘTY KOŚCIÓŁ
POWSZECHNY, ŚWIĘTYCH OBCOWANIE

KRÓTKO I NA TEMAT:

Ale co tu jest do wierzenia? Do Kościoła przez duże „K" (czyli do wspólnoty) się należy, do kościoła przez małe „k" się chodzi na nabożeństwa. W co tu wierzyć?

Przede wszystkim w to, że Kościół to coś więcej niż kółko wędkarskie czy miejsce świadczenia usług religijnych. Słowo „Kościół" w swoim greckim oryginale oznacza „zwołanie, zebranie". W starożytnej Grecji było to zebranie obywateli danego miasta, którzy zeszli się, by o czymś się dowiedzieć, nad czymś debatować albo zrobić inną ważną sprawę. A więc: ktoś nas zawołał i przyszliśmy. Jesteśmy, bo odpowiedzieliśmy na czyjeś wezwanie. Czy katolik, który jest w Kościele, bo jest, ale nie ma świadomości, że ktoś go zawołał ani że on na coś odpowiedział, jest w Kościele? Formalnie tak, rzeczywiście pewnie nie.

Kościół to nie formalność. Zawołanie i odpowiedź to przecież czysta aktywność. My, katolicy, wierzymy, że gdy ludzie zwołani przez Boga zbierają się, by na to wołanie zareagować, wtedy jest z nimi Bóg i mają do dyspozycji komplet wszystkich pomocy, które umożliwią im sensowne przejście do wiecznie szczęśliwego życia. Ba, my wierzymy, że gdy zbieramy się razem – dzięki Duchowi Świętemu nie możemy się pomylić. Każdy z nas z osobna – tak, ale wszyscy razem – nie. Taka jest siła Kościoła.

DLA TYCH, CO WYTRZYMAJĄ JESZCZE TROCHĘ:

Tu pojawia się zasadnicze pytanie: Kościół katolicki wierzy, że jest jedynym prawdziwym Kościołem, ale czyż podobnie nie twierdzi Kościół prawosławny albo każdy Kościół pentakostalny czy ewangelikalny? Na świecie istnieje obecnie około dziesięciu tysięcy różnych Kościołów i wspólnot religijnych (z których tylko 270 liczy powyżej ćwierć miliona wyznawców). Czy Pan Bóg zwołał ludzi w dziesięć tysięcy miejsc, jednym powiedział to, a drugim tamto? Skąd mamy wiedzieć, który Kościół jest tym prawdziwym? Osobiście nigdy nie będę wiedział, który Kościół jest tym najprawdziwszym z prawdziwych. Ja głęboko wierzę (i tę wiarę opieram na wyraźnych przesłankach, rozumowych, historycznych i na tym, co autentycznie działo się i dzieje w moim życiu), że to właśnie w Kościele katolickim są pełnia Bożego Objawienia i wszystko, czego potrzebuję do zbawienia.

A że są w nim też głupole, oszuści i bezduszni księża? Jasne. Tylko czy z faktu, że listonosz pije, wynika, że poczta nie ma sensu?

To wszystko naprawdę układa się w logiczną całość. Gdyby Bóg był Wielkim Intelektualistą, powołałby zamiast Kościoła wielki uniwersytet. Gdyby był Wielkim Konstruktorem, zbudowałby wielką rozdzielnię. Ale On jest Miłością, Rodziną. Wyraża się w relacji między Ojcem i Synem oraz Duchem, więc ludzi chce po prostu do siebie zawołać, włączyć w swoje życie nawet wtedy, gdy jeszcze są tu, na ziemi. Dlatego dwa tysiące lat temu Głową Kościoła staje się Chrystus, a my wszyscy już podczas ziemskiego życia podłączamy się do Niego, by czerpać z Jego krwiobiegu siły, światło, nadzieję i miłość. Po to właśnie jest Kościół: żeby dawać ludziom Boga, żeby Bóg mógł się ludziom dawać. Po to są ci wszyscy księża, parafie, kropidła, instytucje. Czy nie jest tak, że te narzędzia zdają się czasem bardziej przeszkadzać, niż pomagać? Pewnie. Nie zmienia to jednak faktu, że Bóg jest większy od każdego z przedstawicieli swojego personelu naziemnego i każdego z koślawo wierzących chrześcijan.

Nie do nas należy zadanie wyznaczania granic Bożej miłości. Ludzie mają swoje sprawy z Panem Bogiem. Nam Bóg powiedział jasno, że zamiast bawić się w Jego konsulat, wydawać ludziom wizy do nieba, mamy skupić się przede wszystkim na tym, byśmy sami tam jakimś cudem dotarli. Bo – powtarzam celem utrwalenia metafory – my mamy do dyspozycji w Kościele całą, kompletną skrzynkę z narzędziami, które mogą nam do tego posłużyć. A jeśli jakiś muzułmanin czy ewangelik będzie w stanie ten sam cel osiągnąć, mając wyłącznie dłuto albo dłuto plus śrubokręt – to ja wyjdę ostatecznie na durnia, nie on. Wiara w Kościół powinna więc być dla mnie przede wszystkim wezwaniem, by brać się do roboty, a nie by oceniać innych.

Jeszcze jedno pytanie. Dlaczego Bóg nie mógł dać nam tego wszystkiego osobno, tak by każdy dostał swoje narzędzia i sam był dla siebie Kościołem? Bo jeśli prawdą jest, że Bóg jest miłością i sam w sobie stanowi relację trzech Osób (a nie jak Allah – wielkim Samotnikiem), to po prostu nie mógł powołać siedmiu miliardów osobnych Kościołów składających się z siedmiu miliardów zakochanych w sobie (z wzajemnością) osób. On chciał, żebyśmy doświadczyli, że fajniej jest kochać i być kochanym, niż tego nie doświadczać. Wiedział i wie, że człowiek tylko w otoczeniu miłości potrafi się naprawdę rozwijać. W Kościele nie tylko więc jesteśmy skazani na bliźnich, ale oni są też naszą szansą. Dla każdego starczy tu miejsca, każdy ma prawo czuć się w nim jak w domu u własnego Ojca.

A jeśli się tak nie czuje? To albo coś jest z nim nie halo, albo powinien zmienić parafię, wspólnotę, a może i miasto, gdzie do kościoła uczęszcza. Nadal pozostanie w Kościele powszechnym, ale może odbuduje się w nim to, co u nas już wymiera (mimo usilnych starań i wiązania ludzi z parafiami przy pomocy adresów), a rozwija się wciąż w Kościołach prawosławnych (które w ogóle mają nieco inne myślenie o Kościele, czyli eklezjologię): świadomość, że my nie jesteśmy korporacją z zarządem w Rzymie i paroma setkami lokalnych oddziałów, ale że naprawdę każda wspólnota, która gromadzi się na odprawianie mszy, to już jest Kościół. I na przykład kilkaset takich Kościołów tworzy Kościół diecezjalny. A parę tysięcy takich Kościołów to Kościół powszechny. Naprawdę ciężko jest przeżywać swoją relację z Kościołem, wyłącznie oglądając w telewizji (wspaniałego) papieża Franciszka. Żeby ona realnie zakwitła, musi kiedyś przenieść się na grunt spotkania z jakimś człowiekiem, w sąsiedztwie, w sanktuarium, na mszy, do jakiegoś konkretnego kościoła, duszpasterstwa, parafii.

JAKBY KOMUŚ JESZCZE BYŁO MAŁO:

Na (prawie) koniec – ciekawostka. Nie każdy ma okazję uczestniczyć we mszy sprawowanej w językach obcych, ale w wielu z nich (w tym w greckim czy angielskim) „Kościół" jest rodzaju żeńskiego. Prosząc więc Boga o udzielenie Kościołowi takich czy innych darów, mówi się więc: „Udziel JEJ darów". W języku polskim wyraz „kościół" pochodzi od budynku (kasztelu, *castellum*, czyli warowni albo zamku). Jedni wyjaśniają, że chodziło tu o zwrócenie uwagi, że „Pan jest warownią" tych, którzy w niego wierzą, tak rozumiany Kościół byłby więc miejscem schronienia. Inni idą prostszym tropem: gdy na ziemiach polskich pojawiły się świątynie, kojarzyły się ludności właśnie z budowlami warownymi i miano to przerzuciło się z budynków na tych, co się w owych budynkach gromadzą.

No i jeszcze jedna uwaga z pogranicza wiary i języka: co to znaczy wierzyć w „świętych obcowanie"? Obcowanie to kolejny termin, który znaczy dokładnie coś odwrotnego, niż początkowo sugeruje. Choć zawiera w sobie słowo „obcy", oznacza zbliżenie, bycie blisko, razem. Świętych obcowanie rozumie się w katechizmie dwojako. Po pierwsze – jako nasze spotkanie w Kościele (bo my wszyscy, którzy uwierzyliśmy Chrystusowi, już w czasach apostolskich tak właśnie sami siebie nazywaliśmy: święci).

Po drugie chodzi o to, że wierzymy, iż nie tracimy naszej łączności z tymi, którzy umierają: przeciwnie, możemy tę więź z nimi nadal rozwijać. Kościół składa się z trzech części, z których tylko jedna póki co jest widzialna: to my, tu na ziemi. Druga część to wspólnota tych, co przechodzą teraz czyściec, trzecia – tych, co już go przeszli i siedzą (albo chodzą, albo w inny sposób są) przy Panu Bogu. Święci są więc naszymi kolegami i koleżankami z Kościoła. Ale to fascynujące zagadnienie poruszyłem już (mniej fascynująco – stale doskonalę się w umiejętności zmieniania wina w wodę) w innej książce.

10

GRZECHÓW **ODPUSZCZENIE**

KRÓTKO I NA TEMAT:

Ilekroć wchodząc do jakiegoś kościoła, widzę konfesjonał, przechodzą mnie ciarki. Poważnie. Oto miejsce, gdzie dzieje się taka ilość dobra, że nie ma i nigdy nie będzie słów, które będą w stanie je zmieścić i wyrazić. Z drugiej strony – nie ma miejsca, w którym nasz Kościół skrzywdziłby tylu ludzi. Konkwisty, malwersacje, pedofilia – tak, to wszystko niestety zdarzało się w naszej rodzinie, nikt jednak nie potrafi policzyć ofiar głupich spowiedników, a ja podejrzewam, że ich liczba iść może w tysiące, a nie daj Boże w miliony.

Jezus dał swoim uczniom nieprawdopodobne wręcz kompetencje. Odpuszczanie grzechów to nie jakiś tam magiczny rytuał oczyszczenia, w którym kapłan wypowie czarodziejskie formułki, wykona parę gestów i zapewni nas, że coś, czego nie było widać, właśnie zniknęło (i nadal tego nie widać). Grzech to nie wirtualny zapis na wirtualnym koncie. To żywa, ale fałszywa gotówka, którą drukujesz w sercu, a później kupujesz za nią realne zniszczenie, robisz realne rany. Gdy byłem dzieckiem, wbijano nam do głów, że nie powinno się grzeszyć, bo „obraża się Bozię". A do spowiedzi idzie się, by Bozię udobruchać. W wersji dla dorosłych: że to trochę jak z partnerem, który strzela focha, więc na wszelki wypadek trzeba iść, przeprosić, później przeprosić jeszcze dziesięć razy i jeszcze 15 (niezależnie od tego, czy czujesz się winny, czy nie), żeby już był z tym wszystkim święty spokój.

Grzechem nie Bozię krzywdzisz, a w pierwszym rzędzie siebie. Bozi krzywda stać się nie może. Ty, żyjąc w świecie, którego działanie opisane jest ściśle wytyczonymi prawami i zasadami (piszę o tym więcej w rozdziałach o Dekalogu i o błogosławieństwach), łamiąc je – realnie się wykrwawiasz. Nawet jeśli tego nie widzisz, to przecież jasne jest, że nie jesteś tylko tym, co widzisz. Słyszałeś na pewno o krwawieniach wewnętrznych, o nowotworach, które rozwijają się poza naszym wzrokiem przez lata? To chyba dla większości z nas w miarę jasne, że człowiek składa się nie tylko z wątroby i palców u nóg, ale ma również psychikę (jej też nie widać), ma więc może także i duszę. Rany, które powstają na tamtych dwóch, zawsze będą wpływały i na to, co widać. Jezus, Bóg, który panuje nad wszystkim, nie stworzył zła, nie może więc pozbawić cię możliwości jego robienia. Może jednak cię wyleczyć z jego skutków. I właśnie to ma miejsce w konfesjonale.

DLA TYCH, CO WYTRZYMAJĄ JESZCZE TROCHĘ:

Jezus pozwolił swoim uczniom odpuszczać wszystkie grzechy, katechizm mówi wyraźnie: „Nie ma takiej winy, nawet najcięższej, której nie mógłby odpuścić Kościół święty". Jedynym warunkiem jest żal za to, co się zrobiło. I to z niego wynika wszystko pozostałe (a co Kościół ubrał w listę warunków Sakramentu Pokuty): postanowienie poprawy, zadośćuczynienie itd.

O co chodzi z tym żalem? Wyjaśnię na przykładzie. Jak nazywamy człowieka, który wskakuje w ognisko, później idzie do lekarza, żeby go opatrzył, po czym znów wskakuje w pierwsze napotkane ognisko? Otóż takiego człowieka nazywamy idiotą. Po pierwsze robi rzecz bezsensowną, po drugie ubezsensownia działania medyka. Jasne jest więc, że lekarz może, ba – ma obowiązek przestrzec delikwenta przed skutkami kolejnych skoków w płomienie. A to, czy delikwent je wykona, czy nie, zależy przecież od tego, czy zrozumiał, że zrobił głupotę. Jeśli on to rozumie, nawet przez tę chwilę, gdy siedzi na kozetce w izbie przyjęć, to znaczy, że mamy tu żal za grzechy. Jeśli on zaś kompletnie tego nie czai, krzyczy do wszystkich, żeby go natychmiast puścili, albo mówi lekarzowi: „Szyj pan! Opatruj! Natychmiast! Za co panu płacę?! Muszę lecieć znów się oparzyć!", żalu za grzechy nie ma i jak tu takiego człowieka opatrywać?

W życiu, a nie w metaforze, takiego pacjenta odsyła się na konsultację psychiatryczną, wzywa policję, słowem – czasowo pozbawia wolności, by ustalić, czy on ma w ogóle zdolność do kierowania swoimi czynami. W konfesjonale nie ma narzędzi, które pozwoliłyby to ocenić. Jest tylko jedno pytanie: czy żałujesz tego, co zrobiłeś, *ergo*: czy nie chcesz już dalej tego robić? Andrea Tornielli w wywiadzie rzece z papieżem Franciszkiem opowiada o niemieckim żołnierzu skazanym w czasie wojny przez francuskich partyzantów na śmierć, którego przed rozstrzelaniem próbuje rozgrzeszyć wojskowy kapelan. Żołnierz wylicza grzechy, spowiadając się zwłaszcza ze swojej namiętnej słabości do płci pięknej. Kapelan pyta: „Żałujesz?". „Jak mam żałować, skoro to wszystko mi się bardzo podobało i gdybym mógł, zrobiłbym to pewnie raz jeszcze" – pada odpowiedź. Kapelan załamany tym, że zaraz wypuści z rąk niepojednanego z sobą i z Bogiem człowieka, rzuca pytanie: „Ale czy żałujesz chociaż, że nie żałujesz?". Żołnierz mówi: „Tak! Fajnie by było żałować, ale nie umiem poczuć tego żalu". I to – żal z powodu braku żalu – wystarczy, by udzielić mu rozgrzeszenia.

Papież apeluje do spowiedników, by w przychodzącym do nich człowieku szukali najmniejszej nawet szczeliny, przez którą da się wlać do środka choć odrobinę lekarstwa. Nie o estetykę więc tu chodzi, nie o to, żeby człowiek schludnie wyglądał i mógł teraz przechadzać się przed Bozią w pięknych szatach. Człowieku, konfesjonał jest po to, by raka, którego w sobie nosisz, wyleczyć w najwcześniejszym stadium rozwoju, by wypuścić cię w świat w pełni sił i możliwości cieszenia się życiem!

JAKBY KOMUŚ JESZCZE BYŁO MAŁO:

Super, ale jeśli za chwilę pojawi się kolejne ognisko? W spowiedzi, w odpuszczaniu grzechów, nie chodzi o efektywność. Długość posakramentalnej bezgrzeszności to żadne kryterium, bo to nie giełda, nie stadion. „Bóg nie męczy się przebaczaniem" – powtarza papież Franciszek. Jeśli więc tylko jesteś gotów szczerze postanowić poprawę (czyli że będziesz unikał okazji do grzechu; nie można obiecać ani postanowić niegrzeszenia w ogóle) – chodź więc do spowiedzi, ile razy chcesz!

A przekonasz się, że któryś – zmęczony już tobą nieco – spowiednik wyśle cię w końcu, żebyś zrobił rzecz, którą moim zdaniem powinien zafundować sobie każdy rozsądny chrześcijanin. Znajdziesz stałego spowiednika, kierownika duchowego, który będzie cię już znał na tyle, że powie ci np., że możesz przystępować do komunii pod takimi i takimi warunkami mimo powtarzających się takich czy innych słabości. Z jego pomocą zobaczysz wreszcie swoje życie – to nie milion sprintów, a maraton, proces, w którym trzeba umiejętnie rozkładać siły, wiedzieć, kiedy iść na badania okresowe, kiedy co suplementować, jak iść, żeby dojść i się nie przewrócić. Niepojęte jest dla mnie, że podczas gdy instytucja trenera personalnego wyrasta u nas teraz na jedno z najbardziej chyba popularnych zajęć, na stałe spowiednictwo (a więc – posiadanie personalnego trenera duszy) wciąż decyduje się tak mało wierzących ludzi.

Stałe spowiednictwo to nie luksus, to konieczność. Unika się wtedy wielu ryzyk. Znani mi księża coraz częściej marudzą, że penitenci (ci, co przychodzą do nich po odpuszczenie grzechów) traktują sakrament jako formę psychoterapii, opowiadają całe swoje życie z detalami, wyliczają emocje, opisują, co ten powiedział, a co tamten itd. W ramach samoobrony przed takimi zwierzaczami kapłani usztywniają więc swoje stanowisko i ze spowiedzi robią grzechomat: raz-dwa wylicz grzechy, ja ci zadam pokutę, dam rozgrzeszenie, stuk-puk, następny proszę. I jedna, i druga postawa to aberracja.

Naprawdę nietrudno wyobrazić sobie, co musi czuć siedzący w konfesjonale człowiek, który 30. minutę wysłuchuje detalicznych opisów rodzinnego obiadu sprzed 30 lat, a wcześniej zmuszony już był gościć na obiedzie sprzed 32 i 35 (bo penitent doszedł do wniosku, że jego grzech właśnie wtedy miał swoje źródło, a i cały proces trzeba przed spowiednikiem rozwinąć). Podtapianie faceta w konfesjonale żalami z całego życia to czasem wołanie o ratunek, ale jeszcze częściej egoizm. Zaprawdę, nie wiem więc, dlaczego przez ostatnie 20 lat mojego świadomego życia w polskim Kościele (życia szarego, prostego człowieka, który korzysta codziennie z tzw. duszpasterstwa ogólnego, nie jeździ na żadne fachowe rekolekcje, nie należy do formujących ruchów) nie usłyszałem ani jednego kazania poświęconego temu, jak dobrze się spowiadać. Jak pokazać spowiednikowi kontekst grzechów, nie zmieniając tego w serial *Klan*, co jest grzechem, co winą, jak odróżnić słabość od przestępstwa, co to są grzechy powszednie, ciężkie, śmiertelne? Po jaką choinkę jest ta cała katecheza w szkołach, jeśli nie jesteśmy w stanie nauczyć tam ludzi tak podstawowych rzeczy? Skoro oni nadal uważają, że kluczowe dla ważności sakramentu jest poprawne wyrecytowanie formuły: „Mam 40 lat, u spowiedzi ostatni raz byłem, pokutę zadaną odprawiłem, od tamtej pory obraziłem Pana Boga następującymi grzechami".

Jest i druga strona. W konfesjonale nie siedzi Marian Nowak, w konfesjonale siedzi Jezus Chrystus (katechizm mówi jasno, że kapłan, udzielając – lub nie – rozgrzeszenia, działa jako Chrystus, *in persona Christi*). Trochę mi więc cierpnie skóra, gdy słucham znajomych, którzy z całą pewnością nie spotkali tam Chrystusa, ale Mariana Nowaka. Nie wiem, co by się musiało stać, by skończyły się wreszcie wszystkie te relacje o księżach, którzy kompletnie olali wątek dręczącej kogoś nieumiejętności wybaczenia własnej matce, bo skupili się na liczeniu świąt nakazanych bez Mszy Świętej albo analizowaniu charakteru sprośnych myśli. Czy jest wielu wspaniałych spowiedników? Jasne. Gdyby nie było, świat dawno przestałby już istnieć. Niektórzy kwitną godzinami w parafialnych konfesjonałach, czekając, by złowić jedną duszę, inni latają po mieście konfesjobusami, organizują noc konfesjonałów albo ogłaszają tym, którzy mają jakąś blokadę przed pójściem do kościoła, że będą czekać z sakramentem na Plantach. Iluż zranień można by jednak uniknąć, ile cudów jeszcze wyhodować w ludzkich życiorysach, gdyby OBIE strony rzeczywiście odmawiając *Credo*, uświadomiły sobie, co mówią, a później podchodziły do konfesjonału z wiarą, że to, co ma tam miejsce, to rzeczywiście spotkanie człowieka z Bogiem?

Ileż to już razy słyszałem lament moich kolegów w koloratkach prychających, że ten papież nie lubi księży. Franciszek nie przebiera w słowach. Nie mówi księżom: jesteście tacy wspaniali, tacy kochani! Tyle że jeśli on ma rację, a Kościół to nie siłownia, galeria sztuki albo klub dżentelmenów, ale szpital polowy – to pokażcie mi dowódcę, który tak mówi do swoich żołnierzy? On nie ma się z nimi miziać, on musi wykładać kawę na ławę: macie nie zginąć, macie uratować innym życie. Pamiętajcie więc – to już słowa papieża – że „konfesjonał to nie sala tortur". Że „nie wolno w nim stosować maczugi". Że „biednym, chorym człowiekiem" jest ten, kto w konfesjonale ulega pokusie wścibstwa. Że spowiednik powinien mieć świadomość, jakim stresem bywa dla niektórych spowiedź, powinien więc delikatnie prowadzić penitenta i dbać o to, by odszedł od konfesjonału (niezależnie od tego, czy może dostać rozgrzeszenie, czy nie) – silniejszy, niż był, uskrzydlony Bożą łaską. Że to utopia? Skąd, to życie. Jeśli człowiek nie odchodzi od konfesjonału lepszy, to możliwości są dwie: albo on coś schrzanił, albo schrzanił coś spowiednik. Codziennie w tysiącach konfesjonałów na świecie marnowane są tony Bożej łaski! Co można z tym zrobić?

Owo „odpuszczenie grzechów" przelatujemy zwykle, odmawiając *Credo*, wciśnięto je tam gdzieś na końcu, na doczepkę, nie wiadomo po co. Powtórzę propozycję: a gdyby tak przy najbliższej okazji właśnie to wezwanie – i księża, i my, świeccy – wymienić z naciskiem, ba: przez całe *Credo* czekać tylko na możliwość wypowiedzenia tych słów? Tak, wierzę, że Chrystus jest zawsze obok z ambulansem, w którym chce wyleczyć wszystkie moje rany. Że nie ciecia spotykam w drewnianej budce i nie policjanta, ale Jego samego. Który zawsze ma dla mnie cierpliwość, który – nawet jeśli spotkanie potrwa kwadrans (kwadrans to mnóstwo czasu, spójrz: podczas 15-minutowej audiencji u prezydenta jesteś w stanie załatwić furę ważnych spraw) – każdą wątpliwość rozstrzygnie na moją korzyść. Który nie może doczekać się chwili, gdy zobaczy mnie w pełni sprawnego i wypuści, bym szedł robić dobro w życiu.

11

CIAŁA ZMARTWYCHWSTANIE

KRÓTKO I NA TEMAT:

Na pierwszy rzut oka zdawałoby się, że najwięcej miałby tu do powiedzenia Łazarz, kolega Jezusa, którego Ten wskrzesił parę dni po jego pogrzebie. Ot pechowiec – umrzeć musiał dwa razy w życiu. Ale, uwaga – jest tu pewien kruczek. Otóż Łazarz nie zmartwychwstał, on został wskrzeszony. Nie ruszał się, krew nie krążyła, serduszko obumarło, a nagle to wszystko ożyło, a jegomość wyszedł z grobu, próbując rozplątać się z wonnych bandaży, w które go skrupulatnie (żeby się ładnie rozłożył) pozawijano.

Zmartwychwstanie to poważniejsza sprawa. Bo to nie powrót do życia, które było, ale wejście do zupełnie nowej egzystencji. Kiedy to się stanie? Wierzymy, że w dniu końca świata. Że na Sąd Ostateczny pójdziemy już z nowymi ciałami. Jak bardzo nowymi? Wiedzieć tego się nie da. Pisałem już o tym wyżej: jedyne dane dotyczące tego, jak będzie wyglądać ciało człowieka po śmierci, mamy z obserwacji zmartwychwstałego Chrystusa. Je i pije, ale też przechodzi swobodnie przez drzwi albo ściany. Uczniowie go rozpoznają, ale po bardzo długiej chwili. Wciąż nosi rany po torturach, ale unosi się też własną mocą do Nieba, a wcześniej pokonuje (nie wiadomo jak) dziesiątki kilometrów między okolicami Jerozolimy a Galileą.

DLA TYCH, CO WYTRZYMAJĄ JESZCZE TROCHĘ:

Od początku mojej pisaniny zadawałem mnóstwo pytań dotyczących zmartwychwstania, próbując nakarmić moją dziecinną wręcz ciekawość. A więc: w kim zmartwychwstanie przeszczepiona wątroba – w dawcy czy też w biorcy? Albo: gdy umiera niemowlę, czy przez całą wieczność będzie już walącym kupy w pampersy oseskiem? Starszy pan, który ledwo chodził, czy zmartwychwstanie jako wyposażony w balkonik 80-latek? A co ze zmartwychwstaniem tych, których skremowano albo rozpuszczono w jakimś kwasie, albo którzy wyparowali w wybuchu – 11 września w Nowym Jorku albo w 1945 roku w Hiroszimie?

Na wszystkie te dylematy istnieje jedna odpowiedź: to dlatego na początku *Credo* wyznaje się wiarę w Boga jako Stwórcę wszystkiego, by – gdy dojdziemy do deklaracji „wierzę w ciała zmartwychwstanie" – mieć spokojne przekonanie, że On sobie jakoś z tym jednak poradzi. Dzięki nauce wiemy już dziś, że materia składa się z atomów, a te same atomy krążą po ziemi, lepiąc coraz to nowe struktury. Niewykluczone więc, że ja składam się z paru atomów, które kiedyś należały do Bolesława Wstydliwego, a czytelnik tej książki zjadł dzisiaj wraz z porannym tostem niewielkie fragmenty Eugeniusza Bodo, Jarosława Kaczyńskiego, Dżyngis-chana lub piosenkarki Shakiry. Z tej samej materii będziemy więc ulepieni na nowo, ale pozostaniemy nadal tymi, a nie innymi osobami. Każdy z nas będzie miał tę samą tożsamość, będzie się czuł sobą, a nie Lechem Wałęsą w kostiumie świętej Matki Teresy. A co z tym wiekiem naszych zmartwychwstałych ciał? Istnieje sensownie brzmiąca teoria, która mówi, że po zmartwychwstaniu nasze ciała będą w pełni swego rozwoju, że zostaniemy niejako uchwyceni w naszym najlepszym, szczytowym momencie (będzie masa, będzie rzeźba, będzie wydolność aż miło). Czyż jednak zupełnie co innego nie jest tu dużo ważniejsze? Osobiście nie mogę się już trochę doczekać zmartwychwstania, bo czuję – porównanie pożyczone od pewnego kaznodziei – że będzie temu towarzyszyło uczucie, jakie mam zawsze, wracając do domu ze szpitala. Wreszcie u siebie, wreszcie bez ograniczeń, wreszcie wśród najbliższych.

JAKBY KOMUŚ JESZCZE BYŁO MAŁO:

Czy nasze ciała będą chciały jeść? Z tego, co nam wiadomo o człowieku, musi on jeść, chyba że zawieszona zostanie fizjologia. Jeśli jednak Bóg zdecyduje się to zrobić – zniknie cała sfera życia człowieka, z którą wiąże się mnóstwo dobra: wiadomo, jak ludzi jest w stanie związać z sobą dobra rozmowa przy stole, ile radości dać może gotowanie, cieszenie się zmysłem smaku. A może Pan przygotował dla nas jakiś model żywienia zastępczego, które nadal będzie dostarczało tyle radości, ale nie będzie się wiązało np. z robieniem przemocy innym stworzeniom (tak że będzie można cieszyć się smakiem sushi bez konieczności pozbawiania życia tuńczyków)? Wierząc w zmartwychwstanie ciała, wierzymy w to, że wszyscy kiedyś wrócimy na ziemię. Podobnie jak nasze ciała będą wtedy jakoś odmienione, tak odmieniona będzie też i ziemia. Warto więc już dziś i o jedno, i o drugie dbać (i o ciało, i ziemię), bo to jest nasz dom, jedyny, jaki mamy. I nawet jeśli wiemy (wierzymy), że historia skończy się przyjazdem ekipy Katarzyny Dowbor z programu *Nasz nowy dom*, która wyremontuje wszystkie nasze chłodne łazienki i zagrzybione pokoiki, to o jednym warto pamiętać: choć będziemy inaczej, wciąż będziemy tu.

Nie ma więc może co tak pędzić przed siebie, czasem warto usiąść, rozejrzeć się i pomyśleć z wdzięcznością i nadzieją o tym drzewie, tej ulicy, tych sąsiadach, tym lasku, tym jeziorze. To dom. Innego może nie będzie.

12

ŻYWOT **WIECZNY**

KRÓTKO I NA TEMAT:

Człowiek, który usiadłby i spróbował wyobrazić sobie wieczność, po najdalej po godzinie zawiesi się, po czym zwariuje. Cała zabawa z wiecznością polega bowiem na tym, że to nie jest dziś pomnożone przez nie wiadomo ile, ale zupełnie inna jakość: inne procesy, inna gęstość istnienia, inny wygląd rzeczy, inne widzenie, inny kształt relacji – wszystko inne jednym słowem. O wieczności możemy więc powiedzieć tylko tyle: jest bez końca.

A co w tym „bez końca" będziemy robić? Czy ową naszą nieśmiertelnością na śmierć się nie zanudzimy? Ludzie wpadają najczęściej w dwie pułapki. Pierwsza: skoro droga do Boga prowadzi przez Kościół (a najczęściej: kościół parafialny), dochodzą do przekonania, że życie z Bogiem wyglądać będzie jak niekończąca się niedzielna suma. Inni, i to pułapka druga, zafiksowali się na słowach modlitwy za zmarłych: „Wieczny odpoczynek...". Życie wieczne utożsamiają z nieskończenie długim weekendem. Plaża, relaks, takie tam. Przez miliony lat (tyle że tam już nie ma lat). Z początku – super, ale po jakichś trzech, czterech wiekach każdy Disneyland czy relaksacyjna joga jest do zwymiotowania.

Nie, życie wieczne to nie przedłużona nowenna przechodząca płynnie w gorzkie żale. Nie, życie wieczne to nie miliard lat w hotelowej windzie z kojącą muzyką Kenny'ego G i cieknącą po ścianie dla zbudowania nastroju wodą. Na jakimś kazaniu utkwiło mi w głowie ładne zdanie: sekundę po grzechu Adama na świecie zaczęła się trwająca do tej pory jesień. Od tysięcy lat mamy więc polski listopad. To, co czeka nas po zmartwychwstaniu, to kwiecień z majem. Paradoksalnie dopiero po śmierci poczujemy, co to znaczy życie. Dopiero wtedy każdy będzie miał szansę w pełni wykorzystać wszystkie tkwiące w nim potencjały. Budować najpiękniejsze relacje, najsensowniej gospodarować wszystkim, co zostało mu dane, tworzyć najpiękniejsze rzeczy, bo w owym życiu wiecznym – tak, wszystko na to wskazuje – będzie również praca!

DLA TYCH, CO WYTRZYMAJĄ JESZCZE TROCHĘ:

Praca jest przecież organicznie wpisana w kondycję człowieka. Człowiek w tym najbardziej podobny jest do Boga, że może kochać, ale przecież my – tak jak On – możemy też tworzyć! Nie wiem, i nikt nie wie, jak owa praca po zmartwychwstaniu miałaby wyglądać, wydaje się jednak, że nie będzie ona nas męczyć, pozwoli nam wycisnąć to, co w niej najpiękniejsze. Jeśli owo życie wieczne spędzać będziemy w niebie, zrozumiemy, co oznacza pełna satysfakcja z pracy, jak moja praca może zmieniać życie innych (a nie tylko być szansą na spłacenie kredytów).

Nie mam zielonego pojęcia, co będą robić w raju ci, którzy teraz zajmują się (bo to ich pasja) np. handlem na giełdzie albo leczą ludzi (trudno wyobrazić sobie banki albo szpitale w miejscu, gdzie ani długów, ani chorób nie będzie). Na tych dwóch przykładach widać jednak chyba najlepiej, przed czym przestrzega nas też i do czego nakłania każdorazowe wyznanie wiary w „życie wieczne". I bankier, i lekarz z zasady powinni służyć ludziom, którzy mają w życiu jakąś biedę. A czy służą? Być może przez ogień Sądu Ostatecznego nie przejdą określone i wymyślone przez ludzi formy działalności człowieka, ale tylko jego najgłębsze motywacje. Perspektywa życia wiecznego powinna więc konkretnie przerazić wszystkich tych, którzy robią strasznie dużo, ale owej najgłębszej, najszczerszej i skierowanej ku dobru innych ludzi motywacji już nie mają. Do nieba pójdziemy z nasionami, z których coś nowego będziemy tam hodować. Ten, co pójdzie z kwiatami, a nie będzie miał już nasion, może obudzić się ze zwiędniętym badylkiem.

JAKBY KOMUŚ JESZCZE BYŁO MAŁO:

Nie wiem, czy w raju będzie sklep, czy (jak przekonywał mnie jeden z piszących do mnie regularnie fantastów) będą katolickie media i popołudniówka „Wieczór Zbawionych". Nie za bardzo mnie to też, szczerze mówiąc, obchodzi. Po prostu cieszę się na myśl, że znów wrócę na ziemię. Już wyleczoną, nieporanioną, nareszcie po tylu tysiącach lat oddychającą pełną piersią. Może Bóg, stworzyciel całego świata, pozwoli nam wtedy mieszkać na Marsie albo spotkać się z innymi swoimi stworzeniami, które żyją w innych galaktykach? Może wtedy spotkamy się – wreszcie na luzie, bez zmartwień i fochów – ze wszystkimi, z którymi jakoś nie dało się spotkać dobrze tu na ziemi? Będą tam z nami – głęboko w to wierzę (na szczęście nie tylko ja) – wszyscy nasi bracia mniejsi, wszystkie nasze kochane psy, koty, chomiki, ale też i świnki, i krówki, które oddały swoje życie w naszej służbie. W raju nie może być rzeźni, bo tam nie może być śmierci. Pismo mówi wszak wyraźnie: Chrystus umierając i zmartwychwstając, uwolnił od śmierci całe umęczone Stworzenie. I tych, co mieli panować, i tych, co mieli służyć. Przyjdzie czas, w którym wszyscy, niezależnie od poziomu rozwoju wiedzy i samoświadomości, będziemy cieszyć się tym, że żyjemy. Każdy na swoją miarę. Dlatego warto poszerzać sobie pojemność serca, póki jeszcze można to zrobić.

Pierwsi chrześcijanie, wyczekujący Dnia Pana (czyli końca świata) i przebierający nogami, że wydarzy się już jutro, a może pojutrze, wcale nie byli jakimiś owładniętymi eskapizmem dewiantami. Przeciwnie – byli większymi realistami niż my, dla których koniec świata stanowi synonim największej tragedii, kataklizmu. No bo kto jest zdrowy na umyśle: ktoś, kto mieszkając w komórce, trzyma się kurczowo jej ścian, remontuje ją i pisze wiersze, opiewając jej cudowne piękno? Czy raczej ten, kto chce jak najszybciej przenieść się z rodziną do rewelacyjnego i darmowego pałacu, w którym wszyscy się zmieszczą, każdy będzie miał wszystko, każdy będzie mógł żyć tak, jak najpiękniej potrafi, razem i osobno?

Rozdział II

PIĘĆ PRZYKAZAŃ KOŚCIELNYCH

1

W NIEDZIELE
I ŚWIĘTA NAKAZANE
**UCZESTNICZYĆ
WE MSZY ŚWIĘTEJ**
I POWSTRZYMAĆ SIĘ
OD PRAC
NIEKONIECZNYCH

KRÓTKO I NA TEMAT:

Przykazania kościelne nie mają takiej rangi jak te Boże (naprawdę ciekawie i kompetentnie pisze o tym Józef Majewski w tekście w „Więzi", dane w bibliografii, polecam). Przykazania Boże Kościół może wyłącznie ogłosić, te kościelne – sam pisze. I często zmienia. Te dyscyplinarne normy wielokrotnie w ciągu dziejów były doprecyzowywane i pewnie jeszcze nieraz korygowane będą (gdzieniegdzie włączano do nich np. zakaz małżeństwa z niekatolikiem albo przykaz chodzenia na mszę wyłącznie do swojej parafii). Granica, od której obowiązywały wierzącego człowieka, wynosiła kiedyś siedem lat, a dziś wynosi 14.

Jaki jest więc sens przestrzegania czegoś, co za 200 lat może się zmieni? Ano taki, że ja żyję dziś, a nie za 200 lat. I skoro Kościół (a nie jakiś pojedynczy ksiądz Pachomiusz albo mniszka Apostazja), który – jak wierzę – działa z inspiracji Ducha Świętego, dziś mówi mi, że owe niespełna 60 mszy i dni wolnych w roku to minimum, poniżej którego zaczyna się erozja życia duchowego, to powinienem taki głos poważnie wziąć pod uwagę.

Niespełna 60 to znaczy *circa about* 52 msze w niedziele plus siedem w obecnie obowiązujące tzw. święta nakazane (m.in. Trzech Króli, Zesłanie Ducha Świętego, Wniebowzięcie, Wszystkich Świętych, Boże Narodzenie). Bólu nie ma, bo np. w XIV wieku w Krakowie i we Wrocławiu (listę obligatoryjnych świąt ustalali lokalni biskupi) owych świąt nakazanych było 45, w Chełmie – 51, a w Płocku aż 59! Oznacza to – jak zauważa prof. Izabela Skierska w monografii poświęconej obowiązkowi mszalnemu w średniowieczu – że spokojnie jedną czwartą roku ludzie mieli wyjętą na cele kultowe i że nie mogli w tym czasie pracować (w Krakowie święta kumulowały się tak, że z codziennego użytku wyłączony był np. longiem okres 1-8 maja). Do czynników kościelnych zaczęły więc coraz szerszym strumieniem napływać skargi, że tak nie za bardzo da się żyć, że przecież trzeba się z czegoś utrzymać, więc nie można co dwa dni zawieszać prac polowych, by lecieć do kościoła kilkanaście kilometrów i czcić – dajmy na to – świętych apostołów Filipa i Jakuba. Wypełnianie obowiązku było przecież w tym czasie poważnie utrudnione też przez odległości, jakie dzieliły czasem ludzi od parafialnych świątyń. W niektórych regionach Polski praktykowano więc (przez setki lat) zwyczaj, że z najbardziej odległych osiedli wysyłano na mszę delegata, który czysto i schludnie ubrany oraz wyposażony w ofiary maszerował do parafii, by modlić się, ale też by wykorzystać okazję do zasięgnięcia informacji, plotek, nawiązania relacji albo i popicia w gospodzie.

DLA TYCH, CO WYTRZYMAJĄ JESZCZE TROCHĘ:

Kto i kiedy wpadł na pomysł, by uczestnictwo w niedzielnej mszy w ogóle było obowiązkowe? Dla pierwszych chrześcijan, którzy potrafili zaryzykować dla Jezusa nie tylko parę godzin w tygodniu, ale całe życie, uczestnictwo w cotygodniowej Eucharystii stanowiło chyba coś tak oczywistego, że nie trzeba było im tego nakazywać ani regulować. Nieuchronnie zaczęło się to jednak rozłazić, w miarę jak ustawały prześladowania i do wspólnoty napływały rzesze ludzi, dla których wybór Kościoła nie wiązał się może z aż tak radykalną zmianą świadomości, jak to bywało wcześniej.

Pierwsze wzmianki na ten temat pojawiają się na synodzie w Elwirze (lata 305-306), gdzie uznano, że niestawienie się na trzech kolejnych mszach przez mieszkańca miasta skutkować ma dlań krótkotrwałą ekskomuniką. Oblig coniedzielny wyrażony wprost pojawił się w dokumentach synodu w Agde w roku 506, a norma stopniowo zaczynała obowiązywać w całym Kościele (i to pod poważną sankcją: pierwsze przykazanie kościelne jest jedynym, co do którego wszyscy dziś jasno mówią – złamanie go to grzech; choćby dlatego, że to jednocześnie złamanie trzeciego przykazania Bożego). Dlaczego jednak w ogóle obowiązek? Czy spotkanie z Bogiem i braćmi nie powinno być dobrowolne? Co za sens ma zmuszanie człowieka do chodzenia do cioci na niedzielny obiad – czy od tego nasza miłość do niej wzrośnie? Może nie. Ale z pewnością, gdy ów zwyczaj zarzucimy, nasza relacja z ciocią zacznie obumierać i zaniknie. Superfajnie by było, gdyby człowick był istotą, której do sensownego postępowania wystarczą wyłącznie bodźce pozytywne. Ale nią nie jest. I jak to jest, że wszyscy ze zrozumieniem przyjmują np. postulat obowiązkowego (pod rygorem wykluczenia) regularnego uczestniczenia w zajęciach akademickich, sportowych czy partyjnych, wiedząc, że tylko wtedy coś z owego studenta, sportowca czy działacza może być, a reagują histerią i posądzeniami o zniewolenie, gdy Kościół mówi: chcesz się rozwijać, a nie zwijać jako chrześcijanin? Chodź na mszę. I naucz się świętować.

Profesor Skierska w swojej książce opisuje nieuchronne efekty uboczne obowiązkowości uczestnictwa we mszy (w którejś wsi za każdą nieobecność trzeba było płacić plebanowi grosz grzywny, w innych miejscach nieuczęszczających spisywano i zawstydzano z ambony). Spędzony do kościoła tłum, który niewiele z tego, co się działo przy ołtarzu, rozumiał (łacina, rozwój architektury gotyckiej i odsunięcie ołtarza od wiernych, wprowadzenie około X wieku mszy „tyłem do ludzi" – wszystko to potęgowało wrażenie wyobcowania), robił sobie w czasie nabożeństwa, co chciał. Ludzie plotkowali, kłócili się, załatwiali sprawy. Bywało i tak, że wpadano do kościoła wyłącznie na błogosławieństwo końcowe albo wychodzono po Przeistoczeniu (albo wręcz tylko na nie tłumnie przed ołtarz wbiegano), bo społeczeństwo doszło do wniosku, że samo zobaczenie Świętej Hostii załatwia im już przepisane prawem obowiązki.

Jak więc widać, dylemat „czy dobrowolnie i głęboko, czy pod przymusem i płytko", nie jest nowy. Kłopot w tym tylko, że jest z gruntu fałszywy. Zakłada bowiem, że tam, gdzie się pojawia zobowiązanie – nie ma miejsca na dobrą wolę, ochotę i głębokość. A przecież jedno da się zgodzić z drugim. Ba – warto to zrobić, bo bonusem wypłacanym w zamian jest autentyczne zwiększenie poziomu szczęścia jednostki zobligowanej. Spójrzmy tylko na dwie pierwsze z brzegu korzyści.

Primo. Chrześcijanie świętują niedzielę, bo w niedzielny poranek Chrystus wyszedł z grobu i zaczęła się nowa era w historii świata. Niepewność co do naszych dalszych losów zastąpiły radość i nadzieja. Gdy przez pierwsze 300 lat chrześcijaństwa niedziela nie była jeszcze dniem wolnym, nasi bracia zbierali się w sobotę po pracy w swoich domach, by wspólnie spożywać posiłek, czytać święte teksty i dziękować Bogu za to, że nas uwolnił (słowo „Eucharystia" pochodzi od greckiego *eucharisteo* – dziękować). Bo On naprawdę nas uwolnił. Współcześni chrześcijanie, sparaliżowani lękiem przed kredytodawcami albo islamistami (albo i jednym, i drugim), zapomnieli już, że Bóg w ten niedzielny świt naprawdę wyplątał nas z wszelkich sideł i lęków. A nie ma lepszej metody, by się o tym przekonać, niż dziękować (bo gdy się dziękuje, to znaczy, że już się otrzymało, i człowiekowi wbija się do głowy, że on już naprawdę ma to, na co czekał). To już się stało. Już to dostaliśmy. Mamy to. Ale ilu z nas tak naprawdę jest w tej wolności zanurzonych? Spójrzmy na relacje z najbliższymi, poczytajmy komentarze na fejsie, posłuchajmy przez pięć minut robiących nam w głowach kaszkę mannę polityków albo tych kapłanów, co to wszędzie widzą czyhającą tuż za rogiem bezbożną Unię Europejską i gejowskie związki, chcące odebrać nam dzieci, żony tudzież mężów. Zmęczenie, jad, ocean obaw i poczucie, że świat wali nam się na głowę, a my nie jesteśmy w stanie tego utrzymać. Myśmy naprawdę nie 60 razy w roku powinni fundować sobie luksus półgodzinnego czy godzinnego przypomnienia o tym, że nie jesteśmy już niewolnikami, powinniśmy to robić 400 razy w roku! Robimy jednak dużo rzadziej. I mniej więcej zawsze tak było. Z obowiązku mszy niedzielnej wywiązywało się w średniowieczu pewnie od 30 do 50 proc. naszych pradziadków. W 2014 frekwencja katolików na niedzielnej mszy w Polsce wynosiła 39,1 proc. (od 24,8 proc. w archidiecezji łódzkiej do 70,1 proc. w diecezji tarnowskiej).

Że chodzimy do kościoła tak rzadko, bo owego uwalniającego doświadczenia nie da się czasem przeżyć we własnej parafii? To trzeba iść do innej. Nieodmiennie wzruszają mnie podnoszone na mych spotkaniach z ludnością rzewne skargi, że u nas to akurat proboszcz nieznośny, chodzimy, ale męczymy się, już od 20 czy 30 lat. Pytam zwykle wtedy: co panią (lub pana) powstrzymuje przed poszukaniem innego duszpasterstwa, wspólnoty, kościoła? „No jak to?! Przecież gdy nie będę figurowała w kartotekach, to proboszcz mnie nie pochowa". „A jakie to dla pani (pana) będzie miało znaczenie, czy on panią pochowa, czy nie?" – odpowiadam. Przecież nam już naprawdę będzie wszystko jedno, czy dostaniemy tych parę kropel wody na trumnę. Nie rozumiem, jak można dobrowolnie udręczać się w miejscu, w którym liturgia nosi znamiona zorganizowanej obrazy boskiej, a nie poszukać bardziej żyznej gleby dla wzrostu swojej duszy. Tzw. *churching* uprawiano w Kościele chyba zawsze, o czym świadczą przywołane przez prof. Skierską średniowieczne opowieści o kłótniach księży diecezjalnych z dominikanami czy franciszkanami o podbieranie wiernych, bo ci zawsze woleli chodzić do świątyń, gdzie były dobre kazania, a nie tam, gdzie pleban ględził jak potłuczony (spory oparły się o papieża, a ten polecił zakonnikom wypłacać rekompensatę parafiom za wiernych chodzących do nich, a nie do przypisanych sobie parafii). Z obowiązku należenia do terytorialnych parafii zwolniona była też zawsze w Polsce szlachta, która miała prawo związać się z parafią, jaką chce (nazywało się to prawem dziesięciny swobodnej). Drodzy Państwo, naprawdę, herb chyba każdy potrafi sobie dzisiaj w internecie znaleźć...

A więc korzyść pierwsza: uwolnienie z lęków. Korzyść druga: niedziela (i święto) może też nas nauczyć bardzo ważnej, a kompletnie zapomnianej umiejętności: świętowania. Przypomnieć, że nasz czas na ziemi nie dzieli się tylko na czas pracy i czas bez pracy, ale że jest jeszcze trzeci stan skupienia czasu – święto właśnie. Praca i brak pracy (odpoczynek, wolne, lenistwo) to wymiary, po których poruszamy się w poziomie, święto pozwala nam przenieść się w górę. Na chwilę znaleźć się z powrotem w naszej Ojczyźnie (bo nie jest nią wyłącznie Wielka Polska Katolicka), w niebie.

Święto to nie apel poległych, przemówienia dostojników, defilady, wieńce. To rozkosz delektowania się czasem najwyższej jakości. Skosztowanie niebiańskiego języka, obyczajów, priorytetów. Dlatego tak ważne jest, by przestrzeń do świętowania sobie wywalczyć. By mieć tego dnia czas nie tylko na Eucharystię i leżenie brzuchem do góry, ale na przeżycie radości. Nie ma lepszego lekarstwa na poczucie, że jest się tylko trybikiem w maszynie, robotem do wypełniania excelowskich rubryk albo przebierania dzieci niż zrobienie sobie małej przyjemności, a dużej – komuś innemu. Święto to szansa, by zadbać nie tyle o świat (bo o niego dbamy przez sześć pozostałych dni), ale o człowieka.

Ale żeby znalazło się na to miejsce, trzeba porozsuwać graty. Miejsca na ważne w życiu sprawy się nie znajduje, trzeba je sobie wziąć, wywalczyć w potyczce z kalendarzem, ze zmęczeniem, ze społecznym imperatywem, który w każdej wolnej od pracy chwili każe imprezować albo joggingować. To grubymi nićmi szyta teza, ale mam wrażenie, że swoją aktualną duchową i społeczną mizerię Europa zawdzięcza w jakiejś mierze temu, że nie umie już świętować, umie za to grillować. Że święta płynnie zamieniły się w długie weekendy, a ich głównym celem stało się zregenerowanie sił do dalszej pracy, a nie próba ustalenia, czy pamiętamy jeszcze, do czego ta praca ma nas kiedyś doprowadzić.

To ciągłe upominanie się Kościoła o wolną od pracy niedzielę jest też w niektórych zakątkach świata wyrazem troski o los najbiedniejszych, którzy bywają szantażowani przez swoich pracodawców mówiących: albo będziecie pracować i w weekendy, albo w ogóle stracicie pracę, bo ja przestanę być konkurencyjny i będę musiał zamknąć biznes. Dla tych z nas, którym wiedzie się lepiej, jest wezwaniem do opamiętania. Nie nastawiając w sobotę wieczorem budzika, przypomnij sobie też, że jesteś czymś więcej niż ciałem i psyche. Może to święto rozleje ci się na pozostałe sześć dni, a może już w poniedziałek o tym zapomnisz, ale za chwilę coś znowu ci o tym przypomni. I znowu. I znowu...

Poruszające jest obserwowanie ludzi, którzy wierzą, że uzdrawiającą kurację z rozrzedzacza czasu ciała i zagęszczania czasu duszy, jakim jest święto, wystarczy wziąć gdzieś w okolicach emerytury. Że nie ma sensu dbać o regularne przyjmowanie leku, że wystarczy dawka uderzeniowa na starość. Nie wystarcza. Wtedy zwykle czas tak nam już zgęstniał, że zatkał wszystkie arterie, a dusza praktycznie rozlazła się do szczętu po kościach. Po co zbierać swoje życie za 30 lat, skoro można zadbać o to, by się nie rozpadło, już teraz?

JAKBY KOMUŚ JESZCZE BYŁO MAŁO:

Nawet gdy ksiądz jest gamoniem, Eucharystia działa. Podobnie gdy wierny jest gamoniem – Eucharystia też działa, ale by działała w pełni, gdyby on zechciał uprzejmie z nią współpracować, a nie tylko powydzierać się z organistą, podumać o niebieskich migdałach, połknąć Pana Jezusa w komunii, po czym udać się czym prędzej w swoją stronę.

Do Eucharystii, do przyjęcia komunii trzeba się przygotować. Kiedyś, żeby nie sprofanować (tak sądzono) Pana Jezusa, ale też żeby wbić ludziom do głowy, że to rzeczywiście jest coś wyjątkowego, a nie jakieś magiczne ciasteczko, kazano powstrzymywać się przed komunią od jedzenia i picia od północy dnia poprzedzającego (tak jest dotąd w Kościele prawosławnym). U nas tzw. post eucharystyczny trwa teraz godzinę przed przyjęciem komunii (dla osób starszych, chorych i ich opiekunów: kwadrans), czyli de facto pół godziny przed mszą, ale mało kto go świadomie przestrzega. A szkoda. Kurczę, gdybyśmy tak realnie mieli świadomość, w czym uczestniczymy, gdyby anioły na moment podniosły zasłonę i gdybyśmy mogli zobaczyć, jak nasza ziemska msza nawet w najlichszej parafii jest zakorzeniona, widziana, współcelebrowana w niebie, to nie dość, że bieglibyśmy na nią trzy godziny wcześniej, po niej trzeba by nas było jeszcze wyrzucać z kościoła.

A że ksiądz z ambony naprawdę czasem tumani i przestrasza tak, że nie wiesz już, czy wykupić mu bon na wczasy, do szkoły czy może na terapię? Jasne. Ale czy ty zawsze, za każdym otwarciem swych szlachetnych ust, wylewasz z nich strumień tłustych i wonnych mądrości? Jesteś w tym zakresie bez grzechu? Wtedy rzucaj kamień. Albo miej przynajmniej odwagę, by zamiast wylewać mu żale za plecami, iść po kazaniu do księdza i zgłosić mu swoje uwagi. Że nie wiadomo, jak zareaguje? Trzeba być twardym, a nie miękkim – jest ryzyko, jest zabawa! Może być, że się wkurzy, tak jak plebani z Łomży, którzy w 1450 roku podali do sądu krawca Jana Żołądka za to, że ten podczas wielkanocnego kazania jednemu wyjechał z uwagą, że niedokładnie głosi Ewangelię, bo nie powiedział, że Jezus ukazał się Marii Magdalenie pod postacią ogrodnika z rydlem, a w drugi i trzeci dzień świąt równie bystro pouczał innych kapłanów. Żołądek poszedł siedzieć, ty możesz co najwyżej dostać wpis w kartotece parafialnej (gdy ksiądz okaże się raczej burakiem). Albo zyskać nowego znajomego (gdy okaże się megagościem i zaprosi cię z rodziną na obiad albo na kolację).

Dlaczego w ogóle rozważać temat jakości kazań przy okazji rozważań nad nakazem chodzenia na niedzielne msze? Bo choć homilia to (w zależności od fantazji mówcy) 10-30 proc. ogólnego czasu, jaki zajmuje liturgia, dla wielu, głównie tych średnio narzucających się Panu Bogu, bywa to element kluczowy dla ich być albo nie być w Kościele. Nasi kapłani wciąż jeszcze chyba zbyt rzadko zdają sobie sprawę, że nie tylko w konfesjonale, ale również na ambonie wykonują robotę sapera. Że czasem wystarczy jedno słowo za daleko, by wypędzić od ołtarza człowieka, który nie wróci do niego (a więc będzie łamał pierwsze przykazanie kościelne) przez wiele lat. Tłumaczenia, że przecież trzeba być „znakiem sprzeciwu", bywają mało przekonujące w sytuacji, gdy ksiądz mówi do audytorium w znacznej większości podzielającej jego przekonania. Co to znaczy naprawdę być owym znakiem, mógłby sprawdzić, gdyby zdecydował się np. popromować z ambony wizję papieża Franciszka (a przede wszystkim – Ewangelii) choćby w sprawie rozwiązania obecnego kryzysu migracyjnego. Inna rzecz, że wtedy z kościoła (w naszych obecnych polskich warunkach) mogłaby mu wyjść nie jedna osoba, a trzy czwarte świątyni. Zaprawdę, przed każdym otwarciem ust w imieniu Boga każdy (nie tylko ksiądz) powinien 15 razy zastanowić się, w czyim imieniu, do kogo, gdzie i po co mówi.

Z moich prywatnych obserwacji wnoszę, że sytuacja na rynku homiletycznym w ostatnich latach jednak się poprawia. Osobiście normę zadaną przez Kościół w tym przykazaniu wyrabiam w około 550 procentach (jakieś 330 mszy w roku) i to zwykle w kilkudziesięciu różnych kościołach. Szacuję, że około 20 procent słyszanych przeze mnie kazań to pseudoteologiczne banialuki, emocjonalne manipulacje albo recytowanie własnymi słowami politycznej i społecznej publicystyki z prasy prawicowej. Około 40 procent to kazania ani zimne, ani gorące, wypełniacze czasu, których mogłoby równie dobrze nie być. 40 procent to zaś coś, co naprawdę zostało przemyślane, przemodlone i niezależnie od tego, czy zostało podane z towarzyszeniem retorycznych fajerwerków, czy wydukane półgłosem (jestem już na to za stary, by robiły na mnie wrażenie kaznodziejskie błyskotki) – daje do myślenia, pogłębia, inspiruje.

W ciągu wielu lat wycierania kościelnych ławek wypracowałem parę sposobów na tych artystów, którym ambona pomyliła się z wodospadem. Najprostszy jest taki, że po prostu ich paplaninę, czy jakieś publicystyczne wzmożenia, pomijam. Po prostu się wyłączam, niech plotą, co chcą. Jeśli ceną za przyjęcie Pana Jezusa ma być dziesięć minut umartwienia uszu i mózgu – jestem gotów tę cenę zapłacić. Gdy mam duchowo lepszy dzień – wdrażam plan maksimum. Patrzę na takiego księdza i próbuję myśleć o nim jak najlepiej, uruchomić współczucie, ba – czasem nawet wdzięczność.

Ot, choćby za to, że ten ksiądz w ogóle tu jest i będę miał od kogo Pana Jezusa przyjąć. W Brazylii byłem w miejscowości, do której katolicki ksiądz wpada raz na cztery miesiące. W Afryce, w której spędzam sporo czasu, wizyty kapłana w kaplicy dojazdowej gdzieś w buszu raz w miesiącu – to norma. Co tam Brazylia, co tam Afryka. Dosłownie miesiąc przed wydaniem tej książki usłyszałem od znajomego zakonnika, który pojechał głosić rekolekcje w parafii na południu Polski, że proboszcz powiedział mu, iż może w tygodniu odprawiać msze, o której chce, bo i tak nikt z pewnością nie przyjdzie. Jego samego zwykle na parafii nie ma, ma bowiem swoje życie w Krakowie, i nie dość, że trzyma swoich parafian na eucharystycznym głodzie, to na dodatek nie głosi im też Ewangelii. Bo tej w czasie mszy nie ma zwyczaju odczytywać, tylko własnymi słowami ją streszcza. Możecie to sobie wyobrazić?

Kościół nie jest punktem dojścia, jest drogą, raz się nią idzie szybciej, raz wolniej, raz z fajnymi gośćmi, raz z takimi jak ja tłumokami. Ale gdy idziemy razem, wiemy, gdzie idziemy i trudniej się zgubić albo ulec złudzeniom. Chodzenie do kościoła (i z Kościołem pod rękę) po prostu bardziej się opyla niż niechodzenie, naprawdę.

2

PRZYNAJMNIEJ RAZ W ROKU PRZYSTĄPIĆ DO SAKRAMENTU **POKUTY**

KRÓTKO I NA TEMAT:

To przykazanie jest – jak słusznie zauważa ks. Dariusz Kowalczyk SJ w książce *Pięć słów Kościoła* – samo w sobie dowodem duszpasterskiej porażki. Jeśli trzeba ludzi pod sankcją złamania przykazania zachęcać do tego, by zebrali się w sobie i raz w roku przyszli po rozgrzeszenie i umocnienie – jak to świadczy o naszej chrześcijańskiej dojrzałości i skuteczności w głoszeniu prawdy o fajności życia z Bogiem?

Chyba już wszyscy o tym pisali i mówili, ale na wszelki wypadek i ja wyjaśniam. Otóż w naszym Kościele mniej więcej do VI wieku nie było czegoś takiego jak częsta spowiedź. Wierzono (a wiarę tę wyprowadzano wprost z nauki apostołów), że grzechy gładzi chrzest, a jak ktoś się ochrzcił, to ma po prostu nie grzeszyć. Bo – od strony teologii – byłby to niemieszczący się w głowie absurd: decydujesz się na radykalną zmianę, na pójście za Chrystusem, a zaraz znów leziesz gdzieś na boki. Szybko się oczywiście okazało, że człowiek do takich ideałów nie dorasta, wprowadzono więc koło ratunkowe: raz w ciągu całego życia można było uzyskać rozgrzeszenie, a przede wszystkim odbyć ciężką pokutę. Tak ciężką, że praktycznie uniemożliwiała normalne życie, więc zostawiano ją sobie na starość. Chrzest zresztą też często zostawiano na chwilę tuż przed śmiercią, z tych samych powodów. Coś, co miało budować relacje człowieka z Bogiem, zaczęło je zrywać.

Proszę za szybko nie potępiać naszych chrześcijańskich praprzodków. Ich założenie nie było wcale takie głupie: na przełomie II i III wieku Klemens z Aleksandrii zwracał uwagę, że jeśli ludziom grzechy będzie się odpuszczało często, doprowadzi ich to nie do ugruntowania cnoty, ale utrwalić w nich może stałą dyspozycję do grzechu (bo skoro i tak będzie przebaczenie, to dlaczegóż by nie grzeszyć). Koncepcja ta, jak każdy idealizm, by odnieść skutek w rzeczywistości tak porąbanej jak świat po grzechu, musiała jednak zostać doprawiona odrobiną realizmu.

Na szczęście dla nas, w oddaleniu od chrześcijańskiej centrali, mnisi iroszkoccy pracujący na najtrudniejszym duszpasterskim froncie (zawsze powtarzałem, że najlepsze rzeczy, jakie mamy w Kościele, są na misjach) zaczęli miksować dwie rzeczy: klasztorną praktykę codziennego otwierania serca przed tzw. kierownikiem duchowym (coś takiego jak trener do duszy) i spowiedź. Gdy na dobre udostępniono tę praktykę ludności, pojawiła się konieczność ustalenia jakichś norm co do zadawanej pokuty i tak powstały taryfikatory zwane penitencjałami („Gdyby jakaś kobieta położyła swoje dziecko dla zdrowia na dachu lub w piecu, niech pokutuje osiem lat" – zarządza księga pokutna *Pseudo-Kummeana*; „Kto pożąda rozpusty, ale nie może, niech pokutuje 40 dni lub 20. Jeśli czyni to częściej i jest chłopcem, 20 dni lub chłosta" – doradza spowiednikom *Discipulus Umbriensum*). Początkowo reakcją był bunt konserwatystów, ale nowa formuła spowiedzi szybko przyjęła się w całym Kościele.

W 1215 roku IV Sobór Laterański zarządza, by wszyscy wierni spowiadali się co najmniej raz w roku. I tu dopiero zaczyna się trwająca do dziś debata: z czego owi wierni mają się spowiadać? Sobór mówi: „Z wszystkich grzechów". Ale przecież łączność z Bogiem i Kościołem zrywają wyłącznie grzechy śmiertelne, które – nieodpuszczone – mogą się skończyć piekłem, które tak trwale zmieniają dyspozycję człowieka do postrzegania Boga, świata, ludzi, dobra. Obecnie obowiązujące przykazanie kościelne mówi to, co mówi: raz w roku do spowiedzi i basta. Ale Kodeks prawa kanonicznego i katechizm jednak precyzują: raz w roku jesteśmy zobowiązani wyznać swoje grzechy ciężkie. Czyli co – pyta dalej w eseju ks. Dariusz Kowalczyk SJ – jeśli ktoś nie popełnił przez cały rok grzechów ciężkich, musi iść do spowiedzi czy nie musi? Inna rzecz, że jeżeli rzeczywiście żyje tak święcie, że nie popełnia grzechów ciężkich, to raczej do spowiedzi będzie go paradoksalnie ciągnęło dużo częściej niż raz w roku, ale dla intelektualnego porządku takie pytanie zadać można.

I dylemat drugi: skoro mamy tylko dwa rodzaje grzechów: powszednie i śmiertelne, to czy frywolny młodzieniec, który z lenistwa nie poszedł w niedzielę do kościoła, a następnego dnia został potrącony przez samochód, rzeczywiście idzie do piekła? Czy rzeczywiście można postawić znak równości (co do ciężaru) między jego winą a winą tego (tej), kto np. dopuścił się aborcji?

DLA TYCH, CO WYTRZYMAJĄ JESZCZE TROCHĘ:

Rozwiązaniem byłoby tu rozróżnienie, że oto mamy grzechy powszednie (lekkie), ciężkie (np. owo niepójście do kościoła w niedzielę) i śmiertelne. Jedni mówią, że owe śmiertelne to mogłyby być te trzy, które w pierwszych wiekach traktowano jako zrywające więź z Bogiem: odejście od Kościoła, zabójstwo człowieka i cudzołóstwo. Inni – że grzech śmiertelny to świadome i dobrowolne plunięcie Bogu w twarz, grzech przeciw Duchowi Świętemu, nic więcej.

Na razie nikt chyba nie podejmuje się tego rozstrzygnąć, koncepcje ścierają się, a Kościół przygląda się temu i wsłuchuje się też w to, co wynika z praktyki duszpasterskiej. I mądrze robi – jest to bowiem domena hiperdelikatna, a grodzenie widzialnym drutem kolczastym niewidzialnej ludzkiej duszy to zadanie dla saperów: ponieważ w konfesjonale decyduje się często całe ludzkie życie, tu pomylić się można tylko raz.

Co wiemy na pewno i co mamy robić? Skoro Kościół mówi, żeby raz w roku iść do spowiedzi, to iść do tej spowiedzi i basta. Jak już wspomniałem – naprawdę ciężko jest mi wyobrazić sobie kogoś, kto przez 12 miesięcy nie zgrzeszył ciężko (albo to ja jestem już tak do szczętu zepsuty). Ale nawet jeśli tak się szczęśliwie złożyło: warto iść i pogadać z kapłanem również o drobniejszych zboczeniach z trasy. Z praktyki medycznej wiadomo, że czasem trzeba kontrolować i usuwać również drobne zmiany (np. skórne), żeby nie rozrosły nam się nagle w mordercze paskudztwo. Czy ksiądz może odpuścić również grzechy powszednie, nie tylko te ciężkie? Jasne. Ale ich skutki dla duszy i dla otoczenia można też zniwelować inaczej. Wielu moich znajomych uważa to za nielichą sensację, gdy powie się im, że grzechy powszednie gładzi przyjęcie komunii, jałmużna dana potrzebującemu, pogodzenie się z kimś, z kim było się pokłóconym, skierowany w stronę Boga akt szczerej miłości, nawrócenie grzesznika z błędnej drogi.

Przyjmuje się (choć nie ma na to przepisów), że sensowną miarą dla dojrzałego chrześcijanina jest spowiedź mniej więcej raz w miesiącu. Jasne, że łatwe to nie jest (jakoś tak wyszło, że grzeszenie okazuje się dużo łatwiejsze niż przyznawanie się do owego grzeszenia), ale tu chodzi o wyrobienie poczucia duchowego realizmu. Ludzie rozgraniczają: tu jest moje codzienne życie – konkret, a tu sprawy duchowe: ulotne, niedookreślone, oparte na odczuciach. Traumy okołospowiedziowe wynikają najczęściej (takie mam wrażenie) ze zderzenia tych dwóch światów: ciepłe powietrze trzymane w słoiku naszej duszy nagle zderza się z zimną konstatacją: „Ej, to wszystko, co robiłeś w ukryciu, naprawdę nabałaganiło tobie i ludziom w życiu". Gdy człowiek często się spowiada, zaczyna w końcu zauważać zależność przyczynowo-skutkową np. między hodowaniem w sobie jakichś myśli a następującymi katastrofalnymi czynami. Dzięki prowadzonym regularnie odwiertom w duszy udaje mu się dotrzeć do najgłębszych źródeł kłopotów, z których skutkami od lat się zmaga.

O tym, co zrobić, by spowiedź nie była jednak wyłącznie skokiem do zimnego basenu, napisałem więcej przy okazji zdania „Wierzę w odpuszczenie grzechów" w rozdziale *12 prawd wiary*, tu pochylę się jeszcze z troską nad zagadnieniem, którego sam długo nie rozumiałem. Chodzi o zadawaną w konfesjonale tzw. pokutę.

JAKBY KOMUŚ JESZCZE BYŁO MAŁO:

Czy np. odmówienie trzech *Zdrowaś Mario* może w ogóle być karą? Ależ pokuta to nie żadna kara! Pokuta to płyn zmiękczający do duszy. Wykonanie rzeczy, które zadaje nam spowiednik (najczęściej są to pewnie jakieś modlitwy, czytanie fragmentu Pisma Świętego, ale zdarzają się też i inne zalecenia: ja dostałem kiedyś w konfesjonale polecenie, żeby porządnie się wyspać), ma pogłębić w nas więź z Bogiem. Uświadomić, że spowiedź to nie wizyta w grzechomacie, lecz spotkanie. A wybaczenie, jakie dostajemy od Boga, to nie coś, co nam się należy, ale wynik Jego szalonej do nas miłości i słabości (Bóg ma słabość wyłącznie do człowieka, poza tym Bóg nie może mieć słabości). Czy litania odklepana z książeczki, by mieć temat z głowy, rzeczywiście może zmienić czyjeś życie? Zależy od tego, kto ją odmawia. Gdy lekarz na zakończenie wizyty wręcza człowiekowi leczniczą maść, ów może to w ogóle olać, może dwa razy się pacnąć i pobiec dalej, ale może też – jak Pan Bóg przykazał – wetrzeć to sobie tam, gdzie trzeba, i dzięki temu kolejna wizyta może wyglądać zupełnie inaczej. A z czasem może się okazać, że odwiedzamy pana doktora już wyłącznie towarzysko.

Kiedyś pokutników dzielono na grupy: Płaczący nie mogli w ogóle wchodzić do kościoła, tylko prosić idących na mszę o modlitwę, Słuchający byli wypraszani z kościoła po Liturgii Słowa, Klęczący mogli być na całej mszy, ale musieli klęczeć, wreszcie Stojący – mogli stać, ale nie mogli przystępować do komunii. Takie trwające kilka czy kilkanaście lat tortury poprzedzały publiczne rozgrzeszenie (udzielane przez wszystkich obecnych księży i biskupów, którzy nakładali na grzesznika ręce) i pewnie wtedy cel pokuty był bardziej wyraźny: pokażesz, że naprawdę chcesz odbudować relację z Panem, wtedy zostaniesz oczyszczony. Dziś, gdy pokuta jest realizowana po rozgrzeszeniu, a nie przed nim, dostajemy od Boga kredyt zaufania. On daje nam furę nasion i kwestię zruszenia gleby pozostawia totalnie w naszych rękach. Gdy drążę te wszystkie kościelne regulacje, czasem przysypiam z nudów, czasem się podekscytuję, ale są też i takie momenty, gdy dosłownie zamieram: proszę spojrzeć – mamy Boga, który wierzy w człowieka dużo mocniej, niż człowiek wierzy w Niego (że o drugim człowieku nie wspomnę).

3

PRZYNAJMNIEJ RAZ W ROKU, W OKRESIE WIELKANOCNYM, PRZYJĄĆ **KOMUNIĘ ŚWIĘTĄ**

KRÓTKO I NA TEMAT:

Czy „przynajmniej" oznacza, że raz wystarczy? Jeśli komuś wystarczy raz w roku pocałować żonę albo porozmawiać z przyjacielem – to pewnie wystarczy. W świecie normalnych ludzi taka intensywność kontaktu przypisana jest jednak raczej do relacji z agentem ubezpieczeniowym, kominiarzem albo z siostrą cioteczną stryjecznej babci. Jeśli ktoś jest takim Ghandim, że wystarczy mu do zdrowego życia zjedzenie raz w roku kromki chleba – cóż, wypada życzyć szczęścia, zdrowia i smacznego.

DLA TYCH, CO WYTRZYMAJĄ JESZCZE TROCHĘ:

Kiedyś w Kościele było tak, że każdy, kto szedł na mszę, przyjmował Komunię Świętą, a jak nie mógł komunikować (tak to się fachowo nazywa), to po prostu na mszę nie szedł (no, chyba że był pokutnikiem, patrz: wyżej). Odkąd chrześcijaństwo stało się religią oficjalną, na nasze celebracje zaczęli też jednak przyłazić widzowie, urzędnicy, sympatycy i tak wykształciła się tradycja uczestniczenia w aspekcie ofiarnym Eucharystii, ale nie podłączania się do uczty, którą Eucharystia też przecież jest ze swej natury. Do tego po chwili doszedł cały galimatias związany z tym, co zrobić z ludźmi, którzy zgrzeszyli, a też by przystąpić chcieli, ale nie mogli. A gdy wkrótce się okazało, że to oni zaczynają stanowić w kościołach większość – trzeba było wprowadzać osobne przepisy zabraniające np. wychodzić ludziom ze świątyni po *Ojcze nasz* albo wręcz po Przeistoczeniu (pisałem już o tym dwa punkty wyżej).

Dziś jest tak: Komunię Świętą można przyjmować, ile razy się chce, pod warunkiem że nie jest to częściej niż dwa razy dziennie (z czego drugi raz musi mieć miejsce na mszy). Nie ma obowiązku, który wciąż istnieje w Kościele prawosławnym, spowiadania się każdorazowo przed przystąpieniem do komunii. Trudno więc raczej nie jest. Dlaczego w takim razie odsetek wiernych, którzy uczestniczą w niedzielnych mszach, łącząc to z komunią, oscyluje u nas w granicach 16 procent (innymi słowy: 84 procent obecnych komunii nie przyjmuje)?

Optymistyczne wytłumaczenie mówi, że to dlatego, iż ludzie są tak świadomi. Tak bardzo szanują Eucharystię, że wolą rozstrzygać wątpliwości co do stanu swojego sumienia na swoją niekorzyść. Wolą nie przyjąć Pana Jezusa, niż przyjąć Go o raz za dużo. Realiści twierdzą, że w znacznej części wypadków eucharystyczna abstynencja wynika raczej z tego, że dla ludzi to, czy przyjmą Boga pod postacią chleba, czy nie, jest raczej obojętne. Że nie widzą w sobie różnicy pomiędzy stanem po komunii a stanem bez komunii. I jeśli jest właśnie tak, to – powiedzmy sobie szczerze – jest to zgroza.

JAKBY KOMUŚ JESZCZE BYŁO MAŁO:

Albo wierzymy, że w tym opłatku jest żywy Bóg, albo idziemy protestanckim tokiem myślenia i uznajemy, że to tylko symbol i takie tam. Jeśli więc wierzymy, że to Bóg, ten sam, który stworzył świat z niczego, który ma pod palcem wszystkie istniejące galaktyki i może stworzył też jakieś inne cywilizacje, którym nasza mogłaby ewentualnie antenki czyścić albo kapcie w skafandrach wiązać, to jakżeż człowiek może pozostać obojętny na spotkanie z Kimś takim i nie widzieć, że to to go jakoś zmieniło?! Jasne, że gdyby Pan Jezus przyjechał do nas papamobilem i zrobiono by Mu pompę z wierszykami i wręczaniem floksów przez Koło Ledwo Żywego Różańca, pewnie jakoś bardziej by nas to wzięło. A skoro On przychodzi w małym, białym kawałku pożywienia i na dodatek codziennie, a w większości polskich parafii parę razy dziennie, to my – po pierwsze – nie widzimy w tym chyba za bardzo Jego żywej obecności (choć ustnie deklarujemy coś innego), a po drugie – chyba nam to jednak trochę spowszedniało.

Co ma jednak z tym zrobić Pan Bóg? Przecież nie będzie kazał malować hostii na niebiesko, żeby jednak ludzie się trochę obudzili. Chciał dać człowiekowi pokarm na drogę, więc został w chlebie, najprostszym z możliwych i najbardziej podstawowym jedzeniu. Od pewnego przedszkolaka usłyszałem kiedyś pytanie: „Czy gdyby Jezus przyszedł na świat dziś, zostałby z nami w McZestawie?". Nie wiem, nie sądzę, nie ma to zresztą znaczenia. Jest w chlebie (który w naszych kościołach zredukował się ze względów praktycznych – niestety – do małego opłatka) i będzie tam do samego końca świata, gdy znów przyjdzie do nas jako człowiek. I wtedy dopiero konieczność przyjmowania komunii się skończy (Jezus mówi: „To czyńcie na moją pamiątkę", a jaki jest sens „czynienia na pamiątkę", skoro ktoś, kogo mamy w ten sposób wspominać, znów jest z nami?).

Komunia jest więc póki co najpewniejszym z pewnych i najbardziej dostępnym miejscem, w którym mały człowiek może się spotkać z Wielkim Bogiem. W każdym kościele, na każdej mszy człowiek może zupełnie za darmo dostać lekarstwo, o którego przyjęciu marzyliby pewnie aniołowie. Czy naprawdę jest sens zadawać sobie pytanie: a dlaczego aż raz w roku, a dlaczego tak często? Komunia to nie nagroda za dobre postępowanie, to lek, który realnie dodaje nam sił, włącza nas w krwiobieg całego Kościoła. Daje dostęp do świętych, pozwala czerpać z całego dobra, które daje dziś światu ofiara jakiejś starszej pani na Filipinach czy pierwszokomunijnego dziecka na Kubie. Gdy przyjmujesz komunię, przyjmujesz Boga, który realnie wchodzi w twoje ciało i zmienia ciebie w siebie, odżywia nie tylko twoją duszę, ale i ciało na poziomie komórkowym. Człowiek stawia temu opór i owego Boga sobą w sobie zagłusza, dlatego warto powtarzać ten zabieg, to spotkanie jak najczęściej. Z kim przestajesz, takim się stajesz. Im częściej będziesz spotykał Boga, tym bardziej twoje otoczenie stawać się będzie królestwem Boga, czyli rajem.

4

ZACHOWAĆ NAKAZANE POSTY,
A W OKRESACH POKUTY POWSTRZYMAĆ SIĘ OD UDZIAŁU W ZABAWACH

KRÓTKO I NA TEMAT:

Obecny stan prawny jest następujący: każdy polski katolik, który ukończył 14. rok życia, do końca owego życia ma w piątki nie jeść nic mięsnego – ani parówek, ani chipsów bekonowych, ani salcesonu (we Włoszech znanego pod uroczą nazwą „cwaniaczek"), nic. Zaś ten, który ukończył 14, ale nie skończył jeszcze sześćdziesiątki – w Środę Popielcową oraz w Wielki Piątek może zjeść tylko jeden posiłek do syta (i dwa, które przerwie, zanim naje się do syta). Poza tym: powinien nie bawić się we wszystkie piątki roku oraz w Wielkim Poście (uwaga: w skład Wielkiego Postu nie wchodzą wielkopostne niedziele: niedzielna radość ze Zmartwychwstania Pana znosi wszelkie posty).

DLA TYCH, CO WYTRZYMAJĄ JESZCZE TROCHĘ:

Ma to sens? Piątkowa wstrzemięźliwość od pokarmów mięsnych – moim zdaniem nie bardzo. Ale póki nasz polski Kościół niczego w tej sprawie nie zmieni, słuchać się trzeba. Żeby była jasność: polscy biskupi mogliby spokojnie zmienić treść tego przykazania kościelnego, bo każda konferencja episkopatu sama ustala, jaką formułę ma przyjąć na podległym jej terenie zwracanie uwagi na szczególny charakter dnia śmierci Jezusa (w wielu krajach nie ma ograniczeń dotyczących mięsa, jest za to np. wskazanie, że w piątek trzeba koniecznie zrobić jakiś uczynek miłosierdzia – zamiast patrzeć, czy się samemu nie zjadło wędlinki, znaleźć i nakarmić głodnego). Nie żyjemy w czasach króla Stasia, gdy nie istniała hodowla przemysłowa i mięso było towarem naprawdę luksusowym (stąd możliwość dorwania się do mięska w czasach tzw. mięsopustu stanowiła synonim błogości i rozkoszy). Wyrzeczenie się luksusu było więc realnym wyrzeczeniem. Dziś udręczeniem może być, jeśli już, wybranie z listy dostępnych w stołówce dań nie tego, tylko innego. Powiedzmy sobie szczerze: co to za umartwienie?

Powtarzam – to moja prywatna opinia: sensowności piątkowej wstrzemięźliwości od mięsa nie da się wytłumaczyć ani obronić w dobie barów wege, sushi i parówek w cenie pomidorów (inna rzecz, ile w nich realnie jest mięsa. Znam księży, którzy półżartem twierdzą, że większość obecnych w supermarketach wędlin nie narusza piątkowej wstrzemięźliwości – bo jak ma ją naruszyć trochę celulozy, wody z solą i jakichś tam ścinków). Pokolenie mojej babci trzymało się z dala od kiełbasy również w środy (dzień zdradzenia Jezusa przez naszego delegata w gronie apostołów, Judasza), dziś możemy albo dać sobie z tym zupełnie spokój, albo iść w stronę, w którą poszli np. prawosławni mnisi (i mniszki), którzy w ogóle nie jedzą mięsa. Po pierwsze dlatego, żeby się samoograniczyć, po drugie – żeby pozostawiać po sobie na ziemi jak najmniej śladów i jak najmniej eksploatować całość Bożego stworzenia.

Może kiedyś i nasz Kościół zrozumie, że ogłaszając wstrzemięźliwość od mięsa w piątek, przynosi ulgę udręczonemu stworzeniu – wszak to, co dla nas jest postem, dla świnek, krówek i kur jest niedzielą, świętem. Naprawdę nie można by, jeśli już, poprowadzić okołopiątkowej refleksji właśnie w kierunku zwiększania odpowiedzialności za otaczający nas świat? Odnoszę czasem wrażenie, że nasi nauczyciele wiary tak rzadko poruszają temat niemięsnych piątków, bo poza argumentami z tradycji sami rzadko mają jakieś inne. Ale o co w tym wszystkim *per saldo* chodzi? O to, żeby było tak jak zawsze, czy żeby było, tak jak ma być – że pokuszę się o tak głębokie, trącające raciczką filozofię pytanie.

Co innego z postem (tym tzw. ilościowym). Ciekawa rzecz, że w Ewangelii Jezus odpowiada apostołom skarżącym się, że nie udało im się wywalić z jakiegoś nieszczęśnika złego ducha: „Ten rodzaj da się wypędzić tylko modlitwą i postem". Nasz Szef zwraca tu uwagę na dwie rzeczy. *Primo*: post nie jest rodzajem pobożnej diety (odchudzającej, oczyszczającej, odbudowującej). Bo on się nie może skupiać na poszczącym. Z niego powinno od razu wynikać coś dla otoczenia (*Pasterz* Hermasa, klasyk literatury wczesnochrześcijańskiej zalecał genialnie i prosto: pościsz? Oblicz, ile danego dnia nie wydałeś na jedzenie, później idź i rozdaj to ubogim).

To, że nie wprowadzasz w siebie materii, ma zrobić w tobie więcej miejsca na ducha. Przypomnieć ci, że nie samym chlebem żyje człowiek, ale przekonasz się o tym, dopiero gdy do postu dołączysz modlitwę i jałmużnę. Każdy z tych środków jest skuteczny dopiero wtedy, gdy stosujesz wszystkie trzy razem. Post to komunikat: decyduję się wyjść poza świat swoich naturalnych potrzeb, zanurzyć się w wymiar należący do kogoś innego. Modlitwa to uznanie, że tym kimś jest Bóg i to On może przyjść i naprawić rzeczy – wydawałoby się – nienaprawialne. Jałmużna to wyświadczenie komuś dobra, na które nie zapracował, i tym samym przywołanie na ziemię w tym samym kluczu dużo większego dobra od Pana Boga (bo dobro zawsze przyzywa dobro).

Z postem trzeba ostrożnie, ale on naprawdę może być ważnym elementem formowania duszy. Warto spróbować go praktykować przez jeden dzień w miesiącu (wyznaczyć sobie, że np. będzie to każdego 13. czy każdego 20.), odstawiać wtedy pokarmy powoli, np. zrezygnować z jednego posiłku. Zawsze z konkretną intencją. I zawsze z wyciągniętymi do braci rękami.

JAKBY KOMUŚ JESZCZE BYŁO MAŁO:

Czy niezachowanie tego przykazania to grzech ciężki? Nie wiem, czasem pewnie tak, czasem nie. Niech każdy ustali to ze spowiednikiem. Jeszcze pół wieku temu moraliści zdobywali himalaje absurdu, wyliczając, że zjedzenie w piątek ponad 60 gramów mięsa, a w Wielki Piątek śniadania cięższego niż 70 gramów to z całą pewnością grzechy ciężkie. Dziś Kościół zdaje się mówić inaczej: przykazania kościelne są jak oznakowanie poziome – wyznaczają krawędź drogi, przestrzeń minimum dla prawidłowego rozwoju duchowości człowieka danej epoki. Miejscem do oceny ciężaru winy w wypadku przekroczenia tej linii nie jest jednak książka, ale konfesjonał.

O poście można by (i pewnie trzeba) napisać trzy i pół tomu, póki co niech jednak katolicy cieszą się, że nie są prawosławni. U naszych wschodnich braci obowiązują cztery wielodniowe ilościowe posty w roku (przed największymi świętami), więc naprawdę pobożni przechodzą u nich przez życie, raczej nie jedząc, niż jedząc. I tam jednak kuleje – zdaje się – katecheza na temat postu, a znaczna część ludzi nie pojmuje, po co Panu Bogu głodny człowiek. Kwitnie więc kazuistyka, każąca oznaczać w supermarketach piwko (sam widziałem) etykietą: „Nie łamie postu!". Post, jeśli ma być dobrze przeżyty, musi być dobrze wytłumaczony, a nie tylko zadany do wykonania.

Podobnie jest z nakazem powstrzymania się od zabaw w „okresach pokuty", tj. przez Wielki Post i wszystkie piątki roku. W Wielkim Poście – zgoda. Co jednak przyjdzie nam z zabraniania ludziom chodzenia na imprezy (załóżmy, że bezmięsne) w lipcowe czy majowe piątki? Skoro Chrystus niewiele dla nich znaczy, jak możemy wymagać, by jakoś specjalnie obchodzili dzień Jego śmierci? A jeśli już tego chcemy, jak odpowiemy im na argument: „No ale przecież On zmartwychwstał, no nie? Do czego chcecie nas więc namówić? Do czczenia dwóch Jezusów? Umęczonego w piątek i żywego w niedzielę? Przecież jest tylko jeden". Stan faktyczny na teraz jest taki, że Chrystus nie jest Dzieciątkiem Jezus, nie jest Ukrzyżowany – jest Zmartwychwstały!

Jeśli chcemy utrzymać zakaz chodzenia na jakiekolwiek tańce w każdy piątek (kiedyś nie można było zawierać ślubów w poście, później – chodzić na huczne zabawy, teraz nie można na wszystkie), musimy najpierw spróbować wytłumaczyć ludziom, że w tym poleceniu nie chodzi o to, by sobie dosmucić, bo Jezusowi kiedyś smutno było, a On się cieszy, jak ktoś się przez Niego smuci (bo co ma się sam smucić). Ale o to, by raz w tygodniu zrobić w swoim życiu zagrodę na coś większego niż hece. Wygrodzić przestrzeń, w której będzie można pomyśleć, podziałać na rzecz tych, co nawet gdyby chcieli iść w piątek na jakąś zabawę, to nie pójdą, bo są chorzy, bo nie mają za co, bo płaczą. Zadbać w ten piątek o ciało Chrystusa, którym są potrzebujący (jak mawia siostra Małgorzata Chmielewska – biedny to, po Komunii Świętej, drugi pewny adres, pod którym zawsze możesz znaleźć Jezusa). I o mnie samego, który też nim jestem, a który odpoczynku od hałasu i nadmiaru bodźców potrzebuję jak kania dżdżu. A za 20 czy 30 lat ze zdumieniem przekonam się, że to niby bezsensownie brzmiące przykazanie uratowało mi zdrowie psychiczne i w ogóle życie.

5

TROSZCZYĆ SIĘ O POTRZEBY WSPÓLNOTY KOŚCIOŁA

KRÓTKO I NA TEMAT:

Czyli: dawać na tacę? A jest w tym przykazaniu coś o tacy? Jest o trosce. Nie płacę rachunków, nie wpłacam inkasentowi – z troską. Troszczę się o najbliższych, o ludzi, których lubię. Wyrazem tej troski może być rzecz jasna zapłacenie rachunku za prąd czy za wodę, ale zasadnicze pozostaje tu pytanie o motywację. To przykazanie zostało tak sformułowane, by wybić ludzi z myślenia o Kościele w kategoriach Dzielnicowego Towarzystwa Przyjaciół Pana Jezusa, na które raz na jakiś czas trzeba płacić składki. Przypomnieć ochrzczonym ludziom, że są rodziną, a o rodzinę trzeba się troszczyć. W wymiarze niematerialnym (zadaj sobie teraz pytanie: kiedy ostatni raz zapytałeś kogoś w kościele, czy można mu w czymś pomóc, czy może chciałby, żeby się za niego w jakiejś intencji pomodlić). Ale również w wymiarze materialnym.

Jeśli więc rodzina spotyka się w wynajętej na tę okoliczność sali, ktoś musi zapłacić za wynajem – to proste. Dokładnie tak samo jest w Kościele. To naprawdę nie jest tak, że kościół parafialny, do którego idziesz, utrzymywany jest przez biskupa czy Watykan. Jest dokładnie odwrotnie: to parafie poprzez system stałych danin utrzymują i biskupów, i kardynałów, i papieża (i siebie nawzajem, w diecezjach, gdzie jest wiele skrajnie ubogich parafii, działają fundusze solidarnościowe, bogatsi dzielą się z biedniejszymi). A owo światło na mszy, ogrzewanie nóżek czy główek (zależy, gdzie w danej parafii umieszczono grzejniki), sprzątanie, byś nie musiał siedzieć na błocie lub kurzu – kosztuje. Zbieranie tacy nie jest więc żadną formą chciwości albo represji, jest aktem realizmu i prośbą, byśmy wszyscy zrzucili się na to, że możemy w tym kościele przebywać.

Tacę mszalną zwykle przeznacza się właśnie na to: jej celem jest pokrycie kosztów utrzymania parafii (wynagrodzenie księży to inna bajka, ono pochodzi głównie z ofiar składanych przy okazji zamawiania intencji mszalnych). Jasne, że ma ona też wymiar składanej Bogu ofiary (pieniądze są przecież ekwiwalentem wypłacanym nam za poświęcony na jakieś zajęcie czas), Bóg nie bierze jej jednak dla siebie – nie każe nam wysyłać tej kasy do nieba albo kupować za nią i puszczać mu z dymem jakichś cielców. Wykorzystujemy ją *de facto* na swoje cele, na swój kościół, na prowadzoną przy tym kościele kuchnię dla biednych czy jakieś duszpasterstwo.

DLA TYCH, CO WYTRZYMAJĄ JESZCZE TROCHĘ:

Nie byłoby z tym pewnie takiego problemu, gdybyśmy rzeczywiście uważali dany kościół za swój. Autor przykazania rozumiał i to, celowo umieścił przecież w nim słowo „wspólnota". Tam, gdzie ludzie traktują parafię jako urząd, problemy z tacą były i będą. Nie ma ich tam, gdzie ludzie czują się autentycznie związani z sobą, z proboszczem, z kościołem. Żeby nie wiem jak było biednie, jedni drugim na pewno nie dadzą zginąć.

W debatach o kościelnych finansach od lat powtarza się tę samą mantrę: gdyby w nich była pełna jawność, gdyby w internecie wisiały budżety, sprawozdania, raporty – pewnie ofiarność ludzi byłaby znacznie większa. Kiedyś chętnie dołączałem do chóru osób fetyszyzujących przejrzystość finansów, dziś – nie sądzę. Czy należy na parafialnej stronie wywiesić wszystkie wpływy i wydatki kościoła? No jasne. Przecież proboszcz nie zarządza swoją kasą, tylko wspólną, którą powierzyli mu ludzie, taca nie jest prezentem dla księży, ale naszą składką na wspólne działania. Czy to z miejsca zmotywowałoby ludzi do tego, by ofiarniej się do tej kasy dorzucać? Jednych może tak, innych nie. Zaraz zaczęłoby się marudzenie, że – o, ksiądz wydał dychę na takie świeczki, a ja bym kupił za osiem! A po co wydawać na tych ministrantów, lepiej uszczelnić płot. A po co uszczelniać płot, lepiej dać na ministrantów.

Kościelne prawo zaleca proboszczom, by powoływali przy parafii rady ekonomiczne. Parafialna kasa to jest budżet obywatelski w pełnym tego słowa znaczeniu. Jeśli nie jesteśmy mentalnie gotowi wprowadzić do naszego Kościoła rozwiązań z czasów pierwszych chrześcijan (gdy ludzie sprzedawali swoje majątki, wszystko zrzucali do wspólnej kasy, z której każdemu wypłacano według potrzeb i wspierano biednych, również tych spoza wspólnoty) – wprowadźmy do swoich wspólnot normalne zasady dzielenia środków przyjęte w innych ludzkich organizacjach. Jednak z wzięciem poprawki na to, że my tym się różnimy od Komisji Finansów Publicznych polskiego parlamentu, że musimy dzielić środki zgodnie z Ewangelią. A więc nie tyle dbać o zachowanie stanu posiadania, ile o to, by ci z nas, którzy mają najmniej, mieli tyle, ile wystarczy im do godnego życia.

JAKBY KOMUŚ JESZCZE BYŁO MAŁO:

Czy nie należałoby więc sprzedać kolekcji Muzeów Watykańskich, zeskrobać złota z figur i wystawić na przetarg kościelnych nieruchomości? Po pierwsze: wyobraźmy sobie, że sprzedajemy owe Muzea Watykańskie i to, co teraz jest powszechnie dostępne do zwiedzania, trafia do prywatnych kolekcji. Ruch turystyczny spada. Ludzie tracą pracę. Wszyscy tracą, poza tymi, którzy mieli kasę, by sobie owego Rafaela czy Caravaggia nabyć. Po drugie: jakaś forma własności wspólnej jest nam do funkcjonowania potrzebna, a złoto na ikonach też jest nam potrzebne, choćby po to, by przypominało nam, że świat nie kończy się na kolorach tęczy. Rzecz nie w tym, byśmy obijali się teraz w jałowych debatach o rozwiązania ekstremalne (nawet jeśli są sensowne), ale spróbowali rzeczywiście zrobić coś, co jest w naszym zasięgu, i zrobili to porządnie. Debaty o tym, czy powinniśmy wejść na Mount Everest, czy nie, zostawmy na moment, gdy ta dyskusja stanie się w ogóle przedmiotowa, bo my będziemy już po porządnym trekkingu.

Co mogłoby być takim trekkingiem? Na przykład stary i piękny zwyczaj płacenia dziesięciny (dziesięciu procent swoich dochodów) na jakiś wybrany dobry cel prowadzony przez mój Kościół (ja mam np. założone specjalne dziesięcinne konto, na które przelewam część każdego przychodzącego przelewu, a później, zwykle raz w miesiącu, rozdysponowuję to na rzecz potrzebujących). Na przykład skrzyknięcie się z sąsiadami z kościelnej ławki i próba ogarnięcia pomocy jednemu bezdomnemu śpiącemu na należącej do parafii ulicy albo jednej niepełnosprawnej sąsiadce samotnie wychowującej wnuka. Każda polska parafia to parę (a bywa, że i kilkanaście) tysięcy ludzi. Gdyby każdy z nich raz w miesiącu dał pięć złotych, mamy dwadzieścia parę tysięcy miesięcznie, a to jest już kwota, za którą można dom po domu, rodzina po rodzinie prostować ludzkie losy, a nie czekać na opiekę społeczną czy dobroczynne telewizyjne programy.

Tylko komuś musiałoby się chcieć zacząć. Podejść do tego bezdomnego, odwiedzić tę rodzinę. Pójść do proboszcza, a jeśli nie okaże zrozumienia (bo i tak bywa, są tacy posłani do ludzi, którzy mają ważniejsze sprawy niż ludzie), mieć wystarczającą ilość determinacji, by to fajne i wspólnototwórcze działanie kontynuować. I by ostatecznie się przekonać, że troska zawsze wraca do troszczącego się, bo tak to właśnie działa we wspólnocie. I dlatego kościelne przykazanie nie mówi: dawaj kasę. Mówi: troszcz się o potrzeby wspólnoty. A wspólnota zatroszczy się o twoje.

CZĘŚĆ

II

JAK NIE (DAĆ SIĘ) ZABIĆ?

Rozdział III
DEKALOG

KRÓTKO I NA TEMAT:

Dziesięć przykazań, Dekalog, to instrukcja obsługi świata i człowieka, podana nam przez producenta tychże. To spis praktycznych wskazówek, co robić, by dobrze robić. I nie robić źle.

Na przykazania ludzie najczęściej patrzą jak na znaki zakazu, czyli jak na opresję. Tylko po co są znaki zakazu? Otóż po to, by chronić życie i szczęście wszystkich uczestników ruchu. Znak B2 (zakaz wjazdu) pomoże ci nie wjechać w przepaść. Znak B25 (zakaz wyprzedzania) da ci szansę uniknięcia czołówki ze śmieciarką. Nawet znak B29 – zakaz używania sygnałów dźwiękowych – uratuje ci życie, które mogłoby przedwcześnie dobiec kresu przy współudziale jakiegoś spłoszonego klaksonowaniem łosia.

Zanim więc wrzucisz Dekalog do kąta, widząc w nim wyłącznie zamach na swoje wolności, pamiętaj, że przykazanie „Nie zabijaj" oznacza więc również: „Nie zostań zabity". „Nie cudzołóż" – „Nie zostań zdradzony", „Nie mów fałszywego świadectwa" – „Nie padnij ofiarą tych, co w sądzie będą zeznawać pod przysięgą, żeś pijak i złodziej". Itd. Itp. Etc. One mają zmaksymalizować twoją frajdę z życia, a nie ci ją zabrać.

DLA TYCH, CO WYTRZYMAJĄ JESZCZE TROCHĘ:

Przykazania w formie, jaką dziś znamy, ostatecznie zredagowano pewnie jakieś pięć, sześć wieków przed Chrystusem. Opowiadając o ich nadaniu, biblijni autorzy przenoszą nas jednak jeszcze o siedem wieków wstecz. Mamy okolice roku 1250 p.n.e. Izraelici (a dokładniej: jedno z hebrajskich plemion) zwiali już pod wodzą Mojżesza z Egiptu. Jak się tam znaleźli? Albo wzięto ich w niewolę podczas jednej z licznych wojen, w jakie Egipt wdawał się z palestyńskimi plemionami, albo ktoś na przykład sprzedał ich za długi.

Część z nich wróciła pewnie do Palestyny wcześniej. Grupa, o której czytamy w Księdze Wyjścia, miała szansę doświadczyć od groma i ciut, ciut różnych znaków potwierdzających Bożą nad nią (nad grupą, nie Księgą) opiekę. Na Egipcjan leciały z nieba żaby, dostawali wrzodów (nieoceniony ksiądz Jakub Wujek w swoim tłumaczeniu Biblii twierdził, że były to „pryszczele nadęte"), rzeki zmieniały się im w magazyn stacji krwiodawstwa, a ostatecznie rozstąpiło się przed nimi Morze Czerwone (dziś naukowcy mówią, że raczej było to jakieś jezioro, ale skoro ludzie zapamiętali to jako superwyjątkowe wydarzenie, to coś ważnego musiało być jednak na rzeczy).

Podczas drogi, gdzieś na półwyspie Synaj, Bóg wzywa lidera tego marszu do siebie, by on w imieniu wszystkich zawarł z Nim specjalny układ. Tekst Dekalogu spisany jest w formie, w jakiej w tamtych czasach silniejszy zawierał układ o przyjaźni (a wręcz: miłości) ze słabszym. Zdaniem niektórych uczonych formułę Przymierza ten, który je spisywał, pożyczył też z formularza spisywanego przy okazji wyzwalania niewolnika.

Tekst dziesięciu przykazań zapisany jest w Biblii w dwóch miejscach, w Księdze Wyjścia (rozdział 20) i w Księdze Powtórzonego Prawa (rozdział 5). A po nim następuje megaobszerny i detaliczny kodeks przepisów szczegółowych. Bóg nakazuje tu m.in. obowiązkowe budowanie balustrad na dachach, żeby nikt z owych dachów nie spadł, albo zobowiązuje Izraelitów do opieki nad wołeczkiem albo owieczką, które zabłąkały się lub zasłabły. Pan Bóg naprawdę uczył Izraelitów, jak zabezpieczać dachy? Tu potrzebna wydaje się uwaga generalna: autorzy biblijnych ksiąg nie spisywali z dyktafonu słów Boga. W tekstach wyraźnie widać więc ich własną wrażliwość, wpływ okoliczności historycznych albo konsekwencje tego, że zapisują jakieś wydarzenia – tak jak w tym przypadku – wiele ładnych lat po tym, gdy rzeczywiście miały miejsce.

W Księdze Wyjścia do ludu mówi osobiście sam Bóg, w drugim tekście relację z Jego słów zdaje Mojżesz. Bóg przypomina ludowi, że nie wyciągnął ich spod faraońskiego sandała dlatego, że są tacy fajni, ale dlatego, że ich kocha i że właśnie dlatego da im rzeczy, na które nie zasłużyli i przy których się nie napracowali. Chce, by cieszyli się życiem. W Ziemi Obiecanej ma na nich czekać: zero lęku przed agresorami (wszystkich ich ogarnie osobiście Pan Bóg), brak chorób, mnóstwo oliwy i wina, fig, granatów, miodu, pięknych domów, złota, srebra, deszczu, bogactwo minerałów, a nawet uleczenie wszelkich rodzajów niepłodności. I to wszystko tylko pod jednym warunkiem: stosowania się do podanej przez Pana w Dekalogu instrukcji.

Już na etapie przekazywania owej instrukcji dochodzi jednak do awarii użytkowników. Gdy Mojżesz przez 40 dni i nocy siedzi na górze, gdzie Bóg szczegółowo zapoznaje go ze swoimi wskazaniami, jego ziomale dochodzą do wniosku, że pewnie zniknął na dobre. Budują minihutkę i odlewają sobie ze złota posąg boga Jahwe, w postaci złotego cielca, bo przecież ktoś konkretny, a nie jakiś taki niewidzialny, ich musi do tej Palestyny zaprowadzić. Mojżesz po powrocie do obozu wpada we wściekłość, rozwala Boże tablice (co oznaczało unieważnienie układu), a następnie nakazuje wyrżnąć parę tysięcy (trzy tysiące samych facetów) ludzi, po czym znów idzie gadać z Bogiem. I mówi Mu: „Zechciej odpuścić ten grzech. W przeciwnym razie wymaż mnie ze swojej księgi".

Bóg wybacza, naród się kaja. Choć oczywiście za chwilę znów będzie puszczał się (w duchowym sensie) na prawo i na lewo. Dlaczego Bogu tak bardzo zależało na tym, by ludzie widzieli w Nim niewidzialnego, wszechmogącego i jedynego Boga? Nie z zawiści, naprawdę. Z troski i miłości. Popatrz: gdy pokładasz nadzieję w drewnianym klocku albo metalowej rzeźbie, nie dość, że prędzej czy później wychodzisz na idiotę, to jeszcze marnujesz życie. Bóg podkreśla: żadne z przykazań „nie przekracza twoich możliwości i nie jest poza twoim zasięgiem. (...) To słowo jest bardzo blisko ciebie: jest na twoich ustach i w twoim sercu, abyś mógł je wypełnić".

Prawda? Prawda. Większość zdrowych na umyśle ludzi faktycznie ma to zapisane w głowie oraz w sercu: nie wolno zabijać, trzeba być wiernym, nie wolno kraść. Bóg objawiając Dekalog, niczego więc nie wymyśla (część z jego nakazów mogła być znana i stosowana wśród plemion izraelskich na długo przed Mojżeszem). To coś, co nie podlega dyskusji, bo człowiek tak jak ma prawo do posiadania głowy, tak samo ma prawo do życia, wolności, dobrego imienia, własności. To dlatego mówi się, że Dekalog to tzw. prawo naturalne.

I czy naprawdę, gdy będziemy tego wszystkiego przestrzegać, Bóg da nam te miasta, winnice, miody, strumienie i zachody słońca? Niekoniecznie. Nie o nieruchomości tu chodzi, ale o to, co kryje się pod tymi wszystkimi malowniczymi opisami. O wolność. Ludzie, którzy jeszcze nie tak dawno poddani byli nieludzkiej ekonomii, traktowani jak zwierzęta, którym gwałcono sumienia, teraz słyszą, że wystarczy dziesięć zasad, by cieszyć się największym bogactwem, jakie można mieć: pełnią wolności.

Izraelici bardzo się tą perspektywą ucieszyli. A zaraz po wejściu do Ziemi Obiecanej urządzili w niej Egipt znacznej części mieszkającej tam ludności. Oraz sobie samym. Zaczęli podbijać, brać w niewolę, rabować, do głosu doszły polityka i kasa, jakieś religijne deale z sąsiadami, na skutek których wyznawcy Jahwe zaczęli czcić święte górki, drzewa i posążki. Połowa Starego Testamentu traktuje o tym, jak Bóg posyła przeróżnych proroków, żeby wzywali Izraelitów do opamiętania. Zaczynają się najazdy Asyryjczyków i Babilończyków, aż wreszcie przychodzi kulminacja, gdy prorok Jeremiasz mówi Hebrajczykom: uwolnijcie, kurczę, niewolników, bo przecież sami jesteście wyzwolonymi niewolnikami! Ludzie początkowo słuchają, ale później znów biorą wyzwoleńców w niewolę. Dokładając do tego furę pretensji, że jest im teraz tak ciężko, a przecież gdy modlili się do swoich pogańskich bóstewek – wszystko było OK... Chwilę później historia Izraela dobiega końca. W 586 roku p.n.e. król perski zdobywa Jerozolimę, niszczy zbudowaną przez królów Dawida i Salomona przepiękną świątynię, a ludność kraju przesiedla do Persji. Zaczyna się niewola babilońska. Izrael, dzięki nieskończonej cierpliwości Boga, odrodzi się wkrótce w narodzie żydowskim, ale to będzie już zupełnie inna historia.

JAKBY KOMUŚ JESZCZE BYŁO MAŁO:

Dla porządku (i zaspokojenia ciekawości): parę uwag technicznych. Zawdzięczam je tłustym od wiedzy biblijnym katechezom prowadzonym w krakowskim kościele św. Anny przez wspomnianego tu już ks. Wojciecha Węgrzyniaka, a także pracy innego fachowca w tym zakresie, ks. Jarosława Wojcieskiego. Oraz niezrównanie ciekawym konferencjom na temat Dekalogu, jakie warszawski KIK przeprowadził w latach 1972-1973 (wszystkie dane w bibliografii).

Dekalog to z greckiego „dziesięć słów". Kłopot w tym, że w tym fragmencie Biblii, gdy mowa o Bożych przykazaniach, słów nie jest wcale dziesięć, jest ich ponad 200! Przykazania to bowiem w oryginale nie seria krótkich zdań, którą przed pierwszą komunią kazano nam wkuwać na pamięć, owe „Czcij ojca swego i matkę swoją" czy „Pamiętaj, aby dzień święty święcić". To katechetyczne streszczenia wykonane (po raz pierwszy w tej formie ponad sto lat temu w tzw. *Katechizmie Kardynała Gasparriego*) po to, by ludziom łatwiej było nauczyć się ich na pamięć.

Wiele z posługujących się Biblią wyznań inaczej je sobie dzieli i układa (to, co dla nas jest przykazaniem numer dwa, dla prawosławnych i anglikanów jest numerem trzy, to, co u nas jest numerem dziewięć, u luteranów jest początkiem dziesiątego itd.). Ciekawostka – w literaturze rabinicznej pisze się, że zbiór norm mógł funkcjonować w narodzie wybranym już przed Mojżeszem, było ich wtedy siedem (bez tych, które dziś znamy jako trzecie, czwarte i ósme), nazywano je więc Heptalogiem albo Urdekalogiem, i były częścią przymierza, jakie Bóg zawarł z ludźmi po zakończeniu potopu (tzw. przymierze noachickie).

W polskim tłumaczeniu Biblii Tysiąclecia poleceń Boga jest 16, w angielskim NRSV – 15, w niemieckim – 13. Autor biblijny mógł spokojnie zrobić z tego siedem albo 12 (dużo bardziej symboliczne liczby), z jakichś jednak powodów wybrał 10. Może dlatego, że właśnie tyle palców ma człowiek i łatwo mu dzięki temu było to wszystko spamiętać, a później w razie potrzeby z pomocą ręczną odtworzyć. W tym podziale zwraca uwagę to, że pierwsze trzy przykazania, dotyczące stosunku człowieka do Boga, są też opowiadaniem owego Boga o sobie samym – to rodzaj objawienia. Pozostałe siedem to czyste prawo, zbiór nakazów i zakazów regulujących relacje człowieka z bliźnim, z rzeczami, wreszcie z sobą samym.

Od czasów św. Augustyna (IV/V wiek), który tak to sobie wymyślił, większość kościelnych artystów przedstawia dwie tablice – na pierwszej są trzy przykazania, a na drugiej siedem. To jednak wyłącznie wyobraźnia świętego, nie mamy i pewnie do końca świata nie będziemy już mieć pojęcia, jak owe tablice wyglądały i ile na której zapisano (na małej tabliczce mieściło się 15–20 wersów tekstu, zapisywano ją zwykle z dwóch stron).

Jakie to zresztą ma znaczenie? Mamy przed nosem tekst, który zaskakuje i w częściach, i w całości. Proszę zwrócić uwagę na taki choćby szczegół: w Dekalogu Bóg mówi do „ty", nie do „wy" albo „oni". Bóg nie buduje relacji z ludzkością, lecz z pojedynczym człowiekiem. Idea narodu wybranego pozostaje w mocy, ale tu zostaje on zdefiniowany jako zbiór pojedynczych bytów, z których każdy ma prawo do wolności i stanowi największą wartość w oczach Boga. „Jednostka niczym, jednostka zerem" czy „ręka milionopalca" – to nie są Boże pomysły. A że nie są – mieliśmy okazję w XX wieku dobitnie się o tym przekonać.

1

W katechizmie:

NIE BĘDZIESZ MIAŁ BOGÓW CUDZYCH PRZEDE MNĄ

W Biblii:

Nie będziesz miał innych bogów oprócz mnie.
Nie zrobisz sobie bożka i żadnej podobiźnie
przedstawiającej to, co najwyżej na niebie,
nisko na ziemi i w głębinach wód, nie będziesz
oddawał czci ani nie oddasz się w niewolę.
Ja jestem Panem, twoim Bogiem,
Bogiem zazdrosnym.

KRÓTKO I NA TEMAT:

Dziad gada do obrazu, a doń obraz ani razu. Nie gadaj do obrazu. Nie bądź jak dziad. Bo wyglądasz wtedy głupio.

DLA TYCH, CO WYTRZYMAJĄ JESZCZE TROCHĘ:

Wracajmy te trzy tysiące lat wstecz, na pustynię. Gdy czyta się Dekalog, warto stale mieć w głowie, do jakiego odbiorcy Bóg po raz pierwszy kierował te słowa. Do politeistów, którzy mieli nieuleczalną skłonność do natychmiastowego puszczania kantem Boga Jahwe, gdy tylko doszli do wniosku, że składanie ofiar bóstwu jakiegoś sąsiedniego plemienia albo miejscowości wydaje się bardziej korzystne.

Gdy czytam o tamtych czasach, mam wrażenie, że naród wybrany zachowywał się wtedy jak ci z nas, którzy – mimo że nie powodzi im się wcale najgorzej – a to wpadną do perfumerii tylko po to, by się popsikać testerem modnego zapachu, a to zaatakują darmowe tartinki na firmowym evencie, a to znowu targują do upadłego cenę używanego telefonu, by zapłacić za niego nie 100, lecz 99 złotych. Całe ich życie (uważają, że nader sprytnie urządzone) to łapanie kolejnych promocji. Najważniejsze, żeby było jak najtaniej. Pewnie więcej niż połowa wizualnych komunikatów, jakie docierają do nas z billboardów, gazet, ulotek, ekranów czy toreb, odnosi się do tych dwóch pojęć: „tanio" oraz „cena". Czy naprawdę różnimy się aż tak bardzo od ówczesnych, których dużo bardziej od prób zrozumienia relacji z Bogiem zajmowało to, by jak najmniejszym kosztem uzyskać jak największy efekt? Modlitwa nie przynosi skutków? Może szybciej uda się ogarnąć temat u wróżki? Wyklęczeliśmy już setki godzin przed obrazem świętego i nic? A gdyby tak poszukać w necie chińskiego proszku, po którym raz-dwa wszystko wróci do normy?

Nie chcę, broń Boże, bagatelizować tu problemów ludzi, którzy w sytuacji choroby czy innego nieszczęścia będą chwytali się każdej deski ratunku. Mówię o pewnej egzystencjalnej chytrości (bo to już nawet nie jest spryt) wpisanej od zawsze w kondycję wszystkich ludzi. Siłę Wyższą, jakkolwiek byśmy ją definiowali, mamy skłonność traktować jak dostawcę usług. Dopóki jakoś radzę sobie w życiu – nie narzucam się Panu Bogu. Gdy jednak życie przyciśnie, kalkuluję, że i tak niewiele mam już do stracenia. Zaczynam więc odmawiać nowenny, różańce, palić świeczki przed figurami i obrazami, bo skoro ja Mu daję, On też mi pewnie coś da. Pogaństwo. Zmagają się z nim nie tylko niedzielni katolicy, ale i najświętsi z nas, zapewniam.

Bóg na wstępie swoich poleceń mówi więc: ustalmy jedno. Ja nie jestem jednym z wielu waszych pseudozałatwiaczy deszczu, jedzenia, zdrowia, zwycięstw w bitwach. Związek ze mną nie jest oparty na wymianie usług albo dokarmianiu mojej pychy, bo jej w sobie nie mam. Jeśli chcecie być szczęśliwi, zbudujcie ze mną relację opartą na miłości. Chcę przysięgi małżeńskiej, nie paktu à la NATO. Wiem, że może wydać się to wam szokujące (bo dla większości starożytnych bóstw człowiek był uciążliwym wrzodem na boskiej pupie albo czymś w rodzaju zwierzęcia domowego), ale ze mną inaczej być nie może. Albo miłość, albo nic. Sorry. I żeby wam do głowy nie przyszło, że możecie sobie zrobić jakieś moje posągi i odstawiać przed nimi jakieś hocki-klocki. Moją łaskę może wam dać nie to, co zrobicie, ale to, co będziecie mieli w sercu.

Tekst pierwszego przykazania przynosi jeszcze jedną prawdę. Bóg komunikuje człowiekowi, po jaką choinkę w ogóle stworzył świat. Otóż stworzył istoty obdarzone wolną wolą, żeby podzielić się miłością. Żeby kochać i być kochanym. Ilekroć patrzę na sykstyński obraz Michała Anioła, widzę w nim coś jeszcze: odpowiedź człowieka na wyciągniętą rękę Boga. Ile razy ta Jego ręka po prostu zawisa w próżni, bo człowiek ma inne (często z pozoru bardzo pobożne) zajęcia? Powtórzę – tu chodzi nie tylko o ateistów czy agnostyków, ale też i wierzących, którzy w swoim życiu religijnym dopuszczają zabobon.

JAKBY KOMUŚ JESZCZE BYŁO MAŁO:

Bóg, gdy w Starym Testamencie pokazywał się człowiekowi, nigdy nie przybierał żadnej postaci – był w ogniu, w głosie, w wietrze, ale nigdy nie dał się złapać i zamknąć w formę, kamień czy drewno żadnemu artyście, dając tym samym jasny sygnał, że choć jest z tym światem związany na dobre i na złe, nie jest też z tego świata. Czy więc okładka tej książki przedstawiająca hożego starca w locie, przekazującego iskrę życia człowiekowi, jest złamaniem pierwszego przykazania? Nie możemy tego wykluczyć, ale nie musimy się też tym zbytnio przejmować. W końcu – po pierwsze, Bóg w swoim Synu wcielił się ostatecznie w człowieka, potwierdzając, że ów człowiek jest jedynym ze stworzeń, które stanowi obraz Boga (choć wielu z nas robi wszystko, by była to raczej karykatura). Człowiek jest istotą zmysłową, potrzebuje sobie czasem coś namalować czy wyrzeźbić, by przypominało mu to o ważnej osobie. Czy jednak nosząc w portfelu zdjęcie ukochanej, czcisz zabarwiony papier fotograficzny, czy raczej osobę, którą on przedstawia? Tak właśnie sprawa ma się z ikonami, obrazkami: nie chodzi tu o dialog dziada z obrazem, ale o uzyskanie pewnej zmysłowej pomocy w skoncentrowaniu swojej uwagi, myśli, modlitwy na niewidzialnej osobie.

Z którą zawsze warto rozmawiać do bólu konkretnie („bardzo potrzebuję teraz tego", „dziękuję za to", „z tym to głupio wyszło"), jednak zawsze jak z przyjacielem, nigdy jak dostawcą czy urzędem. A gdy już się człowiek modli, to dobrze też, by pamiętał, że od samego uznania, że Bóg może zrobić cud, cuda jeszcze się nie dzieją. Pisałem już o tym w poprzedniej części: trzeba od razu dziękować Mu za to, że ten cud zrobi. Wielokrotnie w swoim długim życiu miałem okazję się przekonać, że przed Panem Bogiem nie ma co odprawiać jakichś baletów, recytacji, akademii albo kastrować się ze swoich pragnień. Bo On nie potrzebuje mojej modlitwy, żeby mi coś dać. To ja jej potrzebuję, żebym – kiedy już to, o co proszę, dostanę – wiedział, przekonał się na własnej skórze, od kogo dostaję. Że to nie jest zbieg okoliczności, przypadek, że się stało. Tylko że prosiłem konkretną Osobę i od konkretnej Osoby dostałem. Co dowodzi, że ta Osoba a) jest, b) kocha, c) a samo wypowiedzenie w tym świecie Jej imienia jest w stanie zmienić ten świat. Ale o tym opowiada już przykazanie numer 2.

2

W katechizmie:

NIE BĘDZIESZ WZYWAŁ IMIENIA BOGA TWEGO NADAREMNO

W Biblii:

Nie będziesz wzywał imienia Pana Boga twego
w błahych rzeczach, bo nie dozwoli Pan,
by pozostał bezkarny ten, kto wzywa
Jego imienia w błahych rzeczach.

KRÓTKO I NA TEMAT:

Tu nie chodzi o to, by nie mówić: „o Boże!", „o Jezu!", „na Boga!", „Boże Święty!". A raczej o to, by używać imienia Boga tylko po to, by realnie stało się na świecie jakieś dobro.

DLA TYCH, CO WYTRZYMAJĄ JESZCZE TROCHĘ:

Inne tłumaczenie (Biblia Paulistów) zamiast „wzywania w błahych rzeczach" ma „wzywanie bez szacunku". Starsze tłumaczenie Biblii Tysiąclecia mówiło o „wzywaniu do czczych rzeczy", a więc do rzeczy pustych. Dlaczego Pan Bóg prezentuje taką hiperwrażliwość, robiąc z kwestii używania Jego imienia aż tak wielkie halo, że nadaje się ono na samą górę najważniejszej listy zakazów i nakazów? Bo w starożytnym Izrealu imię nie było nazwą, ale częścią istoty danego bytu. Dziś bez większego kłopotu mogę zmienić sobie imię z Szymon na Kalasanty – ja przywyknę, ludzie przywykną, nic wielkiego się nie stanie. W Izraelu było inaczej: imię nie było jednak wynikiem radosnej twórczości albo osobliwych gustów rodzicieli (może dlatego w Biblii nie ma Żanetek, Brajanków, Lolit i Melisek). Tu imię nie tyle się wymyślało, co odkrywało. Często mamy w Biblii do czynienia z sytuacją, w której ktoś dostaje nowe imię i jest to zupełnie nowa tożsamość (patrz choćby: zmiana Szymona, czyli „Jahwe wysłuchał", na Kefas, czyli „kamień, skała"). Żydzi modlili się do Boga, żeby „zapisał ich imię w Księdze Życia", a to było równoznaczne z uratowaniem wpisanych delikwentów od wiecznej śmierci. Jezus często mówi o sobie jako o „Imieniu".

Apostołowie uzdrawiają i wskrzeszają „w imię Jezusa", a to znaczy, że robi to przez nich sam Jezus.

No dobrze, czy więc chodzi tu – jak sugeruje wspomniana już Biblia Paulistów – o szacunek? O to, by mieć świadomość, że gdy się mówi o Bogu, tak naprawdę zawsze jakoś się nim manipuluje, ustawia Go, używa? To pewnie jakoś też, choć trzeba pamiętać, że Bóg pozwolił zrobić z sobą dużo więcej, gdy przyszedł na świat w Betlejem, stając się człowiekiem. Ludzie pluli na niego, bili go, wyszydzali, a On wcale im nie groził, tylko wybaczał. Co innego jest tu więc chyba osią sprawy. Jeśli masz z Bogiem dojrzałą relację, z automatu jest jasne, że szacunek stanowi jeden z warunków jej utrzymania. Gdy kogoś szanuję, nie obklejam przecież jego imienia epitetami (gdy idzie o człowieka, mówimy o przekleństwie, gdy o Boga – o bluźnierstwie), ale też nie wycieram sobie nim gęby przy każdej okazji. Mamy tu więc chyba to, o co chodziło też w pierwszym przykazaniu: nie bij mi pokłonów z lęku czy dla interesu, ale kochaj, wierząc mi, że ja kocham. Zostaw magię, zaklęcia, zostaw wszelkie czary. Magia polega na tym, że wypowiadasz jakieś słowa, i niczym pociągając za odpowiednie wajchy, zmieniasz tym samym otaczający cię świat. Bóg Izraela nie chce być przekładnią w maszynce twojego życia. To po pierwsze.

Po drugie: to, że nie możesz wzywać imienia Boga w złym celu, oznacza też, że możesz go używać w dobrym. „W imię Ojca i Syna, i Ducha Świętego" nie musi być zarezerwowane dla odmawianej na klęczkach modlitwy. To nie zabobon, ale realne wezwanie trzech boskich Osób do tego, by były z tobą, gdy pracujesz, jesz, śpisz, masz spotkanie albo wykład. Gdyby ludzie zdawali sobie sprawę z tego, co tak naprawdę r wiadając to wezwanie (czemu zwykle tow konanie na ciele znaku krzyża), nie wyglądałoby pewnie jak rzucenie zdawkowego powitania pięćsetnej osobie spotkanej danego dnia, połączone z opędzaniem się od natrętnego owada.

JAKBY KOMUŚ JESZCZE BYŁO MAŁO:

Gdy tylko mam szansę, zachęcam, kogo mogę, do *Modlitwy Jezusowej*. Jest bardzo prosta: polega na odmawianiu setki i tysiące razy dziennie (można pomocniczo posługiwać się przy tym różańcem albo innym modlitewnym sznurkiem, np. wschodniochrześcijańskimi czotkami) wezwania: „Jezu Chryste, Synu Boży, zmiłuj się nade mną, grzesznikiem". Na temat tej starodawnej praktyki napisano całe tomy, nie ma sensu specjalnie się tu powtarzać. Warto może jedynie zaapelować, by jej adepci nie rozkminiali zanadto, czy owa modlitwa jednak jakoś ich nie poniża, czy współgra z ich stanem ducha (bo oni nie chcą teraz prosić o zmiłowanie, ale potrzebują zdrowia dla córki albo chcą za coś podziękować). Mówię: spróbujcie. Przez dwa tygodnie. W wolnej chwili, w samochodzie, w kolejce. Jak się coś zmieni, to sami będziecie to widzieć, jak nie – znajdziecie sobie coś nowego.

Ja, gdy regularnie modlę się *Modlitwą Jezusową*, mam wrażenie, że (z zachowaniem wszelkich proporcji) przeżywam coś takiego jak apostołowie, którzy ruszyli w świat i przekonywali się, jaka moc tkwi w imieniu Jezusa, że On naprawdę jest tam, gdzie wzywane jest Jego imię. Ty mówisz: „Jezus", a On – jak w szkole podczas sprawdzania obecności (do tego stopnia Bóg się przed nami poniżył) – od razu odpowiada: „Jestem!". I przychodzi z całym bagażem: światłem, mocą, nieograniczoną możliwością robienia wszelkich cudów. Jak w tej znanej anegdocie o chłopcu, którego jedyną modlitwą było to, że codziennie po szkole wpadał na sekundę do kościoła, by powiedzieć: „Cześć, panie Jezu, przyszedł Rysiu". A gdy na skutek jakiegoś wypadku umierał, zobaczył, że wyszedł po niego ktoś z olbrzymim naręczem światła. I przedstawił się: „Cześć, Rysiu, przyszedł Jezus".

Że to komuś nadal wygląda na zabobon? A wygląda komuś na zabobon sytuacja, gdy ktoś leży w łóżku i choruje, i powtarza imię kochanej osoby? Przecież nie musi mówić nic więcej. Ba, ów ukochany, który ma więcej siły i jaśniej myśli, jest pewnie w stanie zrobić dużo więcej, niż ów byłby w stanie sobie wyobrazić czy o co poprosić.

3

W katechizmie:

PAMIĘTAJ, ABYŚ DZIEŃ ŚWIĘTY ŚWIĘCIŁ

W Biblii:

Przestrzegaj dnia szabatu, aby należycie go świętować, bo tak nakazał ci Pan, twój Bóg. Przez sześć dni będziesz wykonywał wszystkie swoje prace, lecz siódmy dzień jest szabatem dla Pana, twego Boga. W tym dniu nie podejmiesz żadnej pracy – ani ty, ani twój syn, ani twoja córka, ani twój sługa, ani twoja służąca, ani twój wół, ani twój osioł, ani żadne z twoich zwierząt, ani cudzoziemiec, który mieszka w twoim domu. Niech odpocznie twój sługa i twoja służąca tak jak ty. Pamiętaj, że byłeś niewolnikiem w ziemi egipskiej i wyprowadził cię stamtąd Pan, twój Bóg, mocną ręką i wzniesionym ramieniem. Dlatego Pan, twój Bóg, nakazał ci zachowywać dzień szabatu.

KRÓTKO I NA TEMAT:

Genialny żydowski myśliciel i pisarz Abraham Joshua Heschel wrzuca taką myśl: przecież gdy Bóg tworzył świat, chciałoby się, by zakończył to dzieło zrobieniem jakiejś świętej góry albo innego miejsca, gdzie można by postawić mu sanktuarium. A tymczasem on siódmego dnia stwarza odpoczynek. Owszem – buduje swoje sanktuarium, tyle że nie w kamieniu, ale w czasie. Tu chce się z człowiekiem spotykać. Heschel zwraca uwagę, że wiele starożytnych cywilizacji napinało się i walczyło między sobą o to, gdzie konkretnie ich bóg zaczął stwarzać świat, od którego kamienia, rzeki i drzewa. Nasz Bóg jest w ogóle poza tym, to nie przestrzeń stanowi dla Niego podstawowy żywioł, ale czas. Przeprowadza swój naród (jak już wspominaliśmy – nie zawsze skutecznie) od świętych pagórków, miast, roślin i kamieni do świętego czasu. „Dzień Pański jest dla niego ważniejszy" niż „Dom Pański". Dlaczego? Może dlatego – kolejna genialna myśl Heschela – że przestrzeń dzieli ludzi (jeśli ja zajmuję jakąś jej część, nie zajmie jej już ktoś inny). A minuty czy godziny nikt nie jest przecież w stanie mieć na własność, wszyscy bez wyjątku jesteśmy w niej zanurzeni. Ona łączy papieża i zbrodniarza, świętą i prostytutkę, prezydenta i bezdomnego. Czas to naprawdę nie tylko przypadłość związana z tym, że jesteśmy materialni, a czymś starzenie się owej materii trzeba mierzyć. To jest jednak, kurczę, jakaś święta tajemnica.

Obchodząc ten święty dzień, pogłębiasz swoje relacje ze światem, bo spotykasz jego Autora i Pomysłodawcę. Żydzi po wygnaniu rozwinęli swoją teologię (i mitologię) szabatu do nieprawdopodobnych wręcz rozmiarów.

Spekulowano, że w tym dniu człowiek dostaje od Boga drugą duszę – część światła, które było na tym świecie w momencie stworzenia i dzięki któremu można było naraz zobaczyć wszystkie zakątki nieba i ziemi.

DLA TYCH, CO WYTRZYMAJĄ JESZCZE TROCHĘ:

Czym kończy się hiperrygorystyczne przestrzeganie tego przykazania, może przekonać się każdy, kto pojedzie do Izraela i spędzi tam sobotę. Kamienie lecące na przemieszczających się np. autobusem cudzoziemców (miotaczami są, rzecz jasna, żydowscy ortodoksi, którzy – podobnie jak ich chrześcijańscy koledzy – wszelkie niedostatki we własnym postępowaniu próbują nadrobić urządzaniem życia innym). Windy szabasowe, które – by nie nakłaniać człowieka do łamania zakazu pracy poprzez obsługiwanie urządzeń elektrycznych – jeżdżą w górę i w dół, zatrzymując się na każdym piętrze. Już w czasach Jezusa sprytni faryzeusze obchodzili zakaz wynoszenia czegokolwiek z domu poprzez symboliczne (opierające się na słownej deklaracji) łączenie podwórek, wskutek czego cała ulica stawała się jednym domem i można było swobodnie nosić po niej, co się chciało.

Czy Boga naprawdę aż tak kręci dedykowane Mu sakralne nieróbstwo, że woli pozwalać ludziom na takie absurdy, niż dać im wolną rękę co do tego, kiedy będą pracować, a kiedy odpoczywać? Żeby to dobrze zrozumieć, trzeba wyruszyć na spacer w kierunku źródeł szabatu i dotyczącego go przykazania.

Skąd w ogóle koncept, że jakiś wyjątkowy dzień powinien wypadać właśnie co siedem dni? Po pierwsze z obserwacji faz Księżyca. Któremu – jak zauważyli żyjący na pustyni i w starożytnych miastach plemienni astronomowie – przejście od jednej do drugiej zajmuje właśnie tyle czasu. Cztery takie cykle (od pełni do pełni czy od nowiu do nowiu) składają się na miesiąc. Żeby zestroić ludzkie kalendarze z ruchem ciał niebieskich (dziś wiadomo, że pełny cykl księżycowy trwa 29 dni 12 godzin 44 minuty i 2,8 sekundy), czasem zalepiano dziury dniem albo tygodniem ekstra i wszystko znów chodziło jak w zegarku. Hebrajczycy jako pierwsi (może już w czasach Abrahama) zdecydowali się na system, w którym nowy okres zaczyna się stale, regularnie co siedem dni, niezależnie od wszystkich nieregularności miesięcy i lat.

Liczbę siedem uważano w Babilonii za świętą już 30 wieków przed Chrystusem. Historycy spierają się, czy żydowski szabat pożyczony został od sąsiednich cywilizacji obchodzących regularnie dni feralne, w których nie można było nic robić, żeby nie obrazić bóstw (poprzednicy Babilończyków, Akadyjczycy mieli w swoim języku wyrażenie *sza bat*, co dosłownie znaczyło „odpoczynek serca"; chodziło tu jednak o odpoczynek serca bogów nafochowanych stale na ludzi). Wokół tego tematu upleciono sporo fascynujących hipotez (np. że Izraelici wzięli szabat od Kenitów, plemienia, które specjalizowało się kowalstwie, i tu był on związany z ruchami planety Saturn, a nie Księżyca), wszystkie zbiera ciekawa książka wspomnianego już ks. Jarosława Wojcieskiego (jej dane w bibliografii).

Ksiądz Wojcieski zwraca też uwagę, że przed niewolą babilońską (VI wiek p.n.e.) nie wszyscy Żydzi obchodzili szabat co tydzień, ale co miesiąc, i nie w domach prywatnych, a jedynie w świątyni i w sanktuariach. Generalnie jego zdaniem nie było to święto za bardzo kochane, przede wszystkim za skojarzenia z dawnymi pogańskimi kultami oraz za to, że główną rolę odgrywali w nim (jako kapłani) skorumpowani i kombinujący władcy (Hebrajczycy nie znali instytucji rozdziału Kościoła od państwa). Sytuacja diametralnie zmieniła się po tym, gdy cały naród wygnano do Babilonu i żeby przetrwać, musiał on udzielić sobie odpowiedzi na podstawowe pytanie: czym różnimy się od innych narodów pod słońcem, ze szczególnym uwzględnieniem tych, w których tu zaraz przyjdzie się nam rozpuścić? Niewola babilońska była dla narodu wybranego wydarzeniem absolutnie przełomowym. To wtedy ruszyło pełną parą spisywanie przekazywanych sobie do tej pory ustnie opowieści z przeszłości (Stary Testament pisano na przestrzeni tysiąca lat, niektóre księgi kompletowano na przykład przez kilka stuleci). Bardzo wzrosła ranga obrzezania jako widocznego znaku przymierza człowieka z tym, a nie innym Bogiem. Wtedy też przeproszono się z szabatem, na nowo odkryto jego znaczenie i leczniczy skutek, jaki ma w życiu człowieka.

Koniec wycieczki, wracamy do dziwnej apoteozy nierobienia. Szabat to dziesięcina z czasu. Ideą dziesięciny jest pokazanie światu, Bogu, a przede wszystkim sobie, że nie do mnie ta kasa należy, skoro nie ja jestem autorem tego, że w ogóle jestem, a więc – w konsekwencji – mam możliwość zarabiania. Danina z jednej siódmej swojego ziemskiego czasu, którą składasz Bogu, ma działać dokładnie tak samo: ma leczyć człowieka z poczucia, że „ma czas" albo go „nie ma", że musi „zabijać czas" albo „przyspieszać czas". Przecież nie możesz doń dodać ani sekundy, ani minuty uciąć. Puść więc lejce życia, wypuść z rąk chleb, portfel, kierownicę, pióro, ścierkę, pilota i spotkaj się z tym, który jest Początkiem i Końcem, Alfą i Omegą, który wszystko widzi w jednym momencie, widzi cię, gdy powstawałeś, widzi też moment twojej śmierci, pokazuje ci, że jedyna ucieczka spod dyktatury mijającego czasu wiedzie przez Niego.

JAKBY KOMUŚ JESZCZE BYŁO MAŁO:

W żydowskim prawie była jeszcze jedna związana z szabatem instytucja: co siedem lat wypadał rok szabatowy, a co 49 lat (siedem razy siedem) – Jubileusz. W rok szabatowy należało uwolnić niewolników (ale tylko naszych ziomów, tych, którzy z pochodzenia byli Izraelczykami), dać ziemi odpocząć. W Jubileusz zaś – zwrócić ziemię tym, do których ona należała, zanim została od nich wynajęta, zabrana im czy kupiona. Z punktu widzenia współczesnej ekonomii – projekt zupełnie szalony. Ale to właśnie mówi swoim ludziom Bóg: nie uważaj za swoje tego, co nie jest twoje. Co siedem (dni, lat) przypomnij sobie, że ty jesteś tu tylko leasingobiorcą (jak to pięknie formułuje się w umowach leasingowych: korzystającym). Uwolnij się od dwóch belek, na których świat krzyżuje człowieka: miejsca i rzeczy.

Schemat cotygodniowego świętowania jest u żydów ten sam, co u innych starożytnych: odpoczynek, kult, przebłaganie. Chrześcijanie na samym początku też będą obchodzili szabat, jednak odkąd do grona uczniów Chrystusa zaczęli dołączać nieżydzi, stało się jasne, że wtłaczanie Greków czy Rzymian w żydowską obyczajowość nie ma sensu, tu trzeba zrobić zupełnie nowe rozdanie. Dniem świętym dla chrześcijan stała się niedziela, czyli dzień zmartwychwstania Chrystusa. Edykt mediolański cesarza Konstantyna (313 rok), który z chrześcijaństwa robił religię państwową, wprowadził wolne niedziele i od tej pory chrześcijanie mieli już nieskrępowaną możliwość obchodzenia jej, jak chcą.

I skwapliwie z niej korzystali. Jeśli więc komuś wydaje się, że tylko dzisiaj chodzą po świecie ludzie, którzy zapomnieli, komu zawdzięczają weekendzik, wszystkie te brewerie odprawiane w klubach na ulicy Mazowieckiej w Warszawie, grille pod miastem, biforki i afterki oraz jaki jest pierwotny sens robienia sobie dnia wolnego od pracy – jest w błędzie. Pisma starożytnych chrześcijan pełne są pomstowań na tych, którzy mimo wolnego dnia w nosie mają Eucharystię, ba – zdarza się, że wykorzystują okazję, by sobie w tym dniu jeszcze mocniej pogrzeszyć (ks. Wojcieski cytuje Efrema Syryjczyka, który pisał: „Podczas gdy odpoczywają nasze ciała, nie pracując, więcej grzeszymy w dzień odpoczynku niż w inne dni, odwiedzając knajpy i domy publiczne. Gorliwie zabiegamy o własne potępienie! W ten sposób grzechy popełniane w święta kończą się z podjęciem pracy. Nie czcijcie dnia zbawienia samym ciałem!").

W Dekalogu nie ma, rzecz jasna, słowa o świętowaniu niedzieli, chrześcijańska nauka uznała jednak, że dzień święty pozostaje dniem świętym. Czy jest sobotą, czy niedzielą – jego podwaliny pozostają te same. Po pierwsze więc: w tym dniu spotkaj się z Bogiem. Nie tyle dla niego, ile dla siebie. Opłucz sobie oczy w jego wodzie, żebyś nie potykał się na drodze przez kolejne sześć dni. Idź na spacer, zjedz coś dobrego, wreszcie się wyśpij. Zrób z niedzieli swoistą kapsułę – jak mówił Heschel – „pałac w czasie", do którego będziesz regularnie przeprowadzał się co sześć dni na 24 godziny.

I pamiętaj: niepójście w niedzielę do kościoła to złamanie pierwszego przykazania kościelnego. A trzecie przykazanie Boże jesteś w stanie złamać, nawet jeśli karnie na ową mszę pójdziesz. Jak tego uniknąć? Zapamiętać jedną prostą zasadę: w szabacie chodzi o ciebie. O to, byś trzeźwo patrzył na Boga, na świat, na ludzi, żebyś miał siłę w sercu, światło w oczach i żebyś nie zwariował. Wielki komentator Biblii Tadeusz Żychiewicz pisał, że Mojżesz na górze wśród tych wszystkich ogni i gromów słyszy to, co mówi później Jezus: to szabat jest dla człowieka, a nie człowiek dla szabatu. A więc: „Odpocznij. Jeśli przez sześć dni uczciwie trudziły się twoje ręce, niech odpoczną dnia siódmego. Jeśli przez sześć dni trudził się ludzki umysł, niech dnia siódmego odpocznie. Pomyśl o czymś innym. Zobacz to wszystko piękne i warte uwagi, czego przez sześć dni – zajęty pracą – oglądać nie mogłeś. Warto czasem posłuchać ciszy. Odpocznij. Ludzki wypoczynek też jest święty. Jest nad nim błogosławieństwo Pana. Niech w nim będzie coś z odblasku siódmego dnia stworzenia, kiedy Pan, oglądając się wstecz, widział, że rzeczy, które uczynił, są dobre. Niech w nim będzie pokój spełnienia. Bliskość Pana. A także i nadzieja całkiem innego dnia, o którym napisano: »I otrze Bóg wszelką łzę z ich oczu, a śmierci już nie będzie ani smutku, ani wołania, ani bólu już nie będzie, bo dawne rzeczy przeminęły« (...). Odpocznij. Człowiek krząta się wokół spraw nazbyt wielu. Jeśli bodaj w Dniu Pana nie podniesie głowy, kark mu zesztywnieje w przygięciu jak Żydom w niewoli. Jeśli bodaj w Dniu Pana nie naprostuje grzbietu, któż mu zwróci wszystkie rzeczy dobre, poza sprawami mrowiska?".

4

W katechizmie:

CZCIJ OJCA SWEGO I MATKĘ SWOJĄ

W Biblii:

*Czcij swojego ojca i matkę, jak ci nakazał Pan,
twój Bóg, abyś cieszył się długim życiem
i aby ci się dobrze powodziło na ziemi,
którą ci daje Pan, Twój Bóg.*

KRÓTKO I NA TEMAT:

Zadbaj o innych, by jacyś inni zadbali kiedyś o ciebie.

DLA TYCH, CO WYTRZYMAJĄ JESZCZE CHWILĘ:

O co chodzi w tym przykazaniu, zrozumiałem tak naprawdę dopiero w Afryce, gdzie szacunek dla ludzi starszych jest powszechnie respektowaną wartością. Pamiętam, jak kiedyś w Lome, stolicy Togo, siedzieliśmy w hotelowej restauracji z szefową togijskiej i benińskiej gałęzi fantastycznej Wspólnoty Chleb Życia, liczącą sobie ponad 80 wiosen madame Elizabeth. Mimo że to ja byłem zapraszającym i potencjalnym źródłem sutych napiwków, dla kelnerek po prostu nie istniałem. Mogłem sobie gadać do woli, machać rękami, próbować się wcinać. Dopóki Madame nie została w pełni obsłużona, wypytana, czy może chciałaby czegoś jeszcze, czy ma być ciepłe, czy zimne, czy na pewno jest jej wygodnie i w ogóle jak się miewa, nic innego po prostu się nie liczyło. Gdy jeździmy po kraju wynajętą taksówką, przy każdym postoju na tankowanie (benzynę w Beninie kupuje się ze szklanych gąsiorów na przydrożnych straganach) nic nie może się wydarzyć bez opinii Madame. To ona, nie kierowca, ocenia, czy paliwo jest dostatecznie czyste, czy cena jest dobra, ile należy kupić, a sprzedawca i tak przychodzi, i dopytuje jeszcze, czy na pewno wszystko jest OK.

Żeby nie wiem jak biedna czy podejrzana była okolica albo – odwrotnie – nieprzyzwoicie bogata, cała w szkle, metalu i drogich samochodach – starsza pani czy starszy pan (nazywani zwykle też niezależnie od języka

„mamą" i „tatą") zawsze zostaną potraktowani z szacunkiem. Byłem kiedyś świadkiem takiej sceny w drogim hotelu w jednej z najbogatszych dzielnic stolicy Nigerii, Lagos. Czekałem na oficjela pewnej organizacji, który zatrzymał się w tym hotelu, gdy do lobby wszedł starszy, bardzo biednie (i niekompletnie) ubrany pan. Nie rzuciła się na niego ochrona, nikt nie dzwonił po policję. Recepcjoniści wyskoczyli zza kontuaru, zaproponowali mu wodę i coś do jedzenia, zaprowadzili w ustronne miejsce, żeby sobie usiadł. Traktowali go, jakby to był ich rodzony dziadek, który przyszedł odwiedzić ich w pracy. Ta hierarchia społeczna wygląda na wdrukowaną: człowiek starszy zajmuje tam taką samą pozycję jak najważniejszy członek danej społeczności. Prezydenci, gdy jadą na wiece, lubią, by pokazywano, jak kłaniają się albo wręcz przyklękają przed starszymi ludźmi. W Afryce nie do pomyślenia jest coś takiego jak dom starców. Jeśli rodzina nie potrafi zadbać o swojego seniora, to kompromituje się w oczach wszystkich na amen.

Nieco inna jest przy tym, rzecz jasna, definicja rodziny. W społeczeństwach afrykańskich (ale też np. kaukaskich oraz semickich, w których spisywano Stary i Nowy Testament) rodzina to *extended family* – bardziej to, co u nas rozumiemy przez klan. Do najbliższych zalicza się tam często kilkadziesiąt albo i paręset osób. Wszyscy wujkowie, kuzyni, odlegli bracia, stryjeczne babcie i spokrewnione w piątym stopniu ciotki mają wobec siebie prawa i obowiązki takie, jakie u nas ojciec, matka i dzieci. Widzę to często choćby w naszym szpitalu w Ntamugendze, hospicjum w Kabudze czy w domu dziecka w Kasisi. Z praktyką różnie bywa, ale ludzie teoretycznie mają naprawdę wbite do głowy, że ponosisz odpowiedzialność za konkretny tłumek ludzi. Ten system chroni też jednak ciebie, bo jeśli ty wpadniesz w tarapaty, ten tłumek powinien też popędzić tobie na ratunek.

Tak na chłopski rozum – wydaje się, że ten system wymyślony został dla społeczności żyjących w trudnych, nieprzewidywalnych warunkach. Bo skoro nigdy nie wiesz, co cię trafi: czy będzie co jeść, czy ktoś nas nie napadnie, czy wystarczy jedzenia – żeby przetrwać, musisz rozdzielić system świadczenia wzajemnych usług na możliwie szerokie grono ich dostawców. Jasne, system klanowy słabo sprawdza się przełożony na współczesne metody organizacji państwa i prowadzenia polityki (taki np. prezydent RPA Jacob Zuma znany jest z tego, że za państwową kasę remontuje, asfaltuje i buduje wszystko, co się da, w promieniu kilkudziesięciu kilometrów od swojej rodzinnej wioski), ale nie można mu odmówić sensownych elementów, gdy wyjdziemy z tego kontekstu i będziemy mówić tylko o świecie codziennych, zwyczajnych relacji.

Wracajmy jednak do przykazania. To nie jest tak, że to przykazanie wymyślił sobie jakiś moralista chcący dodać do narodu żydowskiego trochę spajającego go kleju oraz uzasadnić potrzebę przestrzegania pionowej hierarchii społecznej (bo to przykazanie interpretuje się również jako nakaz posłuszeństwa władzy). Z całą pewnością istniało ono już wcześniej i było praktykowane (bo ludzie widzieli, że przestrzeganie go przynosi realne korzyści), to chyba jednak po niewoli babilońskiej i koszmarnym łomocie, jaki dostała wtedy żydowska narodowa duma (która płynnie przeszła w pychę), uświadomiono sobie wreszcie z całą mocą, że to zwyczajowe prawo jest jednym z praw wpisanych w ten świat przez samego Boga. Podkreśliło też dobitnie rolę starszych jako przekazicieli tradycji, o której pokolenia urodzone na wygnaniu mogły nie mieć zbyt wielkiego pojęcia.

W Piśmie jest zresztą mnóstwo rozwinięć tej zasady. Mówi się przecież i o tym, że nawet gdyby ojciec zaczął gadać bzdury, należy go nadal szanować, właśnie dlatego, że jest ojcem. Że jak człowieka najdzie chęć, by pozłorzeczyć swoim rodzicom, niech najpierw przypomni sobie, ile musieli wycierpieć (nie wszyscy, ale jednak większość), by dzieciaka urodzić i wychować. Księga Mądrości mówi, rzecz jasna, że dojrzałości nie mierzy się wiekiem – jest w tym poleceniu, by szanować tych, którzy przeszli dłuższą od nas drogę, jakiś naturalny porządek tak oczywisty, że chyba nie ma go nawet co specjalnie tłumaczyć.

Może warto do tego wszystkiego dodać jeszcze tylko jedno: z tego przykazania wynika wyraźnie, jak ważna w całym Bożym planie jest rodzina. Że Bóg, tworząc człowieka, stworzył go właśnie jako rodzinę, mężczyznę i kobietę. Że rodzina to pierwszy Kościół, pierwsze miejsce realizowania się człowieczeństwa, najlepsza szkoła miłości i życia. A co z tymi, którzy żyją samotnie? O nich Katechizm Kościoła katolickiego (w punkcie 2231) mówi tak: „Niektórzy nie zawierają małżeństwa, aby móc zaopiekować się swoimi rodzicami lub rodzeństwem, by poświęcić się bardziej wykonywaniu jakiegoś zawodu lub też z innych szlachetnych pobudek. Mogą oni bardzo przyczynić się do wzrostu dobra rodziny ludzkiej". A więc, nawet gdy jesteś sam, i tak jesteś w rodzinie. Tyle że ciut większej. Więc nadal masz wynikające z tego prawa, ale i obowiązki. Sorry.

JAKBY KOMUŚ JESZCZE BYŁO MAŁO:

Czwarte przykazanie traktuje się niekiedy jako swoistą granicę, przejście pomiędzy częścią – nazwijmy to tak z grubsza – teologiczną a praktyczną Dekalogu. Jest jednak jeszcze jedna, dużo ważniejsza granica. To chyba Tadeusz Żychiewicz pierwszy otworzył mi oczy na pomijany przez większość czytelników Biblii fakt: że brat to zupełnie coś innego niż bliźni. W hebrajskiej kulturze (a nawet chyba i języku) nie rozróżniano braci ciotecznych, stryjecznych, brat to był brat. Swój. Bliźni był natomiast raczej kimś spoza klanu (choć i w czasach Jezusa spierano się o to stale – patrz: przypowieść o miłosiernym Samarytaninie i pytanie, które ją sprowokowało: „Kto jest moim bliźnim?"). Idąc jednak za tą myślą: pierwsze trzy przykazania są o relacji mojej z Bogiem, kolejne – o mojej relacji z najbliższymi, a kolejne – o relacjach z bliźnimi, ze światem. Stary Testament każe kochać owych bliźnich jak siebie samych, a nienawidzić nieprzyjaciół. Nowy – owych nieprzyjaciół też włącza do grona tych, których powinniśmy kochać.

Wspomniałem też, że czwarte słowo Boga od niepamiętnych czasów interpretuje się również jako wymóg szanowania zwierzchności (a więc władzy państwowej albo szefów w pracy). Będę się chyba musiał z tego spowiadać, ale nie jestem niestety w stanie za tymi interpretacjami podążyć. Rozumiem, jak ważne jest to, by w społecznościach panował porządek, a jajko nie próbowało być mądrzejsze od kury, historia wielokrotnie dowiodła jednak, że gdybyśmy mieli rzeczywiście utożsamiać wielu naszych przełożonych z Bogiem Ojcem (albo precyzyjniej: ich zachowanie z Bożą wobec nas wolą), byłaby to dla wielu najprostsza droga do ateizmu. Wystarczy rzut oka na gmach przy ulicy Wiejskiej, by uświadomić sobie, że byłoby zaprawdę nierozsądne wystawiać swoją wiarę na tak ciężką próbę.

Panie Boże, pozwól mi też po raz kolejny wykorzystać okazję do złożenia ci serdecznych podziękowań za to, że w Kościele nie ma demokracji. Patrząc na to, jakich polityków sobie wybieramy, uchowaj Boże, byśmy kiedykolwiek dostali w ręce prawo obierania też sobie proboszczów lub biskupów.

5

W katechizmie:

NIE ZABIJAJ

W Biblii:

Nie popełnisz morderstwa.

Czyli – wykonywać karę śmierci albo np. zabijać w czasie wojny można? Zgodnie z tym przykazaniem – można. Na tym jednak Objawienie się przecież nie skończyło. Oto na świat przychodzi Bóg wcielony, Jezus, i zadaje pytanie dodatkowe: kiedy można? Jakie warunki muszą być spełnione, żeby było można? Profesor Andrzej Grzegorczyk, nieżyjący już wybitny filozof, etyk, logik, matematyk, ale też ekumenista (w 1964 roku jako jeden z pierwszych Polaków dotarł do wspólnoty w Taizé), członek warszawskiego KIK-u, streścił rzecz tak, że lepiej (moim zdaniem) nie można:

Chrystus nie znosi instytucji kary śmierci ani wojny. W ogóle nie występuje przeciwko żadnym instytucjom, co jest zadziwiające w Ewangelii, ale też żadnej instytucji nie popiera. Raz pozornie dopuszcza do zinstytucjonalizowanego zabójstwa jawnogrzesznicy, ale podaje takie warunki moralne, które zabójstwo to czynią praktycznie niewykonalnym. Nie polemizuje tu z prawem, tylko uruchamia inne mechanizmy, które powodują, że prawo staje się nieskuteczne tam, gdzie jest szkodliwe. W Kazaniu na Górze dąży więc nie tyle do zniesienia prawa instytucjonalnego, ile do niekorzystania zeń. Stąd z obserwacji działalności Chrystusa wynikałoby, moim zdaniem, że Jego stosunek do prawa (na przykład kary) wygląda tak: ludzie utworzyli tę instytucję, ale wy, którzy mnie słuchacie, w swoich postanowieniach i czynach macie się kierować przede wszystkim zasadą miłości, a nie tymi przepisami, pochodzącymi od innych ludzi. A więc – zachęca nie do walki z tamtymi prawami, nie do zwalczania instytucji i przebudowy struktur instytucjonalnych, ale do stworzenia nowej struktury stosunków społecznych, w której tamte prawa staną się bezprzedmiotowe.

Technika zmieniania rzeczywistości przez Chrystusa jest więc inna niż większości rewolucjonistów i reformatorów. W całej swojej działalności Chrystus nigdzie nie popiera walki zbrojnej, nawet we własnej obronie. Nigdzie jej też wprost nie potępia. Natomiast w Kazaniu na Górze zakazuje nienawiści nawet do nieprzyjaciół, wykluczając de facto walkę zbrojną: „Miłujcie waszych nieprzyjaciół. Dobrze czyńcie tym, którzy was nienawidzą. Błogosławcie tych, którzy was przeklinają, i módlcie się za tych, którzy was oczerniają. Temu, kto cię uderzy w policzek, nadstaw i drugi, a temu, kto ci zabiera płaszcz, nie odmawiaj i tuniki".

DLA TYCH, CO WYTRZYMAJĄ JESZCZE TROCHĘ:

Przykazanie brzmi: nie morduj. Czy jednak gdzieś w Dekalogu pada sformułowanie: „Wtedy i wtedy – zabijać ci wolno?". W Dekalogu – nie. Jest zaś o tym wiele w innych miejscach Pisma Świętego, gdzie przecież aż roi się od wygłaszanych przez Boga za pośrednictwem jego posłańców nakazów: kamienować tych, skracać o głowę tamtych, wytłuc do nogi wroga, zakończyć życiorys pięciu tysięcy niewiernych, powyrzynać iluś tam proroków jakiegoś bóstwa itd.

Generalna zasada jest taka: dziś mnie, człowieka żyjącego dwa tysiące lat po Chrystusie, obowiązuje w pierwszym rzędzie podana przez Niego wykładnia Dekalogu. Chrystus dopełnia i wypełnia bowiem Objawienie, dopowiada wszystko, co było niedopowiedziane, wyjaśnia wszystko, co „Bóg miał na myśli". Nic więcej w tej sprawie nie zostanie już do końca świata zmienione. Nie wiesz, jak interpretować Dekalog? Patrz na Jezusa, Chrystus jest Dekalogiem wcielonym. Jego wykładnię, jak należy rozumieć piąte przykazanie, mamy zaś wyrażoną Jego własnymi słowami w Ewangelii:

Słyszeliście, że kiedyś powiedziano: „Nie popełnisz morderstwa". A kto by dopuścił się morderstwa, stanie przed sądem. A Ja wam mówię, że każdy, kto się gniewa na swego brata, będzie osądzony. A kto powie bratu: „Głupcze", stanie przed Wysoką Radą. A jeśli powie mu: „Durniu", skazany zostanie na ogień potępienia. Jeżeli więc przyniesiesz swoją ofiarę na ołtarz i przypomnisz sobie, że twój brat ma coś przeciwko tobie, zostaw przed ołtarzem tę ofiarę i najpierw idź pojednać się z bratem. Potem wróć i złóż ofiarę.

OK, pamiętamy jednak z rozważań nad czwartym przykazaniem, że co innego brat, a co innego bliźni. Super, tyle że Jezus w innym miejscu zmienia nieco relacje w gronie swoich uczniów, wyjaśniając im, że odtąd wszyscy – z bliźnimi włącznie – wchodzą do kategorii „bracia". Nawet najdalsi stają się najbliższymi (bo jeśli tak nie jest, to Bóg nie jest Ojcem wszystkich ludzi; jeśli On jest Ojcem, to wszyscy są braćmi, proste). Jaka jest więc obowiązująca współczesnego chrześcijanina wykładnia piątego przykazania? Nie tyle nawet: nie rób żadnej krzywdy drugiemu człowiekowi (czy to pałką, czy słowem), ale – ty go traktuj tak, jakby to był twój rodzony brat, twoja matka, twoje dziecko, ty sam. Siebie też nie wyniszczaj, nie zabijaj (pracoholizmem, lękami, samoponiżeniem). Dlaczego? Bo nie jesteś swoją własnością ani drugi człowiek też twoją własnością nie jest. Każdy człowiek w pierwszym rzędzie należy do Boga i porywając się na niego, nawet gdy wydaje ci się, że robisz to z najszlachetniejszych pobudek, możesz się okazać zwyczajnym świętokradcą i złodziejem.

Bardzo dobrze wyjaśnia to znowu Tadeusz Żychiewicz w swoich esejach o Starym Testamencie, poświęcając jeden z nich znaczeniu krwi. Wyjaśnia, że krew prawie od zawsze była uważana przez ludzi za świętość, zaobserwowali oni bowiem, że gdy z człowieka owa krew wyleci, ulatuje też z niego i życie. Krew równała się więc życie, była jego nośnikiem i duszą. Jest więc wyłączną własnością tego, kto dał życie, czyli Stwórcy. Krew zabijanego nie należała więc ani do zabijanego, ani do zabijającego. Ta zasada dotyczyła nie tylko ludzi, ale i zwierząt, dlatego judaizm (czy islam) nie znają kaszanki czy czerninki – nie można było (i nadal nie można) spożywać zwierząt niewykrwawionych. A krew zabitego sprawiedliwego Abla „wołała z ziemi" do Boga.

Żychiewicz robi następnie dygresję, zastanawiając się nad czymś, co zwykle umyka uwadze homiletów: w jak kompletnym szoku musieli być uczniowie Jezusa, słysząc, że chce On im dać do spożycia swoją krew. Przecież to dla nawet bardzo średnio pobożnego żyda było niemieszczące się w głowie świętokradztwo! Jednocześnie – jak głęboki to symbol: dać krew, a więc przekazać życie, samą swoją istotę, jakąś oszałamiająco nową kategorię życia! Ciekawi z pewnością to sobie doczytają, ja zaś nie mogę się powstrzymać przed zacytowaniem jeszcze jednego fragmentu z rozważań tego autora – może jakoś pomoże tym, którzy przeglądając Stary Testament, nie mogą zrozumieć, jak Bóg mógł nakazywać wszystkie te wojny, kamienowania i pogromy, zsyłać plagi i osobiście wybijać legiony. Posłuchajmy.

Kiedy wsłucha się człowiek w melodię starotestamentowych dziejów, zaczyna pojmować. Stary Testament jest nie tylko historią pełną przelanej krwi. Jest także historią obłędnego prze-

rażenia z powodu krwi. Ta biblijna groza tkwi w uporczywym wołaniu, że to Bóg tak chce. Że Bóg zezwolił. Że Bóg polecił. Że w tym to i w tym wypadku było to zgodne z intencjami Tego, który ma prawo dysponować życiem i krwią. Ci ludzie wiedzieli, że albo nie ma żadnych racji i usprawiedliwień, albo możliwe są tylko takie. Wiedzieli, że – jeśli na ręku mają krew – jeden tylko Bóg może ich osłonić. Gdyby jednak byli pewni tych racji i tej osłony, gdyby byli spokojni, wystarczyłoby tylko raz powiedzieć: oto Stwórca oddał nam w ręce prawo życia i śmierci. Prawo krwi. Ale w głębi serca wcale nie byli tego pewni i chyba dlatego krzyczeli o tym wciąż i wciąż od nowa, za każdą rzezią, za każdą morderczą bitwą. I jest w tym wołaniu tyleż samo przerażenia, ile było krwi. Starotestamentowe księgi są pełne przerażenia.

To nieprawda, że krzyk tłumu na dziedzińcu Piłata: „Krew Jego na nas i na dzieci nasze" – mógł nic nie znaczyć. Że mógł być tylko elementem gry taktycznej obliczonej na uspokojenie rzymskiego prokuratora: że niby to nie jego sprawa i spać może spokojnie. Tłum, biorąc na siebie krew, czynił rzecz od podstaw straszliwą i wiedział o stopniu ryzyka, choćby nawet składał się z najostatniejszych szumowin zebranych za pieniądze Sanhedrynu. Jeśli przyjął na siebie to nieobliczalne ryzyko, zrobił to z tej tylko przyczyny, że razem z uczonymi i starszymi szczerze i bez wątpliwości sądził, że Jezus jest zwodzicielem, bluźniercą, wrogiem Jahwe. Ci ludzie sądzili, że są ramieniem Boga. Że czynią Jego wolę, wołając o krew. Jezus zdawał sobie z tego sprawę i dlatego modlił się: „Ojcze, wybacz im, bo nie wiedzą, co czynią". Oni rzeczywiście nie wiedzieli. Gdyby bodaj jednak dopuścili myśl, że może być sprawiedliwy i niewinny, głos ugrzązłby im w krtani. Oni jednak, uniesieni pychą braku wątpliwości, wierzyli, że wołają o krew z poręki Stwórcy. I dlatego właśnie ta scena jest i pozostanie jednym z najgłębszych dramatów ludzkich.

I przepotężną przestrogą dla wszystkich, którzy (powołując się na prawo i sprawiedliwość) wyroki fizycznej albo społecznej śmierci mają ochotę dziś wydawać.

JAKBY KOMUŚ JESZCZE BYŁO MAŁO:

Nie ma większej zbrodni i gwałtu na tym świecie niż pozbawienie życia człowieka. A więc:

Aborcja jest strasznym złem. Od pierwszego momentu połączenia się komórek, bo nikt przytomny nie jest w stanie wskazać między poczęciem a urodzeniem tego momentu, w którym człowiek staje się człowiekiem (mówienie, że to może w tej chwili, gdy organizm zdaje się zdolny do samodzielnego życia, albo od północy dnia zaczynającego 12. tydzień ciąży – to wszystko są arbitralne, umowne, łatwo podważalne granice wyznaczone nie przez naturę, ale przez drugiego człowieka). Nie trzeba mieć pewności – wystarczy wszak przecież mieć cień wątpliwości, czy na statku znajduje się człowiek, żeby tego statku nie zatapiać, może się bowiem okazać, że zostanie się mordercą.

Eutanazja jest strasznym złem. Bo zabranie człowiekowi choć chwili z jego przyszłości jest być może zabraniem mu szansy na przeżycie najważniejszej chwili w jego życiu.

Samobójstwo jest strasznym złem. Choć psychologia pomogła już kościelnym moralistom zrozumieć, że w ogromnej większości przypadków, choć jest tu zło, nie ma winy człowieka (albo jest ona znacznie ograniczona przez niedające się znieść cierpienie, zaburzony obraz sytuacji, nagły emocjonalny wstrząs).

Kara śmierci jest strasznym złem. Tak, wiem, że wielu moich współbraci się tu ze mną nie zgodzi, ale na szczęście swoje zdanie w tej sprawie jasno wyrazili wszyscy trzej ostatni papieże: można by wyobrazić sobie, że kara śmierci mogłaby być zastosowana w samoobronie, ale dziś praktycznie nie ma takich okoliczności, w których samoobrony społeczeństwa przed człowiekiem, obezwładnienia go, by nie robił więcej zła, trzeba by dokonywać poprzez jego fizyczne zniszczenie (dochodzi do tego jeszcze jeden aspekt: egzekucje są nieludzkie, bo podczas nich zawsze zabijany jest człowiek – być może nie niewinny, ale zawsze bezbronny).

Złem jest obmowa. Opluwanie. Szkalowanie. Hejt. Plotkowanie. Wyszydzanie. Złorzeczenie. Przeklinanie. Nienawiść. Każda z tych rzeczy naprawdę, a nie symbolicznie, jest złamaniem piątego przykazania. A ono – jak pewnie się już, Drogi Czytelniku, przekonałeś, chroni również ciebie przed tym, byś na żadnym etapie swojego życia, od samego jego początku, aż do końca, nie został pozbawiony najcenniejszej rzeczy, jaką masz w imię kaprysu, przekonania czy potrzeb innych ludzi.

Na koniec – jeszcze jeden, ciężki i nieprosty dylemacik. Czy zabijanie na wojnie jest złem? Zabijanie zawsze jest złem. Czy pozbawiasz życia Matkę Teresę, czy Adolfa Hitlera. Znów trzeba tu jednak postawić pytanie o ciężar winy tego, kto owego życia pozbawia. Inny (co najmniej nieznaczny) jest ciężar winy człowieka, który zabija napastnika wpadającego w nocy do sypialni jego dzieci, inny tego, kto przez rok obmyślał sobie zabójstwo ze szczególnym okrucieństwem. Inny jest ciężar winy matki, która zrobiła aborcję z rozpaczy, załamana warunkami życia, z którymi nie umiała sobie poradzić, a inny kobiety, którą wszyscy od aborcji odwodzili, ale ona traktuje „zabieg" jako substytut środka antykoncepcyjnego. Inny jest ciężar winy pilota, który dostał rozkaz, by bronić ludzi i zestrzelić samolot atakujący jakieś miasto, a inny żołnierza, który plądruje, morduje i gwałci w zdobytym domu czy miejscowości (tu uwaga: to żołnierze bezpośrednio plamią sobie ręce krwią, ale najczęściej szafują nią beztrosko nie oni, a kierujący nimi politycy). Podsumowując: ten świat jest tak durnie przez nas urządzony, że armie muszą istnieć, nie tyle po to, by zabijać, ale by odstraszać potencjalną możliwością zabijania. Dopóki na tym poprzestajemy, trudno. Czy jednak znajdzie się cokolwiek, co mogłoby obronić na Sądzie człowieka, który tę (chorą, bo chorą, ale jednak jakąś) równowagę ośmieliłby się naruszyć?

6

W katechizmie:

NIE CUDZOŁÓŻ

W Biblii:

Nie dopuścisz się cudzołóstwa.

KRÓTKO I NA TEMAT:

Czyli: nie będziesz uprawiał seksu z czyjąś żoną (albo mężem).

Ale tu nie chodzi wyłącznie o seks, naprawdę. To kolejne z (trzech) przykazań, których wykładnię daje osobiście Pan Jezus podczas Kazania na Górze. I do naszego sfokusowanego na narządy płciowe myślenia wprowadza wątek czystości oczu, myśli, serca.

Słyszeliście, że powiedziano: „Nie dopuścisz się cudzołóstwa". A ja wam mówię: „Każdy, kto pożądliwie patrzy na kobietę, już w swoim sercu popełnił cudzołóstwo. Jeśli twoje prawe oko prowadzi cię do upadku, wyłup je i odrzuć od siebie. Lepiej jest dla ciebie, gdy stracisz część twojego ciała, niż gdyby całe ciało miało być wyrzucone na potępienie".

Znów dużo lepiej ode mnie rzecz roztłumacza Andrzej Grzegorczyk:

Przykazanie to rozwija Chrystus w Kazaniu na Górze w kierunku panowania nad czystością wszystkich swoich pożądań, ruchów i spojrzeń. Powinniśmy je rozwijać w kierunku kultury uczuć nie tylko pod względem ich czystości oraz wierności, ale również pod względem przywiązania, oddania i współodpowiedzialności (...). Kultura uczuć to delikatność, niesprawianie drugiemu przykrości, chęć pomocy, chęć wspólnego przeżywania, bycia razem we wszystkich sprawach, w końcu takie poczucie przynależności, które nie niszczy niczyjej osobowości, nikogo nie sprowadza do roli podrzędnej ani do roli obiektu. Złączenie fizyczne jest wtedy wyrazem nie czyjejś dominacji, ale wyrazem jedności duchowej, w której obie osoby dopełniają się i wspomagają wzajemnie. Właściwie przeżyta miłość prowadzi do solidarności we wszystkich utrapieniach i odpowiedzialności za całe życie osoby kochanej. Stąd oczywiście wynika zakaz porzucenia tej osoby, zerwania jedności nie tylko czynem, ale nawet spojrzeniem.

DLA TYCH, CO WYTRZYMAJĄ JESZCZE TROCHĘ:

OK, z żoną nie można. A jeśli ona nie jest czyjąś żoną? W tamtych czasach to raczej rzadkie, żeby kobieta zdolna do małżeństwa nie była czyjąś żoną. No, chyba że była niewolnicą. Wtedy można było uprawiać z nią seks, jeśli była niewolnicą tego, kto ów seks z nią uprawiał. Jeśli zaś była niewolnicą kogoś innego, traktowano to jak zamach na czyjąś własność i wymierzano za to chłostę (za cudzołóstwo ludzi wolnych obowiązywała jednakowa kara i dla kobiety, i dla mężczyzny: ukamienowanie).

Naprawdę o to chodziło Panu Bogu? On w tym przykazaniu mówi: „Nie rozbijaj związku między kobietą i mężczyzną". Całą resztę wymyślili ludzie: to, że dopuszczalna była poligynia, to, że żonę – nawet tę wolną – też traktowano jak przedmiot, a nie jak podmiot, i facet mógł się z nią rozwieść (na przykład gdy doszedł do wniosku, że ona ma jednak zbyt jędzowaty charakter, albo że nie może mieć dzieci). Jezus mówi jednak wyraźnie: przestańcie kombinować. Mówi to do ludzi wszystkich epok, którzy tak sobie całość pointerpretowali i podopowiadali, żeby żyło się im jak najwygodniej i żeby jak najmniej było w życiu – i tak pełnym zmartwień – cierpienia wywołanego wyrzutami sumienia.

OK. Ale skoro Bóg chciał powiedzieć: „Nie rozbijaj związku między kobietą i mężczyzną”, to dlaczego nie powiedział tego właśnie tak, lecz zakazał seksu? Co to w ogóle jest: czy seks naprawdę stanowi oś relacji międzyludzkich, że to z niego głównie mamy się spowiadać, to o sprawy związane z etyką seksualną i rodzinną najczęściej spieramy się ze światem?

Po pierwsze: to, że wbiliśmy sobie do głów, że szóste przykazanie jest pierwsze i że właśnie od niego należy zaczynać i rachunek sumienia, i spowiedź – to wyłącznie nasz kłopot, a nie Pana Boga. Jasne, że z onanizmu czy z przygody łóżkowej z żoną kolegi opowiadać się jest jakoś prościej niż z subtelnie wijącej się pod powierzchnią życia nienawiści do własnej matki czy podwędzania pieniędzy z podatków albo delegacji. Nie wiem, dlaczego tak jest. Może to kwestia formacji? Może tak nas po prostu wychowano, że jedyny brud, który jesteśmy w stanie natychmiast dostrzec, to nie ten w głowie czy w słowie, tylko ten związany z niewłaściwym zastosowaniem narządów płciowych? A może po prostu przepraszam za wyrażenie – ta sfera najbardziej nas jara? I księży, którzy od dopytywań: „A ile razy?”, „A pornosy były?”, „A seks oralny?” zaczynają sakramentalną rozmowę, i nieumiejących w zasadzie nic więcej o swoim życiu duchowym powiedzieć świeckich?

Seks to jeden ze sposobów wyrażenia najgłębszej więzi między dwojgiem ludzi, którzy ślubowali sobie miłość, wierność, troskę na zawsze i zgodzili się na to, że z tej miłości może się począć jeszcze jakieś życie. A ono poczyna się właśnie w sytuacji, gdy kobieta i mężczyzna nie tylko duszą, słowem, ale i ciałem pokazują, że są jednością. W różnych kościelnych publikacjach można przeczytać takie oto na pierwszy rzut oka nieznośnie patetycznie brzmiące zdanie, że „seks jest komunią małżonków". Kurczę, ale on rzeczywiście nią jest. Komunią, czyli najgłębszą wspólnotą, w którą wchodzi człowiek integralny, w całości. Seks jest więc naprawdę odbiciem totalnego oddania i przymierza, jakie Bóg zaoferował swojemu ludowi. Właśnie dlatego przez cały Stary Testament Bóg porównuje oddawanie czci innym bogom niż On sam – do czego? Do cudzołóstwa!

I dlatego seks jest zastrzeżony dla tych, którzy zdecydowali się na ryzyko zawarcia z drugą osobą takiego przymierza, jakie Bóg zawarł z ludźmi. Przymierza paradoksalnego, takiego, które daje wolność, choć jednocześnie zobowiązuje. Seks poza małżeństwem jest uzurpacją, kradzieżą, nawet jeśli komuś wydaje się wyłącznie relaksacyjną gimnastyką w parach (nie zawsze w parach, dodajmy dla ścisłości). Dlatego Kościół ma taki kłopot z komunią dla żyjących w kolejnych związkach rozwodników. Bo jeśli poważnie traktujemy tezę o jakiejś tam równoległości przymierza boskiego i rodzinnego, uznanie takiej sytuacji znaczyłoby, że Bóg też może odpuścić przymierze z nami, gdy coś się nie ułoży, i zainwestować siebie u Marsjan, Wenusjan albo Kasjopejan; o ile istnieją.

Osobiście jestem zwolennikiem prowadzenia rozmów o dopuszczalności udzielania komunii rozwodnikom będącym w kolejnych związkach (po spełnieniu wielu warunków i okresie pokuty), mając na uwadze fakt, że przyjęcie komunii jest przede wszystkim lekarstwem, które realnie daje człowiekowi siłę na powstanie ze słabości. Nawet jeśli znajdą się przekonujące argumenty za zmianą kościelnej dyscypliny w tym względzie, nic nie jest jednak w stanie zmienić opierającej się wprost na Biblii teologii małżeństwa. Nie wiem, co będzie po końcu świata, bo mamy dane tylko co do tego, co będzie po tej stronie, i tego musimy się trzymać.

JAKBY KOMUŚ JESZCZE BYŁO MAŁO:

Nie da się ukryć, że przez bardzo wiele lat z siłą, jaką niewątpliwie reprezentuje seksualny instynkt człowieka, radzono sobie tak, że zamykano ją w piwnicy, robiąc z seksu rzecz podejrzaną, brudną, swoistą cenę, jaką musi człowiek zapłacić za swoją cielesność. Seks małżeński był przykrym obowiązkiem i koniecznością upadłego ciała, więc nic dziwnego, że – jak wyliczył Zbigniew Nosowski – małżonkowie z uwagi na różne święta, posty i inne takie jeszcze paręset lat temu mieli zakaz zbliżania się razem do łóżka przez około 280 dni w roku, a niektórzy doktrynalni nadgorliwcy uprzedzali ich też lojalnie, że gdyby przyszło im do głowy poczynać dziecko w niedzielę albo święto kościelne, z pewnością urodzi się ono tak czy inaczej upośledzone.

To podejście uległo radykalnej zmianie. W intymnych relacjach małżonków zaczęto widzieć coś, co trzeba pielęgnować, by się rozwijało – a nie rozwinie się żadne drzewko, dla którego przycinanie stanowi jedyną dostępną metodę pielęgnacji. Sensowne podejście do seksu podkreślające radość, jaką z sobą niesie, wolność i hojność, z jakimi wiąże się gotowość na to, że z tego może być nowe życie, bliskość, czułość, ale też szacunek okazywany partnerowi również przez to, że czasem, idąc za jego stanem czy nastrojem, z seksu się zrezygnuje – już mamy. Teraz musimy je jeszcze tylko umieć sprzedać albo umieć wybrać fajne rzeczy z dostępnego na rynku zalewu takich, w których królują patos, infantylizm, pruderia i natychmiastowe rozpuszczanie konkretów w papieskiej cytatologii, co jest dla tzw. normalnych ludzi nieciekawe i niestrawne. To generalnie szerszy problem, że przez ostatnie dwa tysiące lat nauczyliśmy się tak pięknie mówić o grzechu, że nie starczyło nam sił, by nauczyć się mówić o pięknie.

No dobrze, czyli z czyjąś żoną nie można. A seks z singlem czy singielką? W starożytnym Izraelu, jak można się domyślić, instytucja singielstwa nie istniała, jak już wspomniałem – najpowszechniejsze statusy kobiet były następujące: za młoda, by się zaręczyć, zaręczona (a więc de facto poślubiona), żona, oddalona żona, wdowa. Szczegółowe przepisy w Księdze Powtórzonego Prawa przewidują karę śmierci dla dziewczyny, która po zawarciu małżeństwa okazała się nie być dziewicą, karę śmierci dla faceta i zaręczonej kobiety, gdy przyłapano ich na współżyciu w granicach miasta (bo gdy poza miastem – zabić miano tylko faceta, zakładając, że kobieta mogła wzywać pomocy, ale nikt by jej tam nie usłyszał). Wreszcie – jeśli facet zgwałciłby dziewczynę niezamężną i niezaręczoną, miał zapłacić grzywnę jej ojcu, wziąć ją za żonę i w takiej sytuacji tracił prawo do rozwodu.

Najpowszechniejsza dziś historia, czyli dwoje ludzi dobrowolnie żyjących z sobą bez ślubu jak mąż z żoną, opisana prawnie być może wtedy nie była, ale teraz jest. Zarówno w nauczaniu żydowskim, jak i chrześcijańskim. Motywacja też jest i tu, i tu ta sama: świętość małżeństwa jest tak wielka, że dopuszczanie do tak totalnego zbliżenia ludzi poza jego kontekstem jest grzechem.

Te przepisy naprawdę chronią człowieka. Przed totalnym oddaniem się drugiemu człowiekowi, który za chwilę może nas z tym zostawić i pójść realizować swoje potrzeby gdzie indziej. Przed niezakosztowaniem całej tej frajdy, jaką rzeczywiście daje odkrycie, że małżeństwo to coś dużo więcej niż legalizacja stanu faktycznego, to stworzenie naprawdę nowej jakości (kto nie wierzy, niech spróbuje – niech potraktuje właśnie tak ślub: nie mieszka razem, nie chodzi do łóżka, nie wynosi razem śmieci, a po ślubie przekona się, że do tego wspólnego życia, które właśnie wystartowało, dołączyło coś jeszcze, jakiś dopalacz zupełnie spoza ziemskiej sfery, jakby się człowiek podłączył do jakiejś innej gęstości prądu, nagle zamiast siedemdziesiątki zaczął lać benzynę stuoktanową). Małżeństwo to naprawdę jest pomysł Pana Boga i dla swojego własnego dobra i przyjemności, jaką z tego można mieć, nie warto go schrzanić. I nie warto siebie schrzanić, symulując bycie małżonkiem tam, gdzie się nim nie jest.

7

W katechizmie:

NIE KRADNIJ

W Biblii:

Nie będziesz kradł.

KRÓTKO I NA TEMAT:

Roztłumaczanie siódmego przykazania Dekalogu przez wyjaśnianie, że niedobrze jest komuś ukraść auto, dziś nie ma chyba za bardzo sensu. Wszyscy wiemy, że nie wolno tego robić, a jak to zrobimy, to nas zamkną. Prawo własności gwarantuje nam, Polakom, konstytucja. A wszystkie zabezpieczenia, którymi otoczono tę instytucję (notariusze, Kodeks cywilny, Kodeks karny), nie pozostawiają złudzeń, że – obok piątego – siódme to jedyne Boże przykazanie, za złamanie którego z pewnością możesz iść nie tyle na wieczne męki, ile do zupełnie świeckiego więzienia.

Te dwa przykazania w istocie łączą się z sobą bardzo ściśle. Papież Franciszek w programowym dokumencie swojego pontyfikatu, adhortacji *Evangelii gaudium*, mówi wprost, że oparta na bałwochwalczym kulcie wolnego rynku i pieniądza ekonomia zupełnie dosłownie zabija dziś ludzi. Że to jest chory świat, w którym dwuprocentowy spadek jakiejś giełdy staje się pierwszym newsem w globalnych wiadomościach, a śmierć bezdomnego nie interesuje literalnie nikogo. Dziesiątki wyznawców Adama Smitha i Miltona Friedmana ruszyły natychmiast na papieża z wyzwiskami, że jest komunistą, utopistą, a przecież wolny rynek w najdoskonalszy sposób jest w stanie zadbać o potrzeby ludzi, premiuje bowiem ich kreatywność, daje bonus za wytrwałość i pielęgnowanie w sobie tych najlepszych cech, a poza tym tworzy miejsca pracy, które są przecież najlepszą odpowiedzią na materialne potrzeby ludzi. Dalej następuje zwykle stanowcza obrona teorii głoszących, że „przypływ podnosi wszystkie łodzie", albo teorii skapywania, przekonującej, że gdy napompujemy bogatych dobrobytem, to coś z nich i na biednych wyleci.

Gdybyśmy nie żyli w świecie, w którym 62 najbogatszych zgromadziło tyle majątku, co 3,5 miliarda najbiedniejszych, i w większości nie zrobiło tego poprzez produkcję, a najczęściej przez różnego typu mniej lub bardziej wirtualne operacje finansowe – może i szłoby w to wszystko jakoś uwierzyć. Ci ludzie – mimo działalności dobroczynnej, którą większość z nich prowadzi – zapomnieli zdaje się (albo nie usłyszeli), że prawo własności wcale nie jest najświętszym z praw. Że nad nim (o czym przypominał choćby Jan Paweł II w encyklice *Laborem exercens*) są prawa i słuszne potrzeby innych ludzi, bo dobra, które zostały nam dane, zostały dane nam wszystkim, a nie tym, co dzięki swoim zdolnościom albo okolicznościom dopadli do nich, pomnożyli je i teraz siedzą na nich, mówiąc: moje.

Kościół, katechizm, papieże mówią wyraźnie: istnieje coś takiego, jak powszechne przeznaczenie dóbr. Dla konstytucji prawo własności prywatnej może być więc nadrzędne, dla katolika, dla chrześcijanina paragon fiskalny nie jest jednak świadectwem, że oto coś (rzecz, ziemia, jedzenie) zostało wyjęte ze wspólnej domeny i teraz należy tylko do niego. Jest dokładnie odwrotnie: wchodząc w posiadanie czegoś, musisz się zgodzić, że to coś do owej wspólnej domeny zostaje włączone (pisał o tym Piotr Wójcik na portalu NowyObywatel.pl). I dlatego nie możesz wycinać, jak ci się podoba, swojego lasu, palić w swoim piecu swoimi oponami, ogrodzić szczelnie pola w czasie klęski głodu i powiedzieć: „Won, to moje!" itd. Wszystko, co mamy, jest nasze wspólne, choć niektórym z nas przyszło – powtórzę to po raz milion piąty – zarządzać jakimś kawałkiem tej własności.

Sam Jezus nie był w tej sprawie tak kategoryczny, jak Jego późniejsi uczniowie. Mówił, że jeśli masz dwa płaszcze, jeden powinieneś oddać temu, który nie ma żadnego. Święci bywali bardziej dosadni: jeśli masz dwie kurtki, a wiesz, że ktoś nie ma żadnej, to znaczy, że ukradłeś mu kurtkę. Złamałeś siódme przykazanie, jesteś więc złodziejem. Poprawka: jestem więc złodziejem.

DLA TYCH, CO WYTRZYMAJĄ JESZCZE TROCHĘ:

Ty nie jesteś? Nikomu w życiu nic nie ukradłeś – ani roweru, ani spinacza, ani nawet kartki papieru, więc nie jesteś? Zazdroszczę. Ja jestem. Jestem też mordercą.

24 kwietnia 2013 roku w Dhace, stolicy Bangladeszu, zawalił się ośmiopiętrowy budynek – mieściło się tam kilka szwalni, które w systemie półniewolniczym wytwarzały ubrania dla marek takich jak: Benetton, Mango, El Corte Inglés, Walmart czy Monsoon Accessorize. Zginęło 1130 osób, w większości pracujących jako krawcowe kobiet, dwa i pół tysiąca zostało rannych. W budynku nie było żadnych dróg ewakuacji, żeby zmaksymalizować zysk, dodano mu trzy piętra, a stropy wykonane z badziewnych materiałów nadmiernie obciążono generatorami i maszynami, które pozwoliłyby wycisnąć ze skoszarowanych tam ludzi jeszcze więcej szmatek.

Na gruzach budynku znaleziono metki znanych polskich marek. Raport organizacji Clean Clothes Polska dokładnie pokazuje, w jakich warunkach pracują wytwórcy niektórych naszych tiszertów, kurtek czy butów.

Polskie (i europejskie) prawo dopuszcza zawartość tzw. biokomponentu w paliwach, jakie lejemy do baków, na poziomie 10 procent (tzw. biopaliwa wymyślono po to, by ograniczyć nasze uzależnienie od ropy naftowej). Aby wytworzyć jeden litr bioetanolu, zużywa się około czerech tysięcy litrów wody (a tymczasem – jak szacuje ONZ – w 2025 roku dwa miliardy ludzi będą pozbawione dostępu do wody pitnej). Coraz głośniej mówi się, że produkcja bioetanolu (z rzepaku czy kukurydzy) okazała się niewypałem, jest bowiem dużo bardziej szkodliwa dla środowiska niż spalanie ropy (karczowanie tropikalnych lasów, by zrobić miejsce pod uprawę, nawożenie, podlewanie, wyjaławianie środowiska – to wszystko generuje dużo większą podaż CO_2, a więc leczy dżumę cholerą). Biznes wsparty rządowymi subsydiami (bo to przecież ekodziałalność) już tak łatwo nie odpuści. Żeby zatankować bioetanolowym paliwem 50-litrowy bak, trzeba spalić 358 kilogramów kukurydzy. W Meksyku czy Zambii, gdzie kukurydza to jeden z podstawowych składników diety, a każde wahnięcie jej ceny jest sprawą o wadze państwowej, za owo jedno tankowanie można by pewnie wyżywić jedno dziecko przez cały boży rok.

DLA TYCH, CO WYTRZYMAJĄ JESZCZE TROCHĘ:

Mnożą się tłumaczenia, że oczywiście obecny Ojciec Święty wcale nie myśli tego, co myśli, że to przecież tylko jakieś tam pośledne dokumenty, a nie oficjalne nauczanie, poza tym – on dostał jakiejś obsesji po tym swoim nasiąknięciu głęboką niesprawiedliwością, jaka panuje w Ameryce Łacińskiej, więc jego rozumowanie

nie ma zastosowania do USA czy do Europy, które na prawie do własności powstały i stoją twardo.

Na pewno? Czy naprawdę zapomnieliśmy już, co się stało w Stanach i na świecie w 2008 roku, gdy okazało się, że świat oparty na generowaniu zysku zabija ludzi, firmy, domy, państwa? I czy naprawdę – patrząc choćby na jednego ze współczesnych emblematycznych jej wyznawców (i produktów), Donalda Trumpa – wierzymy, że „niewidzialna ręka rynku" jest lepsza niż dotyk ludzkiej ręki (papież wspominał kiedyś, że gdy spowiadał w Buenos Aires i pytał penitentów, czy dają jałmużnę biedakom, zawsze zadawał dwa pytania pomocnicze: czy dając, patrzysz człowiekowi w oczy, i czy dając, dotykasz jego ręki)? I czy to naprawdę byłby taki zły świat, gdybyśmy uznali, że to, co mamy, nie należy do nikogo z nas, ale jest wspólne? Czy potrafisz tak pomyśleć o każdym przedmiocie, banknocie, sztuce ubrania i elektroniki, które dziś przejdą przez twoje ręce?

8

W katechizmie:

NIE MÓW FAŁSZYWEGO ŚWIADECTWA PRZECIW BLIŹNIEMU SWEMU

W Biblii:

Nie złożysz kłamliwego zeznania przeciwko swojemu bliźniemu.

KRÓTKO I NA TEMAT:

Pokażcie mi takiego człowieka, który choć raz w życiu spowiadał się ze złamania tego Bożego przykazania. Wiadomo, że większość społeczeństwa z sytuacją, w której trzeba składać zeznania w czyjejś sprawie, ma do czynienia parę razy w życiu. I nawet gdyby ktoś chciał coś wtedy naściemniać, wszystkie kodeksowe groźby, ile lat za to można dostać, skutecznie nawracają błędne myśli na właściwą drogę. A jeśli ktoś zaryzykował? To raczej i tak się z tego grzechu nie spowiadał, bo skoro przekroczył barierę kłamstwa przy składaniu zeznań, to niby dlaczego miałby nie zrobić tego przy kratkach konfesjonału raz jeszcze?

Skąd w Dekalogu, będącym przecież zbiorem przepisów w sprawach jednak bardzo fundamentalnych, nagle tak detaliczna historia: nie kłam w sądzie przeciw drugiemu człowiekowi? Gdyby się człowiek uparł, mógłby pewnie ustalić, jak poważnym krzywoprzysięstwo było problemem w ówczesnym Izraelu, ale nie o statystyki tu chodzi. Mam wrażenie, że to przykazanie – następujące po trzech, które zabraniają krzywdzić człowieka, deptać jego miłość i okradać – mówi: można zniszczyć człowieka nie tylko nożem, zdradą, rabunkiem, ale też słowem. Więc niech cię ręka Boska broni, żebyś miał tą umiejętnością, którą Bóg ci dał (żebyś tak jak On słowem stwarzał dobro), stwarzać teraz jakieś zło.

Jakiś czas temu furorę zrobiła książka *The Female Brain*, w której amerykańska lekarka (neuropsychiatra) Louanne Brizendine dowodziła, że statystyczna kobieta wypowiada dziennie około 20 tysięcy słów, a statystyczny facet około siedmiu tysięcy. Badania innych uczonych wykazywały odmienne wartości. W testach przeprowadzonych przez psychologów z Arizony panie mówiły 16 tysięcy słów dziennie, mężczyźni tylko o tysiąc mniej (w grupie eksperymentalnej rekordzista mruk wypowiedział 795 słów, rekordzista gaduła – ponad 47 tysięcy). A gdyby tak czasem pokusić się o rachunek sumienia, zamknąć oczy, przypomnieć sobie parę momentów z dnia i zapytać siebie: na ilu z tych parunastu tysięcy słów, jakie dziś z siebie wyplułem, coś wyrośnie? Ile było kompletnie zbędnych, nie niosło żadnej treści, nic nie zmieniło, to była czysta wata? Ile dopiekło, zraniło? Ile coś zbudowało?

DLA TYCH, CO WYTRZYMAJĄ JESZCZE TROCHĘ:

Jeśli to przykazanie ma bronić słowa przed zrobieniem zeń kija na czyjś grzbiet, warto zastanowić się też, czy wykroczeniem przeciw niemu jest również np. częstowanie kogoś prawdą bez kontekstu miłości. Jak to wygląda w praktyce, możemy obserwować na bieżąco, widząc rozpalonych do białości eksploratorów teczek, obnażających czyjeś słabości redaktorów szmatławców, którzy gęby mają pełne frazesów o dziejowej misji oczyszczania życia publicznego z zakłamania, tajemnic i słabości. OK, czyli co, nie ujawniać? Nie wiem. Czasem ujawniać, a czasem nie. Inaczej zachowamy się wobec człowieka, który stoi nad grobem, trzęsąc się ze strachu, że ktoś odkryje popełniony przez niego wiele lat temu błąd, a inaczej wobec cynicznego gracza opluwającego innych i zapewniającego, że gdy idzie o niepokalanie, może stawać w szranki z Najświętszą Panienką. W sytuacjach, gdy człowiekowi trafi w ręce prawda, zanim przekuje ją na słowa, powinien przede wszystkim usiąść na czterech literach i 15 razy zważyć: swoją rolę w tym wszystkim, los tego, co zrobił źle, prawa jego ofiar. Za bardzo dawnych czasów, gdy zaczynałem swoją pracę w sektorze mediów, zasadą było traktowanie wygłaszanego (czy drukowanego) słowa z odpowiedzialnością. Publikując informacje o osobie, miało się pełną świadomość tego, że robi się w ludzkim życiu. A ja pamiętam niejedno kolegium, gdy debatowano dosłownie godzinami (wydzwaniając jeszcze z miasta znajome autorytety), czy moralnie wolno publikować wyniki trwającego od tygodni dziennikarskiego śledztwa, czy jednak nie wolno. I jak to zrobić, by było jasne, że chodzi tylko o fakty, a nie o sensację, zemstę czy środowiskowy onanizm: ach, czytelniku, jesteśmy tacy wspaniali, zawsze gotowi donieść ci najświeższe newsy, ploty i ploteczki.

JAKBY KOMUŚ JESZCZE BYŁO MAŁO:

Jezus, wchodząc w rozmowę z ludźmi, myśli o nich, a nie o sobie. Mówi prawdę napotykanym ludziom, ale mówi ją w ten sposób, że żaden z nich nie ma ochoty wydawać sprostowań albo iść się pociąć. Jezus wie, co to jest „prawda nienależna", czyli taka, na której przyjęcie człowiek nie jest jeszcze gotowy, bo zniszczy mu ona życie (postępuje tak np. z Zacheuszem, któremu nie rzuca w pierwszych słowach w twarz: „Złodzieju!", tylko najpierw wypowiada jego imię, a później wprasza się do niego na kolację, gdzie temat kanciarstw Zacheusza zostaje poruszony w taki sposób, że później on sam, z własnej woli, chce wynagrodzić to pokrzywdzonym w czwórnasób, zamiast przewidzianego przez prawo zwrotu 125 procent).

Jezus wie, że jedno słowo naprawdę może zakończyć człowiekowi życiorys (tak jak „condemno", wyrok Piłata), może go też ożywić (tak jak „Wyjdź!", słowo Jezusa, którym wskrzesił Łazarza). Nie chcę zrzędzić, ale to chyba nieco zapomniana prawda w świecie, w którym kwitną zajmujące się obrabianiem pleców nieznanym sobie osobiście ludziom portale plotkarskie i działy gwiazd w szmatławcach, zajmujące się (po raz kolejny chciałbym wyrazić to wprost) – paserstwem, czyli sprzedażą ukradzionych dóbr. A każdy, kto kupuje od pasera, drodzy Państwo, czytelnicy takich mediów – sorry, ale współuczestniczy w przestępstwie.

Teologowie moraliści zgadzają się co do tego: szukanie, pochłanianie i powielanie takich treści nie jest niewinną słabostką popełnianą przy kawusi czy w metrze, ale grzechem przeciwko ósmemu przykazaniu. Z czytania takich rzeczy trzeba się tak samo spowiadać, jak z oczerniania kolegi czy koleżanki. Papież Franciszek mówił: „Plotka to po prostu obdzieranie ze skóry, wyrządzanie komuś krzywdy", celnie dodając, że plotkarze rozpowszechniając półprawdy i kalumnie, robią to przede wszystkim po to, by w porównaniu z obgadywanym poczuć się lepiej. „Plotka uśmierca braci" – dodaje papież i wyjaśnia, że choć na początku może być ona „słodka jak cukierek", na dłuższą metę prowadzi do odkładania się w człowieku żółci, złości i zawiści.

Każde puste, złe, zbędne, głupie słowo jest jak ten opisany w Ewangelii chwast, który zagłusza to, co dobrego mogłoby wyrosnąć z drugiego człowieka. Każde słowo użyte niewłaściwie do nas wróci. Wyobraźmy sobie teraz lecącą w naszą stronę chmurę sztyletów. Dokładnie: 15-16 tysięcy. Dziennie.

9 i 10

W katechizmie:

NIE POŻĄDAJ ŻONY BLIŹNIEGO SWEGO. ANI ŻADNEJ RZECZY, KTÓRA JEGO JEST

W Biblii:

Nie będziesz pożądał żony bliźniego swego.
Nie będziesz pragnął jego domu,
jego pola, jego sługi, jego służącej, jego wołu,
jego osła ani żadnej rzeczy, która należy
do twojego bliźniego.

KRÓTKO I NA TEMAT:

Przecież pożądania czyjejś żony dotyczyło przykazanie numer sześć, po co więc jeszcze raz to powtarzać? Bo tym razem nie o seks tu chodzi, dziewiąte i dziesiąte przykazanie da się streścić krótko: „Nie zazdrość".

A właściwie dlaczego? Przecież gdyby nie zdrowa dawka zazdrości, ludzie nie mieliby czasem motywacji, napędu, żeby próbować uzyskać coś, czego do tej pory nie było. Chwilunię. Co innego zazdrość, co innego ambicja. Naukowiec patrzy, że koledze wychodzą badania, i myśli: „Ej, przecież nie jestem wcale głupszy od niego". Gdy po takiej konstatacji bierze się do roboty, jest to ambicja. Gdy podkłada bombę pod laboratorium kolegi – to zazdrość.

To przykazanie zdaje się mówić: bardzo, ale to bardzo uważaj, odpalając mechanizm porównań. Ambicja może cię zniszczyć i przerodzić się w zazdrość, gdy przekroczysz granice świata swojego bliźniego. Albo gdy pozwolisz myślom o jego świecie skolonizować do szczętu swój własny świat. Chcesz zmieniać świat? Zacznij od swojego podwórka. Bo gdy zaczniesz od czyjegoś – to zawsze kończy się śmiercią. Śmiercią twojej miłości, twojej radości, twojej rodziny, twojego biznesu, twojej kariery.

DLA TYCH, CO WYTRZYMAJĄ JESZCZE TROCHĘ:

Dlaczego zazdrość jest zła z natury? To bardzo dobrze widać w staropolskich słownikach. Gdzie zazdrość kojarzona jest z zadrą, zawiść wywodzi się od zawiśnięcia (wzroku na czymś lub na kimś, a może: zawieszenia swojego własnego istnienia, by się na to gapić).

Zazdrość jest jak Krzyżacy. Zaprasza się ją w dobrej wierze, by wytępić niepewność (np. co do wierności żony), lenistwo (może gdy mu solidnie pozazdroszczę, wezmę się wreszcie do roboty), niesprawiedliwość (kurczę, jak to jest, że choć ja jestem mądrzejszy i ładniejszy, to on po znajomości załatwił sobie dużo więcej). A ona momentalnie rozsiada się w salonie i zaczyna niszczyć cały system. Zamiast radości, nastrzykuje nas żalem, złością, frustracją i poczuciem niespełnienia, agresją. Zamienia w zupełnie innych ludzi. Każdy, kto widział rozkręconego już na maksa zazdrośnika, wie chyba, o czym tu mowa. Patrzysz na gościa i masz wrażenie (czasem on też ma), że zupełnie nie jest sobą w tym całym robieniu afer o nic, krzykach, wściekłości, podejrzliwości, głupich odzywkach, ogólnym poczuciu nienawiści do świata. Zazdrość sfokusowana na materialny stan posiadania robi zaś z człowieka idiotę. Przykazanie mówi, że zazdrość to pragnienie przedmiotów, tak jak pragnie się ludzi. Kim jesteś, jeśli nie idiotą, żywiąc do samochodu albo domu, albo torby dolarów uczucia takie, jakie mężczyzna żywi do kobiety?

Zanim więc dasz jej dojść do głosu, zastanów się najpierw dobrze, czy na pewno nie bardziej higienicznie będzie spróbować osiągnąć swój cel, budując na motywacjach z jasnej strony mocy. A więc: nie rozwijam biznesu z zazdrości, ale tak reorganizuję pracę w firmie, żeby dawała mi jeszcze więcej radości i powera do podbijania nowych światów. Nie zaglądam sąsiadowi na podwórko, wzdychając do jego SUV-a i złorzecząc, że ten złodziej ma (więc po co ja żyłem uczciwie), tylko staję się najlepszym na osiedlu specjalistą od rowerów. Nie zazdroszczę mu domu, dzieci, żony, tylko – nawet jeśli u mnie wszystko jest w ruinie – przypominam sobie stare powiedzenie, że dobry kucharz nawet z resztek jest w stanie przyrządzić świetny sos i moją ambicję koncentruję na tym, by to mnie było lepiej, a nie jemu gorzej.

Zazdrość jest bowiem jak rewolucja październikowa. Chce zrobić komuś lepiej przez to, że komuś będzie gorzej. Nigdy nie wiesz, gdy odbezpieczasz butelkę z dżinem zazdrości, czy rzeczywiście da ci on kopa do robienia, czy raczej podpowie, że należy skopać tego, co stoi, by upadł i leżał tam, gdzie ty, wtedy będzie sprawiedliwie. Zazdrość produkuje świat ludzi okaleczających się nawzajem, smutnych, z oczami i sercami w życiu swoich bliźnich, a nie swoich. Zazdrość jest jak producent kolczastego drutu, który mówi: „Mam dla was najlepszą receptę na szczęście – pokłuje innych, wygrodzi wasze, zaprowadzi równość". Matko Święta, co za ściema, co za bzdury!

JAKBY KOMUŚ JESZCZE BYŁO MAŁO:

Przez całą tę książkę usiłuję dowieść, że nie jestem wielkim egzegetą, ale gdy przypominam sobie to przykazanie, zawsze mam ochotę szybko robić rachunek sumienia: dlaczego piszę książki, dlaczego robię wykłady, dlaczego gadam czasem w telewizji? By pokazać, że ja też jestem fajny? Kim Kardashian na tej drodze i tak nigdy nie prześcignę (ona wszak jest już w momencie, w którym – jak trafnie zauważył jeden z komentatorów – by pokazać światu coś, czego jeszcze nie widzieliśmy, aparat fotograficzny musiałaby chyba połknąć).

By dowalić tym, co myślą inaczej? Posłanka Krystyna Pawłowicz doprowadziła tę sztukę do perfekcji. By wywalczyć lepszy świat dla moich dzieci i wnuków? Większość znanych mi dyktatorów prezentowała dokładnie takie same motywacje. Na czym więc jest sens to wszystko opierać?

Na życzliwości. Wszyscy wielcy mówią, że na miłości. OK, ale nie ma co skakać przez poprzeczkę zawieszoną na sześciu metrach, zanim najpierw nie przeskoczy się tej na dwóch. Jasne, że fajnie by było, żebyśmy się wszyscy miłowali, ale może najpierw zaczniemy się lubić.

CZĘŚĆ

III

JAK DOJECHAĆ?

Rozdział IV

OSIEM BŁOGOSŁAWIEŃSTW

Wszyscy mądrzy, zaczynając od ojców Soboru Watykańskiego II, a kończąc na specach od duchowości sióstr zakonnych oraz gimnazjalnych katechetach, powtarzają, że życie chrześcijanina powinno się opierać na ośmiu błogosławieństwach. Podczas spotkania z młodzieżą w Rio de Janeiro wspomniał też o tym dobitnie papież Franciszek:

Czytaj błogosławieństwa, to ci dobrze zrobi. Jeśli chcesz wiedzieć, co konkretnie należy robić, przeczytaj 25. rozdział Ewangelii Mateusza, bo to protokół, według którego będziemy kiedyś sądzeni. Błogosławieństwa i Mateusz, 25. Nie trzeba czytać niczego innego. Proszę was o to z całego serca.

Ma rację. Odwołując się do mało poetyckiej metafory: gdy przestrzegasz Dekalogu, nie wpadniesz w anoreksję ani w otyłość. Brak anoreksji i brak otyłości to jednak nie to samo co sprawność. Dekalog wskazuje, jak uniknąć zjawisk chorobowych, błogosławieństwa pokazują zaś, jak być fit.

Gdyby chcieć z tej skondensowanej recepty na szczęście zrobić jeszcze gęstszy ekstrakt, można by pewnie odczytać ją tak: 1. Mało chcieć dla siebie i nie dążyć za wszelką cenę do realizowania swoich praw, nawet jeśli są słuszne. 2. Nie myśleć o tym, co ja chcę od świata, ale czego chcę dla świata. 3. Nie składać ofiar (bo to skupia na sobie), ale robić miłosierdzie (bo to skupia na innym). 4. Starać się z całych sił łączyć ludzi, a nie dzielić.

A gdzie tu coś o pobożności? Gdzie jakieś nakazy, jak to było na początku Dekalogu, dotyczące oddawania czci Najwyższemu, po których zrealizowaniu można było dopiero przejść do kwestii związanych z bliźnimi czy otoczeniem? Tu Bóg obiecuje swoje błogosławieństwo tym, którzy zajmą określoną postawę wobec świata, który został im dany. Chcesz znaleźć Boga – poukładaj sensownie swoje relacje ze światem. Taka niespodzianka.

DLA TYCH, CO WYTRZYMAJĄ JESZCZE TROCHĘ:

Co to w ogóle znaczy, że ktoś jest błogosławiony? Że fajnie (błogo) jest go chwalić (sławiony)? Nie bardzo, choć może też. Błogosławiony to znaczy szczęśliwy. W tekście Ewangelii słowo „szczęśliwi" na „błogosławieni" zamienił w IV wieku jeden z największych choleryków w gronie chrześcijańskich świętych, a zarazem genialny tłumacz Biblii na łacinę, Święty Hieronim. Z możliwych znaczeń słowa greckiego (bo Ewangelie w oryginale pisane były po grecku) *makarios* (szczęśliwi, bogaci, pobłogosławieni) wybrał jedno. Miał do tego spójne uzasadnienie, ale co przy tym uwzniośleniu i ukościelnieniu popsuł, to popsuł i basta. Generalnie z ośmioma błogosławieństwami nawet i bez tego jest taki kłopot, że gdy pokaże się je tzw. normalnym ludziom, ich naturalną reakcją jest popukanie się w głowę albo kręcenie tąże. No bo przecież Jezus mówi tu o nieszczęściach albo cechach we współczesnym świecie niezbyt „opłacalnych" („błogosławieni głodni", „błogosławieni prześladowani", „błogosławieni łagodni"). Czyli że nieszczęśliwi są szczęśliwi. Coach utopista? Może to propozycja dla jakiejś kolejnej Matki Teresy, ale raczej nie dla normalnego człowieka. Ona faktycznie jest „błogosławiona", ja zaś jestem prostym chlebożercą, który na aureole i obrazki szans nie ma. Ładna oferta, ale poza moim zasięgiem, nie dla mnie.

Chwilunię. Z błogosławieństwami trzeba sprytnie. Bo jeśli człowiek zacznie od wszystkich trudności wyliczonych w pierwszych częściach zdań, to jego ludzki system faktycznie może odpaść. Co jednak, gdy (tę myśl zawdzięczam papieskiemu jałmużnikowi abp. Konradowi Krajewskiemu, a on też ją komuś zawdzięcza, ale nie pamięta już komu) błogosławieństwa będziemy czytać od końca? A więc: kto będzie miał ziemię? Ci, co rozpychają się na niej łokciami? A skąd! Cisi, czyli ci, co są łagodni. Kto będzie nasycony? Ten, kto kantuje na sprawdzianie? Nie, on będzie miał piątkę. Nasycony, czyli spokojny, że postąpił dobrze (a może nawet trochę z tego dumny), będzie ten, kto nie ściągał i dlatego dostał trójkę. Kto będzie nazwany „synem Bożym", kimś tak bliskim Panu Bogu, że już bardziej się nie da? Ten, co w imię Boga robi jakieś wojny? Skąd. Ten, co „wprowadza pokój". Błogosławieństwa to nie zbiór tanich pociech, to konkretna wskazówka, gdzie leżą nieprzeterminowujące się nigdy konfitury.

Kolejna ultraważna rzecz: Jezus nie mówi tu tego, co mówi w czasie przyszłym – nie mówi: „będziecie". On mówi: JESTEŚCIE szczęśliwi. Fachowcy informują, że forma, której używa, znana jest w ówczesnej kulturze pod nazwą „makaryzmy". To nie tyle (albo nie tylko) życzenia na przyszłość, ale przede wszystkim powinszowania komuś, kto już coś osiągnął, komu coś dobrego się przytrafiło, kto ma spokój, bo niezależnie od wahnięć losu jest zabezpieczony: urodziło mu się ładne i tłuste dziecko, udało się dobrze sprzedać pole, awansowano go w hierarchii albo spotkał go jakiś inny zaszczyt.

W kulturze greckiej używano też tej formy, mówiąc o sytuacji bogów, którzy generalnie o nic nie muszą się martwić, w przeciwieństwie do ludzi. Gdy więc dopieka ci jedno z wyliczonych nieszczęść (albo zmagasz się z niezrozumieniem, gdy chcesz jednać ludzi, a wszyscy ci mówią, że trzeba robić niewiernym bełtanie kropidłem w mózgu), uwierz, że coś, co w ten sposób uzyskujesz, jest naprawdę z możliwie najwyższej półki, człowiek nie może mieć nic lepszego.

JAKBY KOMUŚ JESZCZE BYŁO MAŁO:

Gdzie konkretnie miała miejsce cała ta scena? W Ewangelii Mateusza czytamy, że na jakiejś górze (osiem błogosławieństw to część tzw. Kazania na Górze). U Łukasza, który też poświęca temu zdarzeniu trochę miejsca, Jezus schodzi z uczniami z góry i siada wśród tłumów na równinie. U Łukasza mamy cztery błogosławieństwa, u Mateusza osiem (albo 10, zależy, jak się je liczy). Jaka jest więc wiarygodność tekstu, w którym 8 = 4, a innym razem 8 = 9?

Tu wypada zrobić mały (obiecuję) wtręt o historii powstawania Ewangelii. Jezus niczego nie notował (a przynajmniej nic nam na ten temat nie wiadomo). Nie było też wtedy NSA, CIA, CBA ani Google, nikt go więc nie nagrywał. Historię Jego życia i to, co mówił, przekazywano więc sobie ustnie. Niektóre z wypowiedzi z czasem zaczęto spisywać i tak powstał tekst, którego nikomu do tej pory nie udało się odnaleźć, ale archeolodzy, papirolodzy i bibliści niczym Sherlock Holmes wydedukowali jego istnienie na podstawie analizy innych tekstów, które miały się na nim opierać. Ten tajemniczy tekst nazwano Q (od niemieckiego „Quelle” – źródło). Ale go nie mamy.

Co mamy? Mamy zbiór trzech tekstów Ewangelii spisanych przez drugie pokolenie (czyli uczniów uczniów) Chrystusa i jeden, który został zredagowany w trzecim pokoleniu. Pewności rzecz jasna nie ma, ale większość badaczy twierdzi, że jako pierwsza powstała Ewangelia według Marka, który miał być uczniem Świętego Piotra i spisał jego opowiadania. Niektórzy twierdzą, że ów Marek sam się w owej Ewangelii sportretował pod postacią gołego młodzieńca, który w pośpiechu owija się w prześcieradło i zwiewa, gdy policja religijna przychodzi aresztować Jezusa. Ten tekst powstał prawdopodobnie około roku 65–70, a więc – przekładając to na nasze realia – sytuacja jest taka, jakby ktoś w okolicach roku 1985 spisywał historię II wojny światowej (swoją drogą – co za porównanie). Wiadomo, że nawet jeśli sam nie doświadczył tego, o czym pisze, to ma wokół dostatecznie dużo takich osób, które to przeżyły, by po pierwsze zdali mu sensowną relację, a po drugie wyprostowali rzeczy, które jednostka mogła zapamiętać błędnie. Pewnie jakieś 10–15 lat później powstała Ewangelia według Łukasza. Kolejnych 5–10 lat później spisano Ewangelię według Mateusza (przypuszczalnie zrobił to któryś z uczniów celnika Mateusza na podstawie pozostawionego przez samego apostoła zbioru różnych wspomnień o słowach i czynach Jezusa). A najmłodszą jest Ewangelia według Jana. Dlaczego aż tyle wersji? Bo każdy z tekstów pisany był na potrzeby innej grupy chrześcijan w innym zakątku ówczesnego świata, w innych warunkach kulturowych, przez ludzi z innym przygotowaniem i z innymi oczekiwaniami. Dlatego Ewangelie, choć zasadnicze treści przekazują te same, w detalach różnią się czasem od siebie.

Autor Ewangelii według Łukasza i ten od tekstu według Mateusza wspólnie bazują na Ewangelii według Marka i na Q, dodając sporo od siebie. Prawda o Jezusie nie wyrażała się przecież tylko w wypowiedzianych przezeń słowach, ale także w reakcjach czy gestach obserwujących go na żywo ludzi. Wszystkie ślady z atmosfery, która otaczała Pana, są dla nas ultracenne. W powstającej wówczas literaturze było sporo tekstów dużo bardziej obfitujących w szczegóły (apokryfy), ale to właśnie te cztery bardzo szybko zostały uznane za oficjalną wykładnię tego, co Jezus miał nam do przekazania, i włączone do liturgii. I o ile różne chrześcijańskie wyznania spierają się jeszcze o ten list albo o tamtą księgę, o tyle co do Ewangelii panuje zgoda – te cztery są prawdziwe i basta.

Po co o tym wszystkim piszę? Bo to ważne: wiedzieć, że chociaż u Łukasza jest „błogosławieni ubodzy", a Mateusz dodaje „w duchu", co wcale nie znaczy, że obaj nie mówią o tym samym. Łukasz pisze o głodnych, Mateusz znów doprawia i uwzniośla, dopisując im, że są „głodni sprawiedliwości". Tekst Łukasza jest krótszy i prostszy, w Kościele przyjęło się jednak częściej odwoływać do tekstu Mateusza, bo choć nie ma on w sobie tego łopatologicznego uroku (wybacz mi, Łukaszu), jest bardziej kompletnym zbiorem Jezusowych rad.

1

BŁOGOSŁAWIENI

ubodzy w duchu, albowiem do nich
należy Królestwo Niebieskie.

[BIBLIA TYSIĄCLECIA]

SZCZĘŚLIWI

ubodzy w duchu, ponieważ do nich
należy Królestwo Niebieskie.

[BIBLIA PAULISTÓW]

KRÓTKO I NA TEMAT:

W tym całym „ubóstwie duchem" naprawdę nie chodzi o to, żeby zupełnie uciec od świata pieniędzy, ubrań, samochodów, długopisów, gitar i książek. Po raz miliard pierwszy powtórzę: Jezus mówi jednak – jeśli chcesz być szczęśliwy na ziemi, traktuj ziemię jako rzecz daną ci do używania. A nie na własność. A skoro nie jest twoja na własność, to jest czyjaś. Obchodź się więc ze światem rzeczy i związanych z nim pragnień, jak chciałbyś, by ktoś inny obchodził się z twoimi rzeczami.

Nie przywiązuj się też, Boże broń, do swojej pobożności. Są ludzie, którzy wierzą, że wspinając się na kolejne szczeble teologicznej wiedzy czy moralnej doskonałości, zasłużą sobie na niebo. Nieba nie da ci z automatu bycie grzecznym chłopcem (lub dziewczynką) albo pięć odmówionych na autopilocie różańców dziennie. Niebo może dać ci jedynie Bóg. Jedynym kryterium jest to, byś uznał, uwierzył i zaczął żyć, oddychać tym, że to On jest Bogiem, a nie ty.

Jak mawiał klasyk: Bóg to nie perfumeria, nie musisz go czuć. Bóg to Ojciec, Matka, Brat, Siostra, Przyjaciel, który od rana do nocy nie myśli o niczym innym, jak tylko o tym, jak zaradzić wszystkim twoim bolączkom i dać ci wszystko, czego potrzebujesz. Starzy kaznodzieje lubili czasem tłumaczyć termin „ubogi" jako ten, który wszystko ma u Boga. Pozwól więc, że odtąd twoje życie to będzie Jego problem. Twoim będzie jedynie to, by oddychać i nie stracić Go z oczu. I tyle.

Oczywiście – wolna wola wciąż działa. Możesz nadal próbować zarobić na swoje własne szczęście. Tylko lepiej, żebyś nie czytał wtedy Apokalipsy, tej tajemniczej księgi Nowego Testamentu, gdzie zakodowane zostało to, co nas czeka przed końcem świata (czyli tak naprawdę: już teraz). Jest tam mianowicie taka oto ciekawostka: handlem – mówi tekst – będą się wtedy zajmować wyłącznie ludzie ze znakiem bestii (czyli szatana) wypisanym na czołach. Jak się więc szybko nie uwiniesz, to pogódź się z myślą, że pod koniec wyścigu będziesz mógł sobie owszem kupić szczęście, ale tylko u kogoś, kto po pierwsze sprzeda ci podróbkę, a po drugie w rozliczeniu zażąda ni mniej, ni więcej, tylko twojej wolności. Mogłeś biegać, a teraz pójdziesz siedzieć.

DLA TYCH, CO WYTRZYMAJĄ JESZCZE TROCHĘ:

Owo ubodzy (*ptochoi*), które występuje w tekście tego błogosławieństwa, to próba greckiego zmierzenia się z hebrajskim (i aramejskim, a Jezus mówił po aramejsku) *anawim*, opisującym ludzi biednych, uciśnionych, niemogących dochodzić swoich praw, zmuszonych do tego, by zginać kark przed tymi, od których zależy ich los. A więc: „Szczęśliwi, którzy zasadniczo mają w życiu przekichane"? Tak jakby.

Akurat te Jego słowa musiały wywrzeć na zebranych ogromne wrażenie. Jego słuchacze byli ludźmi z dołów ówczesnej drabiny społecznej, którzy dostawali w kość od wszystkich. Gnębili ich rzymscy okupanci, łupili lokalni królowie, elita ich własnego narodu uważała ich za śmieci. Za godnych obcowania z Bogiem i płynącej stąd nadziei uznawano bowiem tylko tych, którzy znali prawo, wszystkie te niepoliczalne zakazy i nakazy, które judaizm wydedukował, a następnie szczelnie w nie zapakował orędzie Starego Testamentu. Analfabeci, prości rolnicy, rybacy, robotnicy nie ogarniali wszystkich tych prawnych zawijasów. Już tym pierwszym zdaniem Jezus wysadza więc drzwi do pilnie strzeżonego skarbca. Już to zdanie tak naprawdę wystarczyłoby, by zapalić wszystkie możliwe kontrolki w centrali ówczesnego religijnego systemu żydów, a w proroku z Galilei zobaczyć naprawdę niebezpiecznego rewolucjonistę.

Dlaczego my dziś nie reagujemy na te słowa z podobnym podnieceniem? Bo choć często użalamy się nad sobą, że wciąż mamy za mało, nie dopuszczamy myśli, że jesteśmy zupełnie bezsilni. Stajemy na rzęsach, by bronić się przed stanem, w którym – jak Chrystus na krzyżu – jedyne, co będziemy mogli zrobić, to powiedzieć „tak" albo „nie". Mamy (naszym zdaniem) mało pieniędzy, mało miłości, mało szczęścia, mało perspektyw, ale wciąż jeszcze mamy dużo za dużo siły.

Wspominałem już we wstępie, że Mateusz uduchawia wersję Łukasza, z Łukaszowych „ubogich" robi „ubogich w duchu". Przyznaję bez bicia, że sama ta fraza przez lata wystarczała, by skutecznie wyłączyć moją uwagę na dobrych parę minut: „ubodzy duchem" – a cóż to za kościelna nowomowa? Znowu wywyższanie niesamodzielności? Przecież kiedy doda się do tego te wszystkie „jeśli nie staniecie się jak dzieci, nie wejdziecie do Królestwa Niebieskiego" (a Jezus wcale nie ma tu chyba na myśli słodkiego obrazu radosnego i nieskomplikowanego bobo, chodzi mu może o całkowitą niesamodzielność dziecka w świecie), można odnieść wrażenie, że Bogu jakoś specjalnie zależy, by człowiekowi przyciąć wszystkie pędy, które mogłyby wybujać poza wyznaczoną przez Niego linię. Dlaczego On to robi? Z zazdrości? Z zemsty za tę historię z jabłkiem? Z niewiary w nasze możliwości? Bo czuje się na tyle lepszy, że musi nam dać odczuć, że jesteśmy gorsi?

„Nie o nędzę tu chodzi, ale pokorę" – wyjaśnia św. Hieronim. Kolejne straszne słowo. Co to jest „pokora"? To nie obsmarowanie się błotem i powtarzanie: „O mamusiu, o ojcowie, jestem głupi, jestem głupi!". Pokora to nie samoponiżenie, to twardy realizm. A ten powinien zacząć się nie od pytania, gdzie jest szczęście, a od ustalenia, gdzie ja jestem. Pokora jest więc stanem, w którym mówisz: chcę być szczęśliwy, ale nie latam już po giełdach, Australiach czy klubach, tylko wracam do domu, siadam na wiadomo czym i próbuję ustalić, jakie współrzędne GPS ma punkt startu. Bo że mogę się spiąć i przebiec maraton, to jasne. Kłopot w tym tylko, że maraton można też przebiec wewnątrz będącego ulubioną zabawką chomików kołowrotka.

JAKBY KOMUŚ JESZCZE BYŁO MAŁO:

Zanim jeszcze raz, tym razem już w levelu master, zmierzymy się z mrożącą krew frazą „ubodzy w duchu", zastanówmy się najpierw raz jeszcze na spokojnie, w kameralnym gronie (gdy liczba czytelników z nudów spadła chwilowo do pięciu), po co miałoby nam być właściwie owo „Królestwo Niebieskie", bo zanim się zacznie grać, warto ustalić, czy gra jest warta świeczki.

Żeby to stwierdzić, musimy najpierw wypłynąć jeszcze dalej na głębię i zadać sobie megafundamentalne pytanie. Czy świat w swojej obecnej postaci jest światem bardzo fajnym? Na ziemi żyje ponad siedem miliardów ludzi. Spośród nich (według szacunków Międzynarodowego Instytutu Badań nad Polityką Żywnościową) dwa miliardy są niedożywione, a 800 milionów głoduje (dane za rok 2014). Na skutek wojen dom traci co roku kilkadziesiąt milionów ludzi, a kilkaset tysięcy ginie. W ostatnich latach w Morzu Śródziemnym utonęło 17 tysięcy osób próbujących przedostać się do Europy. Że nasz świat ma też jednak wyraźnie jasne strony, ludzie bywają na nim szczęśliwi, są miejsca, gdzie sprawy mają się wręcz cudownie?

To jasne. Chrześcijańska teologia mówi jednak, że ów świat aż do swojego końca pełnosprawny nie będzie. Zawsze będzie pęknięty i nawet jeśli gdzieś trwa dziś impreza, jutro może pojawić się szczelina, a za chwilę regularny wąwóz, z którego zaczną sączyć się trujące wyziewy. Świat był genialnie pomyślany, ale schrzanił go człowiek. Przypuszczam, że Pan Bóg miliony razy miał ochotę interweniować i wytrzaskać całe to zwane ludzkością towarzystwo po tyłkach i głowach. Ale nie mógł. Wyjaśniałem już wcześniej dlaczego. No bo co: człowiek wciska gaz do dechy, a siedzący obok Wielki Scenarzysta sprawia, że samochód i tak jedzie trzy na godzinę? Człowiek idzie kupić piwo, ale sprzedają mu wyłącznie barszcz, bo piwo szkodzi? Wiadomo, do czego nadaje się taka wolność.

Pan Bóg zaryzykował, dając istocie o niebo mniej ogarniętej od siebie wolną wolę. Ale dał ją, bo chciał, żeby człowiek mógł kochać. A nie ma miłości tam, gdzie jest przymus, ręczne sterowanie (dlatego np. w kościelnym prawie jest wyraźnie powiedziane, że jeśli ktoś wziął ślub – czyli wyznawał miłość – pod wpływem albo przymusem: mamy, proboszcza, wuja albo katechety – żadnego ślubu nie wziął, taki sakrament nie jest ważny).

Bóg zrobił jednak dużo więcej, niż powinien. Dopuścił do tego, żeby nasi przodkowie wprowadzili na Mount Everest swoją wolność wybierania zła. Obiecał też, że gdy czas dobiegnie końca, uruchomi „Świat 2.0", czyli taką wersję rzeczywistości, jaką planował od początku. Da jeszcze jedną szansę. Tym razem nie do popsucia, bo zasiedloną przez tych, którzy w chwili śmierci zdecydują, że wybierają dobro. Ten wybór zostanie zapieczętowany na wieki, bo w świecie, w którym będzie wyłącznie teraz, którego wyboru dokonujesz teraz, jest jednocześnie wyborem na zawsze. Zostawisz go przy wejściu i ruszysz dalej. Do stanu, w którym będziesz tak na maksa szczęśliwy, że nie będzie w nim miejsca na nic innego. W którym nie trzeba żyć wspomnieniami albo marzeniami, bo to, co jest tu i teraz, jest tak sycące, że wystarczy i jeszcze się z tego coś uleje dla innych. Żyjemy w takim świecie?

Zazdroszczę (i nie dowierzam) tym, którzy na to pytanie udzielą odpowiedzi twierdzącej. Dla wszystkich tych, którzy zakładają, że może i istnieje jakieś niebo, ale nie zmienia to faktu, że i nasza ziemia może być dla człowieka rajem, mam zadanie. Biblia mówi wyraźnie, że ludzie w raju panowali nad wszelkim stworzeniem i że nie chodziło tu o więzienie lisów czy kur w fermach przemysłowych, było to bowiem panowanie wielkoduszne, symbiotyczne, sprawiedliwe. Proszę więc teraz jechać do Białowieży, poprosić Adama Wajraka, by zaprowadził do puszczy (o ile w chwili wydania tej książki coś z niej jeszcze zostanie), zawołać żubra i kazać mu zrobić „siad". Proszę się napiąć i kazać odpłynąć chmurom albo wskoczyć do basenu pełnego rekinów i przekonać je do weganizmu. A wyobrażacie sobie teraz, co by było, gdyby rzeczywiście ktoś z nas mógł tak teraz robić? Dowodem na wielką mądrość naszego Boga jest to, że wraz z wygnaniem ludzkości z raju odebrał też popsutym już ludziom ich prerogatywy. Bogu dzięki, że w świecie, w którym każdy chce zagarniać coś pod siebie, może to robić tylko w ograniczonym stopniu, a jego słowo nie ma siły stwórczej. Jasne, możesz sobie coś tam wziąć i udawać, że to jest twoje, ale przecież wszystko, co masz, i tak prędzej czy później stracisz. A mimo to, kurczę, bierzesz! A gdy bierzesz coś z jakiegoś miejsca, to miejsce zostaje puste! Raj był tak skonstruowany, że twoje życie dawało życie innym. Dziś żyjąc, potrafisz je też zabierać.

Jest tak właśnie od czasów Adama. Adam (ale nie Wajrak tym razem) wziął nie swoje jabłko, zeżarł, ukrył w wewnętrznym sejfie. Mam. Wziąłem. Bóg kazał czynić sobie ziemię poddaną, to sobie uczyniłem. Doprawdy? Jeszcze raz: idź do lwa i każ mu zatańczyć. Powiedz Kasprowemu Wierchowi, żeby przejechał do Słupska. Co więc możemy zrobić, by tymczasowo naprawić sytuację, ale przede wszystkim ustawić sobie kompas na powrót do domu? Popełnić – co sugerują pewni obłąkani pseudoetycy – zbiorowe samobójstwo, by tlenu na ziemi było więcej? Takie myślenie to powielanie błędu Adama: muszę zrobić coś, by zbawić świat. Zostaw świat, najpierw zmień siebie.

Czyli co – samobójstwo jednostkowe? A skąd. Ty się nie masz pozbywać życia. Masz się pozbyć patologicznych metod używania owego świata. A skorzystają na tym ci, co cię otaczają, ale przede wszystkim ty sam. Nie rób tego z altruizmu, zrób to z czystego egoizmu.

Jak to? Ano tak to. Raju na ziemi nie zrobisz (robienie raju na ziemi zawsze kończy się zrobieniem piekła), ale jesteś przecież w stanie sprawić, że obok systemu, w którym funkcjonujesz, zacznie działać równolegle drugi system, owo Królestwo Niebieskie, które swoim promieniowaniem zacznie powoli przekształcać ten pierwszy. Dokładnie tak robił Jezus. On nie robił wojny z wszystkimi tymi porąbanymi konceptami Boga, państwa, religii, człowieka, jaki mieli w głowach jego ówcześni pobratymcy, tylko cierpliwie, metodycznie i konsekwentnie budował obok zupełnie nowy świat (pisałem już o tym przy omawianiu Dekalogu). Jezus nie mówił ludziom, żeby przestali widzieć pieniądze. Proponował im tylko, by gdy będą patrzeć na blask złota, zerknęli też na blask słońca i sami w ten sposób doszli do prawdy o tym, co w świecie jest małe, co duże, co błahe, a co naprawdę ważne.

On przypomniał ludziom, że na wolnej woli Adama się nie skończyło, że każdy z nas też jest wolny i ma wolną wolę. Zaproponował nowe prawo i nową sprawiedliwość, oparte nie na władzy ani na dyscyplinie, ale na miłości. Pokazał też drogę, która czasem jest fajna, zawsze wiedzie przez śmierć (bo wszyscy umieramy), ale na pewno wymaga jednego: żebyś odkleił się od tego, co wydaje ci się, że zdobyłeś. Nie nauczysz się tańczyć, dopóki będziesz miał w rękach szafkę ze swoimi dobrami. Ojciec Simon Tugwell, dominikanin, wykładowca, rekolekcjonista, autor superksiążki o ośmiu błogosławieństwach (jej dane w bibliografii), napisał ładnie o Bogu, że nie umie on dawać po kawałku, albo daje wszystko, albo nic. A więc jeśli chcesz być bogaty, musisz stać się ubogi. Kropka.

2

BŁOGOSŁAWIENI

cisi, albowiem
oni na własność posiądą ziemię.

[BIBLIA TYSIĄCLECIA]

SZCZĘŚLIWI

łagodni, ponieważ oni
posiądą ziemię.

[BIBLIA PAULISTÓW]

KRÓTKO I NA TEMAT:

Gdyby Pan Jezus urodził się nie dwa tysiące lat temu, ale dzisiaj w Polsce, i mówiłby do swoich słuchaczy (jak sądzę – równie nieogarniętych, jak to było 20 wieków temu), że coś tam „jest jak zdrowie", ci od razu łapaliby, o co chodzi, i że Mesjasz pojechał tu „Panem Tadeuszem". I że to jest nie o NFZ-ecie, ale o tęsknocie.

Podobnie jest z tym błogosławieństwem. Człowiek czytający je wyłącznie z dzisiejszej perspektywy widzi, że Jezus obiecuje tu liczne nieruchomości tym, którzy będą mało mówić: jak się przymkniesz, to w nagrodę będzie 100 hektarów. To nie tak.

Co więc osiągniesz, co to za ziemia? To, co nas czeka po końcu czasu i co niektórzy ludzie będą w stanie posiąść od razu, bez żadnych kursów przygotowawczych i okresów przejściowych. Tego się właśnie teraz uczysz. Co zrobisz teraz, nie będziesz musiał robić w przyszłości. Kto to zaś jest człowiek cichy (ja dużo bardziej wolę tłumaczenie „łagodny")? To taki, który zamiast boksować się ze światem i wygrażać mu, po prostu stara się w nim używać już języka z raju: zna swoje miejsce, swoją miarę. Nie zabiera Bogu jego bóstwa, nie zabiera sobie i światu powietrza i wolności, nie zazdrości, nie domaga się, nie szuka swego i dobrowolnie rezygnuje z udziału w systemie społecznych porównań.

Wariat? Utopista? Socjalista? Życiowa oferma? Jak najbardziej!

DLA TYCH, CO WYTRZYMAJĄ JESZCZE TROCHĘ:

W profesjonalnych wydaniach Biblii przy owym „cisi" stoi odnośnik: „Patrz: wiersz 11 w Psalmie 37". O co tutaj chodzi, możesz zrozumieć dopiero wtedy, gdy przerzucisz owe z 500 kartek wstecz.

Ten psalm to zbiór praktycznych porad i inspiracji dla człowieka, który patrzy na świat i nie może pojąć, jak to jest: dobrzy, uczciwi, porządni – są na nim poniewierani, wykluczani, wyśmiewani, a durni, chciwi, puści – opływają we wszystkie dostatki. Tamci, gdy idzie burza, drżą o życie, bo mogą stracić całe plony i dobytek, drudzy na ten sam widok wzdychają, bo może zamiast kabrioletem będą musieli podjechać do galerii SUV-em.

Autorstwo Psalmu 37 przypisuje się tradycyjnie królowi Dawidowi (panującemu na przełomie IX i X wieku p.n.e.). Choć treści w nim zawarte idealnie komentują sytuację, z jaką Żydzi zetknęli się pięć wieków później, gdy wrócili z niewoli babilońskiej do siebie i musieli jakoś na nowo poukładać sobie w głowach cały świat. Przed niewolą obowiązujący schemat był prosty: jak żyjesz zgodnie z tym, co Bóg przykazał, w nagrodę dobrze ci się wiedzie. No ale przecież gołym okiem widać, że dobrze się wiedzie tym, którzy przykazania mają w nosie (albo precyzyjniej: nie ma prostoliniowej zależności między moralnym życiem i głęboką wiarą a bogactwem). Więc co teraz: Bóg kłamał czy to myśmy czegoś nie zrozumieli?

Ten psalm da się (grubiańsko) streścić tak: gdy patrzysz na listę najbogatszych „Forbesa", nie pozwól, by coś w tobie zaczęło się gotować. Ani ambicja, ani płynąca z poczucia niesprawiedliwości niechęć. Jasne, wielu ludzi dorobiło się, bo ciężko harowali. Ale miliarderami są też przecież tacy, którzy nie kiwnęli palcem (*vide* choćby rosyjska bogaczka i celebrytka Ksenia Sobczak, która wyłącznie dzięki temu, że jej świętej pamięci tatuś robił deale w czasie pierestrojki ze swoim ówczesnym zastępcą, W.W. Putinem, trzymać może w domu – jak wykazała rewizja – podręczną gotówkę w ilości paru milionów euro). Ba, a część z nich po trupach szła do tego, czym dzisiaj się pyszni. Tu nawet nie trzeba szukać w kiosku „Forbesa", wystarczy spojrzeć na polityków, którzy nie tylko w Polsce prezentują osobliwą skłonność do szybszego od rozwoju rzeżuchy obrastania we władzę i kasę, choć jedynym ich zajęciem jest najczęściej puszczanie hałaśliwych bąków w stołek. I co – czy szlag nie ma prawa trafić zwykłego człowieka? Ja nie mam za co dzieci wyprawić na ferie, a taki gamoń europoseł kosi 40 tysi na miesiąc, a taka panna Sobczak kurort narciarski może sobie kupić.

Psalm mówi, że Bóg, patrząc na opisane wyżej postaci, wcale się na nich nie wścieka. On się z nich śmieje (niektórzy tłumaczą wręcz: naigrawa). A dla ciebie ma propozycję: wyluzuj. Gdy patrzysz na władzę i posiadanie, zawsze rób to przez okulary z napisem „czas". Ci, którym się wydaje, że są panami świata, zawsze zostają zmieceni przez innych, których z kolei usuną kolejni. A nawet jeśli komuś uda się dowieźć majątek, pozycję czy zadowolenie aż na katafalk, to co dalej? Owszem, nadal jest bogactwo, ale przecież nie ma już ciebie, który mógłbyś się nim cieszyć. Cmentarze są pełne najpotężniejszych prezydentów, najpiękniejszych aktorek, najbogatszych rentierów. Ich rodziny stawiają im czasem adekwatne do zasobności ich portfeli pomniki.

Po raz kolejny: co dalej? Czy są oni w stanie teraz kupić choć jedną świeczkę, którą ktoś zapali z dobrej pamięci na ich grobie, kogoś, kto za 100 lat zadba, by pomnik się nie rozleciał? Mnie za każdym razem pęka serce, gdy idę na warszawskie Powązki albo na moskiewski Nowodziewiczy i widzę tę pustkę otaczającą buńczuczne tytuły możnych panów i strzeliste posągi naprawdę przepięknych pań. Za życia byli wielbieni przez tłumy niczym Bóg Ojciec, Syn Boży i Duch Święty, dziś ich zdjęcia z młodości przeciera z litości szmatką jakaś uboga babinka. Jeśli życie ma się definitywnie kończyć w chwili śmierci – to może ma jakiś sens ściganie się o to wszystko: mieć więcej, a nie mniej liczb. Ale jeśli nie? Jeśli na mecie okaże się, że pobiegłeś i wygrałeś sprint, ale to wcale nie jest meta, tylko punkt pomiaru czasu? Bo to wcale nie jest sprint, tylko maraton?

JAKBY KOMUŚ JESZCZE BYŁO MAŁO:

Powtórzę jeszcze raz, bo wydaje mi się to kluczowe. To błogosławieństwo Jezusa rozpuszcza związek, który tkwił nie tylko w głowach starotestamentalnych Żydów, ale do dziś ma się dobrze w głowach wielu ludzi: między wiernością Bogu a ziemskim powodzeniem. Rozpuszczają się też w nim pojęcia takie jak „sukces", „porażka" czy „projekt". Ojciec Tugwell sugeruje, że naturalnym i pożądanym sposobem osiągania przez nas dóbr (takich jak ziemia) jest zaprzestanie ich osiągania. „Róża istnieje bez przyczyny, kwitnie, ponieważ kwitnie", cytuje zapomnianego poetę z naszych stron, Anioła Ślązaka. Doskonale rozumiem tych, w których na takie dictum zaraz wszystko zaczyna się burzyć: ale przecież jak to? Przecież Bóg kazał czynić sobie ziemię poddaną, przecież wysyłał w świat apostołów z konkretną robotą do zrobienia, przecież stawiał przed czytelnikami Ewangelii bardzo konkretne zadania! Jasne. Tyle że tu nie chodzi o to, by niczym buddysta zapaść się wielkie nic, ale o to, by przestać wiązać swoją aktywność z rezultatem. Jak pisze o. Tugwell, nie wściekać się na ziarenko, które pielęgnowałeś, myśląc, że wyrośnie ci z niego jabłoń, że okazało się pigwą. Dostrzec, że czasem najwięcej znaczą dla ludzi te twoje słowa, do których przykładałeś najmniej wagi. Że czasem rolą, jaką ma do odegrania spowiednik, nie jest udzielnie światłych nauk, ale wkurzenie nimi penitenta, tak by trafił do kogoś innego. „Być może moja rola wobec rozmówcy polega na tym, bym tak rozzłościł go moją radą, że pozna, czym jest pokusa zabójstwa" – dodaje Tugwell. I może ma rację?

No dobra, a co z aktywnym przeciwstawianiem się złemu? Ewangelia to nie skandynawska mitologia. I choć Jezus mówi w niej, że Królestwo Boże zdobywają „gwałtownicy", mówi też coś przeciwnego: „Nie stawiajcie oporu złemu". Ja rozumiem to tak: mam gwałtownie, z powerem i uporem walczyć o miejsce dla Boga w sobie, ale Jezus sugeruje mi, bym nie walczył za wszelką cenę o to, co mi się należy, o swoje sprawiedliwie nabyte prawa. Pamiętam jedną z moich wizyt w więzieniu, gdy jeden z obecnych na spotkaniu skazanych z pasją przekonywał mnie, że siedzi już sześć lat za niewinność. Ja mu o Jezusie, on mi o tym, że prokurator i sędzia się zawzięli, że klawisze go dręczą, a on jest niewinny i czy to nie woła o pomstę do nieba? Więc ja mu znów o Jezusie, a on znów, że nie ma sprawiedliwości na świecie. Zapytałem go po raz trzeci, czy chce, żebym mu powiedział coś o Jezusie, ale tym razem coś, co ma ścisły związek z jego sytuacją. „No, dawaj pan". Więc Jezus za niewinność to dostał czapę, a nie sześć lat, proszę pana. I w ogóle nie walczył o swoje prawa: do obrony, do dobrego imienia, do odszkodowania, do zemsty.

Zapadło milczenie. I tak, kurka wodna, być powinno. Niechby nam się wreszcie przestało wydawać, że myśmy to wszystko już słyszeli, a głównym zadaniem Bozi jest zrobić tak, żebyśmy nie chorowali, mieli jeść i żebyśmy nie byli krzywdzeni. Praktyczne zastosowanie Ewangelii idzie nie pod rękę, a w poprzek miliona trafnych i rozsądnych ludzkich odczuć i przekonań. Ktoś kradnie ci kurtkę? Zaoferuj mu i sweter. Wyrywa ci telefon? Zapytaj, czy nie wziąłby też plecaka. Pożyczyłeś komuś kasę? Nie domagaj się, by ci zwrócił. Szok? Och, jakie to jest ważne: spojrzeć na Boga i choć raz w życiu przeżyć to uczucie, gdy masz wrażenie, że kompletnie go nie rozumiesz! Że czasem On naprawdę nie wydaje się wcale być po twojej stronie, po stronie twoich świętych przekonań, twoich usprawiedliwionych emocji!

Dobrze ten szok przynajmniej raz, ale dobrze przeżyć, bo to też może być miejsce, w którym człowiek uczy się, co to znaczy być owym „cichym". Patrzysz na Boga i wiesz, że i tak go nie ogarniesz, bo On się próbom ogarniania wymyka. I świat też się wymyka. Patrzysz na ów świat i widzisz, że nic w nim nie idzie, tak jak powinno, że skurczysyństwo wygrywa, że boli, że czas biegnie szybciej, niż dojrzewa miłość. Patrzysz na swoją robotę i porównujesz swoje konto z kontem syna miliardera. Co czujesz? Oprócz złości pewnie również bezsilność. I to ona najczęściej bywa szlabanem na drodze do szczęścia: bo skoro robię i nie osiągam, to znaczy, że nigdy nie osiągnę. Chrzanić to. Pokuś się, by w oczach ludzi stać się regularnym wariatem.

Ale gdy ty zwariujesz, będzie superpremia. Bóg też pokusi się o podobne wariactwo, tyle że w stosunku do ciebie. Zatrzymaj się, usiądź w ciszy i przeczytaj sobie wreszcie ten Psalm 37. Bóg obiecuje tam człowiekowi, który Mu zaufa, że spełni pragnienia JEGO (czyli ludzkiego) serca, a nie że usunie je mu i przeszczepi te właściwe, własne. Obiecuje mu spokojne mieszkanie już za życia w swoim kraju. Że nigdy nie będzie musiał żebrać o chleb.

Dlaczego więc niektórzy ufający Panu muszą żebrać? Nie dlatego, że Bóg mówił nieprawdę. Ale dlatego, że ja im po drodze ów chleb po prostu kradnę. Ale o tym piszę więcej w ostatnim rozdziale tej książki.

3

BŁOGOSŁAWIENI,

którzy się smucą,
albowiem oni będą pocieszeni.

[BIBLIA TYSIĄCLECIA]

SZCZĘŚLIWI,

którzy cierpią udrękę,
ponieważ będą pocieszeni.

[BIBLIA PAULISTÓW]

KRÓTKO I NA TEMAT:

Na pierwszy rzut oka Jezus jawi się tu niczym klasyczny polityk, który co cztery lata pracowicie wydobywa z życia rodaków najtrudniejsze momenty, a później mówi: to ja jestem na to lekarstwem! Jest ci źle? Ja cię przytulę! Słuchaj mnie, nie kogoś innego, a będzie dobrze! Tyle że Jezus wcale nie obiecuje tu nikomu, że będzie dobrze. Będzie dobrze lub niedobrze, najistotniejsze jest to, że ty zostaniesz pocieszony. Ucieszysz się. Albo po latach mordęgi i życia w nieustannym napięciu wreszcie spokojnie pójdziesz spać.

DLA TYCH, CO WYTRZYMAJĄ JESZCZE TROCHĘ:

Nie jest ważne, jaki jest powód twojego smutku i jaka jest jego forma. W tym błogosławieństwie Jezus zdaje się mówić, że nie poradzą sobie z nim wino, sen, książki, marihuana, chwilowe otępienie. Że jedyne, co możemy zrobić, to zaakceptować teraz miejsce, w którym jesteśmy, i stan, w którym się znajdujemy, bo – znów link do pierwszego z błogosławieństw – tylko gdy wpiszemy do GPS-a uczciwie naszą obecną pozycję, będziemy w stanie ruszyć w dalszą podróż. Jeśli wpadłeś w dołek, nie wyciągniesz się z niego przez wzmożone myślenie życzeniowe albo robienie sobie w owym dołku dobrze na milion dostępnych sposobów. Zanim doda się gazu, trzeba po pierwsze ustalić, gdzie się jest, po drugie, gdzie chce się jechać, następnie wrzucić dostosowany do dwóch wcześniejszych ustaleń bieg i dopiero brać się do robienia przyspieszenia, zakrętu, rewolucji.

Ojcowie Pustyni, mądrzy pustelnicy sprzed ponad 1000 lat, wszystkim zmęczonym życiem i przybitym rozdrażnieniem mnichom jako podstawowe lekarstwo serwowali wytrwałość. Wszystko minie. Rozeźlenie też (tu przypomina mi się wspaniały wywiad Grzegorza Sroczyńskiego z „Gazety Wyborczej" z Ireną Kwiatkowską, wówczas 97-latką: „– Z zasady nie krytykuję dzisiejszego świata. Jak mi się coś nie podoba, to mówię: taka jest teraz moda, zaraz pewnie przejdzie. – I przechodzi? – Tak, wystarczy poczekać 30, 40 lat").

Gdy człowiek zakręci się na supeł w swoich uczuciach i myślach, nie ma innego wyjścia, musi poprosić kogoś, by go z tego wydobył. A kogo ma prosić chrześcijanin, jak nie Boga? Mądrzy mistrzowie radzili więc mnichom, których zaatakował przesmutny demon acedii (o tym wrednym bydlątku więcej niżej), by nie przeciągali nie wiadomo jak modlitw, nie szukali w kontakcie z Bogiem ulgi, uczuć, inspiracji wrażeń. Mieli modlić się krótko, jeść wtedy, gdy poczują się głodni, spać wtedy, gdy zechce im się spać. Ale przede wszystkim nie uciekać ze swojej celi. Bo jak uciekną, nie zastanie ich przychodzący Jezus, który leczy człowieka nie przez to, że poprawia mu humor, ale przez to, że zabiera go z sobą w drogę.

Idąc z Nim, na pewno będziesz musiał odleżeć swoje w grobie, ale masz też gwarancję, że z niego wyjdziesz. Bóg nie obiecuje nikomu zastrzyków z serotoniny. Jakakolwiek próba rozwikłania wcześniej tajemnicy cierpienia, znalezienia drogi ewakuacyjnej w jego murze nie będzie pozbyciem się problemów, a przekładaniem ich z ręki do ręki. To, że Jezus mówi: „Szczęśliwy jesteś, jeśli się smucisz", to nie życzenie, to gwarancja. Ważne, żeby sprawdzić, czyj jest na niej podpis: Boga czy twój.

JAKBY KOMUŚ JESZCZE BYŁO MAŁO:

Ciekawe, że jedno z tłumaczeń tego błogosławieństwa mówi o smutku, drugie o cierpieniu. Smutek kojarzy się najczęściej z obniżeniem nastroju. Cierpienie to sprawa dużo głębsza. Ja roboczo założyłbym, że Jezus mówi tu do wszystkich z podciętymi skrzydłami, niezależnie od tego, kto ową zdolność latania człowiekowi okaleczył: melancholia, depresja, żałoba czy lęk.

Pan winszuje tu więc nie tylko tym, którzy płaczą po śmierci, rozstaniu czy bankructwie. Ma też wiadomość choćby dla słynnego poety XIX wieku, Zygmunta Krasińskiego, którego Marek Bieńczyk w swojej znakomitej monografii poświęconej melancholii (patrz: bibliografia) pokazał jako człowieka, który nie mogąc zniszczyć nieuchwytnego obiektu swojego smutku, niszczył siebie. Mało to znamy takich ludzi, którzy wypisz wymaluj są jak z opowieści starożytnych lekarzy przypisujących winę za melancholię odkładającej się w organizmie czarnej żółci (stąd nazwa zaburzenia *melaine koina*, z greckiego właśnie czarna żółć)? Krasiński co chwila podobno dawał puszczać sobie krew (wierzono, że jak sobie człowiek utoczy, to się ona rozrzedzi), brał środki na wymioty i cały czas nic. Wciąż prześladowany był obrazem swojej gęstej, oleistej, ciemnej krwi. Z melancholika – pisze Bieńczyk – „życie odpada płatami". Przeżywa on żałobę, tyle że nie ma obiektu tej żałoby, nie ma więc jak się z owej żałoby wyzwolić. Nosi w sobie „nic, które boli". W średniowieczu Święta Hildegarda z Bingen kazała leczyć melancholię ziółkami. Inni później zachęcali pacjentów, by jedli ryby, ale tylko te „wesołe", ze strumieni albo słodkowodnych zbiorników. Jeszcze inni proponowali popalanie opium.

Nie tylko rozpacz jest twarzą smutku, formą, w jaką wlewa się cierpienie. Czasem ma się wrażenie, że patrzysz na człowieka, w którym zgasło światło. Który stygnie. Nie z powodu, ale bez powodu. Nie w przebiegu klinicznej depresji, bo melancholia to nie choroba, to postawa.

Podobnie zresztą jak acedia. Rzecz, o której kilkanaście wieków temu mówili wszyscy, a dziś nie mówi nikt. Smutek płynący z pewnej swędzącej i pełnej napięcia nudy, w którą wpędza cię Demon Południa. Wspomniani już pierwsi chrześcijańscy pustelnicy, którzy zostawili rodziny i miasta i szli żyć wśród skał, piachu, kamieni, największe tortury przeżywali wcale nie o północy, a w południe. Gdy słońce paliło najmocniej, do jedynego posiłku w ciągu dnia (jadano go zwykle o 15) zostało już niewiele, ale jednak wciąż dużo czasu. Mnichów dopadał wtedy kryzys, jaki dziś wywraca do góry nogami świat wielu facetów w okolicach czterdziestki: czuję, że model życia i definiowania celów, który do tej pory działał bez zarzutu, jest nieefektywny. Po pierwsze więc zaczynam nie lubić tego, co robię i kim jestem (księgowym, mechanikiem, dziennikarzem, mężem tej samej żony, ojcem wciąż tych samych dzieci). Po drugie wściekam się, bo już wiem, że raczej nie będę już kimś, kim zawsze sądziłem, że w końcu, kurczę, będę (Bradem Pittem, Albertem Einsteinem, kosmonautą, Mickiem Jaggerem). Po trzecie tę frustrację próbuję ogarnąć skokiem w kompulsywny hedonizm, żeby pokazać sobie, że chociaż pociąg odjechał, to ja go jeszcze dogonię (i biorę kredyt na porsche, wymieniam żonę na koleżankę córki etc.). Albo zaczynam zrzędzić i pouczać cały świat. Albo wpadam w hipochondrię, w pracoholizm, w alkoholizm – we wszystkie dostępne metody zasypywania dołków, skutkujące ostatecznie samozakopaniem.

O acedii pisało wielu, zwłaszcza wybitny coach mnichów, Ewagriusz z Pontu. U Bieńczyka jest świetny cytacik z rozważań mnicha Nila (chyba żywcem przepisany z Ewagriuszowego traktatu *O ośmiu duchach zła*):

Chory, którego posiadła acedia, uporczywie wpatruje się w okno, a jego wyobraźnia podsuwa mu obraz fikcyjnego gościa; przy każdym skrzypnięciu drzwi podskakuje na piętach, słysząc głos ludzki podbiega do okna; zamiast jednak wyjść na ulicę, wraca na miejsce, nieprzytomny jakby i nieruchomieje. Kiedy czyta, przerywa mu niepokój i zaraz też zasypia; albo pociera twarz obiema dłońmi, prostuje palce i porzucając książkę, kieruje wzrok na ścianę; wracając do książki, przebiega kilka linijek, mrucząc końcówkę każdego słowa, które czyta, zarazem wypełnia sobie głowę jakimiś próżnymi rachunkami, liczy ilość stron i kartek w swych zeszytach; i nabierając nienawiści do liter i pięknych rycin, które ma przed oczyma, zamyka książkę i podkłada ją sobie pod głowę; zapada wówczas w krótki i lekki sen, z którego budzi go uczucie ssania i nagłego głodu.

W niektórych moralnych kanonach acedię tłumaczono jako lenistwo, w innych miała być synonimem smutku. A to przecież jeszcze zupełnie coś innego: męczący niepokój płynący z toczącej mózg myśli, że przecież trawa jest zawsze bardziej zielona po drugiej stronie ulicy. To nieustanne przeglądanie netu i scrollowanie Facebooka, zrzędzenie, że nic tam nie ma, a mimo to kontynuowanie tych czynności, bo może jednak jakieś zaspokojenie z tego będzie. To nałogowe zatapianie się w cudze opinie, seriale, blogi, filmy, teleportowanie się do świata nieistniejących bohaterów. To stałe i męczące poirytowanie sobą, ludźmi, poczucie, że cokolwiek bym nie zrobił, czeka mnie los Syzyfa. Człowiek dotknięty acedią realnie cierpi, on nie ma doła, w nim słońce, które innym stworzeniom daje życie, zdaje się wywoływać lekki udar. Czy jest wśród czytelników tej książki choć jeden, który owej acedii (nawet w stężeniu pięcioprocentowym) nie ma w sobie?

Nie wiem, czy Adam w raju był melancholikiem, czy miał acedię. Widać jednak, że człowieczeństwo go nie tylko cieszyło, ale i swędziało, bo zamiast być, postanowił coś z tym wszystkim zrobić. Postanowił posiąść boską wiedzę, może po to, by samemu spróbować zmierzyć się ze złem świata i ostatecznie go zeń usunąć. Sięgnął po dzbanek ze złem, by mieć go pod kontrolą, ale dzbanek w rękach niezdolnych, by go trzymać, rozbił się, a wirus zainfekował cały Boży świat. Czy Chrystus mówi teraz: posprzątam zło? Nie. Proponuje więcej. Radość, szczęście – to nie jest brak bólu. To poczucie najgłębszej satysfakcji z tego, że jesteś tu, gdzie jesteś, taki, jaki jesteś. To nie sukces, to nie zabawa. To tylko i aż akceptacja.

4

BŁOGOSŁAWIENI,

którzy łakną i pragną sprawiedliwości,
albowiem oni będą nasyceni.

[BIBLIA TYSIĄCLECIA]

SZCZĘŚLIWI,

którzy są głodni
i spragnieni sprawiedliwości,
ponieważ oni będą nasyceni.

[BIBLIA PAULISTÓW]

KRÓTKO I NA TEMAT:

Żeby zrozumieć, o co tu chodzi i czy to błogosławieństwo to jakiś komentarz Jezusa na przykład do stanu ówczesnego sądownictwa, trzeba jednak sięgnąć do wersji błogosławieństw zapisanej u św. Łukasza. Tam sprawa jest wyłożona prościej: „błogosławieni głodni". Gdy porównuje się te zdania, na myśl przychodzi znana fraza biskupa Héldera Câmary, charyzmatycznego opiekuna brazylijskich biednych, który mawiał: „Gdy mówię, że głodni nie mają chleba, nazywają mnie świętym. Gdy pytam, dlaczego biedni nie mają chleba – nazywają mnie komunistą". Łukasz jest więc tu świętym, a Mateusz komunistą. Łukasz mówi: nie mają chleba. Mateusz dodaje: nie mają chleba, bo nie ma sprawiedliwości. Wypisz, wymaluj – komunista. Należy go zakrzyczeć. Każdy, kto próbuje głośno powiedzieć, że człowiek ma prawo do schronienia, wody i takiej ilości jedzenia, która pozwoli mu żyć, wyzywany jest od lewaków, utopistów i obsypywany zarzutami, że znów chce wprowadzić socjalizm.

Głodni jednak nie tylko jedzenia pragną, ale przede wszystkim świata, w którym nie będą musieli być głodni. Świata zbudowanego na sprawiedliwości Bożej, a nie na tej, którą głoszą nam banksterzy. Podstawowa zasada tej sprawiedliwości brzmi: człowiek ma zawsze pierwszeństwo przed wyliczeniami i tym różni się od bankomatu albo komputera, że ma (a przynajmniej powinien mieć) w głowie na pierwszym miejscu twarze. Poczytajcie sobie raz jeszcze Dzieje Apostolskie: ludzie sprzedawali majątki, wszystko mieli wspólne nie po to, żeby baza wyzwoliła się spod nadbudowy, ale po to, by każdy, kto realnie czegoś potrzebuje, mógł przyjść i powiedzieć: proszę. I dostałby, bez papierka i bez żadnego gadania. Dziś mamy to, co mamy, ale to, że ludzie nie dorośli do ideału, nie znaczy, że ideał jest do kitu. A to błogosławieństwo Jezusa jest przypomnieniem, że głód na świecie nie wziął się z kosmosu, tylko z zachłanności innych ludzi.

DLA TYCH, CO WYTRZYMAJĄ JESZCZE TROCHĘ:

Ile razy słyszę to błogosławieństwo, mam nieodparte wrażenie, że jest o mnie, mimo iż dziś zjadłem swoje śniadanie i planuję obiad. Przecież to jest dziś, a jutro mogę dołączyć do grona ludzi, którzy nie mają co do garnka włożyć. Gdy widzę, jak niektórzy reagują na proszących ich o pomoc żebraków czy bezdomnych, zdumiewa mnie czasem wyrażające się w gestach i słowach przekonanie, że oni są z innego świata, że między proszącym a proszonym jest w takiej sytuacji jakiś mur, jakby bezdomni byli innym gatunkiem ludzi, przywożonym kontenerami z jakiegoś mrocznego, równoległego świata. A przecież człowiek, który na ulicy spędza swoją teraźniejszość, ma też zwykle przeszłość. On to ja, tylko za tydzień albo za 5 lat. Wśród znanych mi osobiście bezdomnych jest profesor fizyki (który zdaje się nie poradził sobie po rozstaniu z żoną), jest żołnierz, który nie pozbierał się po Iraku, jest paru młodych facetów, którzy wyjechali z domu do pracy, chcieli utrzymać rodziny, ale gdzieś tam po drodze powinęła im się noga. Zanieczyszczający się na przystanku czy w kościelnej kruchcie alkoholik: dlaczego, kiedy zaczął pić? A jeśli jest czyimś ojcem, czyimś synem? Zobacz w nim siebie. A jeśli ciężko ci utożsamić się z takim ludzkim wrakiem, a jesteś wierzący – zobacz w nim Chrystusa, bo to, że On w nim jest, jest tak samo pewne, jak to, że jest w tabernakulum. Czyli co, że powinieneś klękać przed pijakiem? Jeśli chcesz być chrześcijaninem – klękaj. I zamiast dobrej rady w stylu „nie trzeba było tyle pić", miej w ręku tylko ręcznik i wodę. Chrystus w kontakcie z tobą nie pyta przecież, dlaczego masz brudne nogi, i nie zrzędzi, że jakbyś chodził ostrożniej, to miałbyś pewnie czystsze. Jasne, niektórzy księża i większość świętoszków tak właśnie zrzędzą, ale nie On. On je po prostu myje.

OK, ale przecież z tego, że inni są głodni, nie wynika jeszcze, że ja sam jestem głodny teraz i że to błogosławieństwo do mnie jest skierowane (Jezus nie mówi przecież: „Błogosławieni jesteście, bo możecie być głodni", tylko: „Błogosławieni głodni"). Odłóżmy na chwilę na bok te prawie 3 miliardy ludzi, które mają problem z dostępem do żywności. Spójrzmy na społeczeństwa takie, jak choćby nasze. Czy gdyby również ci najedzeni nie byli stale głodni, półki w sklepach uginały się u nas od produktów służących nie tyle do jedzenia, co do „podjadania"? Że milion różnych niezaspokojonych potrzeb po prostu sobie zajadamy? Są w nas głody, których nie załatwią czekolady, czipsy, lody, chrupki czy krojone i paczkowane keksiki babuni. Gdybyśmy chcieli się kiedyś z nimi na serio zmierzyć, musielibyśmy zdobyć się na ascezę. Która – kolejna trafna myśl o. Tugwella – wcale nie polega na tym, by mieć pusty żołądek, ale na tym, by głód wrócił z głowy (gdzie dziś najczęściej się lokuje), do żołądka właśnie.

Gdy więc twoim problemem jest to, że wciąż chce ci się jeść, to błogosławieństwo daje ci gwarancję, że choć nie dostaniesz tira czipsów, konsekwentnie idąc z Jezusem, dostaniesz tyle miłości, że przestaniesz owych czipsów potrzebować.

JAKBY KOMUŚ JESZCZE BYŁO MAŁO:

A jeśli rzeczywiście nie masz co jeść? Bóg mówi: będziesz nasycony. Nie tyle przestanie ci burczeć w brzuchu, ile będziesz napchany, napełniony tak, że już nic więcej nie będzie można ci dodać. Super, ale kiedy? Gdy świat wróci pod pełną kontrolę Boga – na pewno, to masz zagwarantowane. Czy wcześniej? To zależy od twoich współziomków. Czy oni zdążą przed swoją śmiercią znaleźć w sobie głód Królestwa Bożego, które wcale nie jest – jak sądzą niektórzy – pragnieniem wyzbycia się swoich pragnień, cielesności i biegania w tę i z powrotem z dymiącym kadzidłem. Ale stanem, jaki był na początku. Gdyby dziś wszyscy ludzie skrzyknęli się i zrobili eschatologiczny flashmob – Królestwo przyszłoby już dziś. Ale na 99,9 procent nie zrobią. I dlatego Jezus błaga tych, dla których na wydrukach z konta nie starczyło liczb: cierpliwości.

5

BŁOGOSŁAWIENI

miłosierni, ponieważ oni
miłosierdzia dostąpią.

[BIBLIA TYSIĄCLECIA]

SZCZĘŚLIWI

miłosierni, ponieważ
oni dostąpią miłosierdzia.

[BIBLIA PAULISTÓW]

KRÓTKO I NA TEMAT:

Miłosierdzie to nie jest litość. Miłosierdzie to „pozytywna niesprawiedliwość", swoista übersprawiedliwość. Miłosierdzie to opisywana w Ewangelii sytuacja, gdy goście, którzy tyrali w 50-stopniowym upale przy zbiorze winogron przez cały dzień, dostają identyczną wypłatę jak ci, którzy do roboty przyszli na ostatnie kilkadziesiąt minut. Czy pierwsi są pokrzywdzeni? Nie są. Kierownik zakładu umówił się z nimi na stawkę, oni przystali, wszystko jest sprawiedliwie. A ci drudzy? Ich potraktowano właśnie z ową pozytywną niesprawiedliwością: nie zasłużyli, ale boss wzruszył się tym, że stali cały dzień w upale, coraz bardziej przerażeni, że nie będą mieli czego do garnka włożyć, więc dostali tyle samo. W ten właśnie sposób Bóg traktuje ludzi i sugeruje, że my też tak właśnie powinniśmy się traktować. Ale jak to?!

DLA TYCH, CO WYTRZYMAJĄ JESZCZE TROCHĘ:

Stosunek większości znanych mi osób do tak rozumianej idei miłosierdzia jest w zabawny sposób poplątany. Księża mówią: błagaj o miłosierdzie! Ale kiedy ty wcale nie czujesz się jakoś specjalnie winny, to o co masz błagać? Przecież to będzie szczyt teatru i sztuczności. Co innego, gdyby bez żadnego wysiłku wpadło nam dzisiaj zupełnie za friko parę złotych. O, takie miłosierdzie chętnie powitamy, bardzo go potrzebujemy. Wtedy jesteśmy gotowi wołać: miłosierdzia! Miłosierdzia!

Stąd wniosek: żeby zacząć potrzebować miłosierdzia, musisz poczuć, że nie tylko na zewnątrz, ale również w środku biedniutki jesteś niczym mysz kościelna. W tym celu zdemontować trzeba w głowie kilka filtrów, które nie pozwalają zobaczyć fenomenu naszego istnienia w całej jego rozciągłości. Zwykle oceniając samych siebie, nieświadomie wykonujemy dość banalny zabieg: manipulujemy punktem odniesienia. Jest jasne, że gdy obok stanie Matka Teresa, mam prawo poczuć, że czegoś mi brakuje, mówię więc raczej: „A taki Adolf Hitler? A Hannibal Lecter? A sąsiad, który puszcza żonę kantem?". Po pierwsze: czy to, że nie jest z tobą źle, na pewno znaczy, że jest z tobą dobrze? Po drugie: Adolf Hitler nie urodził się wcielonym szatanem, nie ukręcał ptaszkom łebków od kolebki: był trochę niezgułą, samotnikiem leczącym sobie kompleksy dominacyjnymi skłonnościami. Hannibal Lecter był sierotą i geniuszem. Sąsiad – z pewnością kiedyś był w swojej żonie zakochany.

Papież Franciszek w książkowym wywiadzie udzielonym Andrei Torniellemu z okazji ogłoszonego przez siebie (i trwającego w chwili powstawania tej książki) Roku Miłosierdzia mówi, że ilekroć odwiedza zakłady karne, zadaje sobie pytanie: „Jak to się stało, że to oni się tu znaleźli, a nie ja? Przecież ja mógłbym tu być, ja zasługuję, żeby tu być!". I to nie jest duszpasterska kokieteria. Ci, którzy trafiają na ołtarze, rekrutują się spośród ludzi takich jak ja, podobnie jak ci, co trafiają do więzień. Nie musisz być wynaturzonym dewiantem. Wystarczy, że w drodze do pracy pojedziesz za szybko, zamyślisz się, nie zauważysz, że ktoś na sąsiednim pasie zahamował, by przepuścić pieszego. Wystarczy, że doprowadzony przez kogoś do ostateczności nie zapanujesz nad rękami, popchniesz go, a on upadając, uderzy o krawężnik. Że zrugasz kogoś, na czym świat stoi, a następnego dnia dowiesz się, że ów popełnił samobójstwo. Że z uprzejmym uśmiechem odmówisz żebraczce, której dziecka jutro nie uda się już lekarzom odratować. Że na firmowym wyjeździe zapomnisz się po alkoholu z żoną kolegi. Zwyczajnie nie wiesz, za ile ran, łez, psychicznych (a może i fizycznych) śmierci już odpowiadasz. Realny, nie idealny, rzut oka na różne swoje potencjały wystarczy, by zacząć mieć świadomość, że naprawdę potrzebujemy miłosierdzia. Że gdybyśmy zawsze byli traktowani wyłącznie na podstawie moralnego taryfikatora zgodnie z zasadą „oko za oko, ząb za ząb" – być może już teraz oprócz zdekompletowanej szczęki i ślepoty mielibyśmy też złamane serce, depresję, padli ofiarą złodziei, oszczerców itd.

Miłosierdzie to nie oczy obrońcy, który walczy o dwa lata więzienia zamiast dziesięciu. To oczy matki, dla której syn zawsze będzie synem. Która zawsze zobaczy w nim różnicę pomiędzy słabością i winą. Któremu zawsze, niezależnie od jego wyborów, przyniesie obiad, zniesie wszystkie obelgi, będzie po jego stronie, nawet gdyby wszyscy się od niego (czasem może i ze zrozumiałych pobudek) odwrócili.

Sprawa jest prosta. Chcesz, żeby ktoś tak na ciebie patrzył? Zacznij patrzeć na każdego tak, jakby patrzyła nań jego matka. Jakby to było twoje dziecko. Niezależnie od tego, ile ma lat, co zrobił, kim jest.

JAKBY KOMUŚ JESZCZE BYŁO MAŁO:

Jeśli chcesz załapać się na tę Chrystusową obietnicę, musisz jednak zgodzić się, że owa nadsprawiedliwość zostawi cię w poczuciu niesprawiedliwości, a ty będziesz musiał nauczyć się z niej cieszyć. Że nie będziesz jak znany mi osobiście człowiek, który gdy tylko straż miejska nie blokuje koła sąsiadowi, dzwoni po funkcjonariuszy, bo przecież jak to, jemu kiedyś zamknęli, a teraz temu mieliby nie zamknąć? Sprawiedliwość! Sprawiedliwość, ale ludzka. Bo ta Boska to wcale nie równość w bólu czy w nagrodzie, to nie zemsta. To nie smutek, bo dostałeś mało, ale radość z tego, że ktoś dostał więcej.

Owa Boża sprawiedliwość wysadza w powietrze bastion tzw. zdrowego rozsądku, który ludzie na siłę próbują dziś wcisnąć do Ewangelii. Ale zdrowy rozsądek nie jest kategorią ewangeliczną! Patrząc na chłodno, używając narzędzi politycznych, rynkowych, socjologicznych, religijnych – trudno go w zachowaniu i nauczaniu Jezusa szukać. Bardzo lubię wszystkie te piętrowe wynurzenia paru współczesnych księży, którzy dowodzą, że po chrześcijańsku jest najpierw wysłać żebraka do pracy, że Bóg błogosławi tym, którzy racjonalnie zarządzają pieniążkami oraz prowadzą rekolekcje dla bankierów, utwierdzając ich w przekonaniu, że bogactwo to błogosławieństwo, a nie krzyż. Zastanawiam się, jakie mają miny, gdy podczas prywatnej lektury trafiają np. na 30. wers z szóstego rozdziału Ewangelii według Łukasza, w którym stoi jak wół: „Dawaj każdemu, kto cię o to poprosi, i nie dopominaj się zwrotu od tego, który pożycza od ciebie". Szaleństwo? Powtórzmy: tylko do czasu, w którym to ty widzisz siebie po „dającej" stronie. Bo gdy ustawisz się po „biorącej", to, co było szaleństwem, nazwiesz pewnie marzeniem. Chrystus mówi ci, że ono się spełni, pod warunkiem że wyciągniesz praktyczne wnioski z faktu, że choć dziś jesteś po tej, jutro możesz znaleźć się po tej drugiej stronie. I tyle.

I że wchodząc w relacje ze światem, będziesz zawsze trzymał się przy Jezusie, który – jak pisał o tym Święty Ambroży – zawsze obecny jest tam, gdzie dokonuje się wylanie łaski, a nie ma go tam, gdzie dokonuje się wyegzekwowanie prawa (tam jest bowiem wyłącznie Jego naziemny personel). Jak miał powiedzieć jeden z Ojców Pustyni, abba Teodor: „Nie sądź cudzołożnika, jeżeli jesteś czysty, bo i ty przekroczysz wtedy prawo. Ten, który powiedział »nie cudzołóż«, powiedział też przecież: »nie sądź«".

A już zupełnie na koniec (nie ma to jak cytować dobrych autorów), przekleję tu może krótką spontaniczną refleksję o wspomnianej książce papieża Franciszka, którą zamieściłem na Facebooku. Ośmielam się to zrobić, bo to przeważna książka. Dlatego zdarza mi się wpaść do księgarni, wykupić cały jej zapas, a następnie rozdać. Ona realnie leczy, znam kilka osób, które mnie o tym przekonały.

Przeczytałem dziś w nocy (zajmuje to godzinę) nową książkę papieża, wywiad z Andreą Torniellim. To nie jest wielki teologiczny traktat, którym zachwycą się księża doktoranci. To praktyczne roztłumaczenie, co ów niemiłosiernie staroświecko brzmiący termin „miłosierdzie" znaczy, gdy się go przełoży na życie. Rzecz pisana (a raczej mówiona) z doświadczenia, a nie z książek.

Jasne, już słyszę te chrząkania, widzę te pełne politowania kręcenia głowami. Przeżywamy dziś w Polsce czas wzmożenia, wojny o pokój, brutalnych klasyfikacji „swój – obcy" i nazywamy to roztropnością i troską o tożsamość. Papież tymczasem zdaje się mówić, że troska niekoniecznie z automatu równa się mądrości. I że tzw. „porządność" nie równa się świętości.

Franciszek pisze, że Bóg wybacza czułością, nie dekretem. Przywołując św. Leopolda Mandica i Sługi Bożego Jana Pawła I, apeluje do spowiedników, by raczej wybaczyli o raz za dużo niż o raz za mało (i nikogo, nawet tych, którzy nie mogą dostać rozgrzeszenia, nie odsyłali od konfesjonału bez serdecznego błogosławieństwa). Pisze o spotkanych przez siebie w Argentynie kobietach, zmuszonych do tego, by się prostytuować, bo nie były w stanie utrzymać swoich rodzin, w kontakcie z którymi cieszył się z każdego ich małego kroku ku dobru (choćby z tego, że w ogóle przyszły do kościoła), a nie nastawał na natychmiastową zmianę życia (a jednej zdaje się uratował duszę tylko przez to, że przez cały czas zwracał się do niej nie per „ty", a per „proszę pani").

Papież znowu bulwersuje tezą, że Kościół nie jest miejscem, jest mobilny, nie jest strukturą, jest ratowaniem ludziom życia. Tak może myśleć tylko człowiek, który pamięta, że świat nie jest domem, ale mostem, że nie ma się co tu rozkładać, bo jesteśmy w drodze, a Jezus też jest w drodze na spotkanie z nami. Gdy go czytam, stale przypomina mi się też zapomniany przez nas kompletnie fragment z Listu św. Jakuba, który na pytanie: „co to jest pobożność?", wcale nie odpowiada: kult, wysiłek moralny, duchowa samoobrona, mówi: to troska o biednych i potrzebujących! Fizycznie, ale i psychicznie, i duchowo! To jest oś naszej relacji z Bogiem? Jak tego nie ma, to nie ma relacji z Bogiem? Toż to SZOK!

Czytając tę książkę, miałem dwa wrażenia. Po pierwsze, że to jest coś, co daje nadzieję. Nie „nadzieję, ale", „nadzieję pod warunkiem że", ale nadzieję totalną, dla każdego, w każdej sytuacji, zawsze, wszędzie. Papież działa na mnie jak napój energetyczny, nie pierze mi mózgu, nie przeszczepia doń swoich myśli, tylko sprawia, że mi samemu – niezależnie od tego, na jakim zakręcie i który raz jestem – znowu chce się chcieć. Ta książka sprawia, że chce się żyć, że podnosi się głowę do słońca, że myśli się: „Ej, będzie dobrze!". Co innego robił Jezus? Przecież On dawał ludziom nadzieję, a nie zaszczepiał lęk, tak jak wielu z nas, Jego uczniów robi do tej pory!

Wrażenie drugie. Znów będą Franciszka hejtować. Pisać, że nie rozumie, że rozmywa, że zagrożenia, że twardo trzeba, że przecież Benedykt XVI. Dlaczego? Wydaje mi się, że coraz bardziej ten mechanizm rozumiem. Papież mówi Torniellemu o chorobie, która trapi doktrynerów i świętoszków, którą nazywa „zanikaniem zadziwienia". Ci ludzie nie umieją zachwycić się absolutną nieograniczonością wybaczenia, bo nigdy tak naprawdę nie czuli, że go dramatycznie potrzebują, że obili sobie tyłek i wszystkie gnaty, że konkretnie upadli. Jakoś sobie radzą. A przecież Bóg mówi w Ewangelii wyraźnie, że On nie spotka się z tymi, którzy jakoś sobie radzą, idzie do tych, którzy uznali, że sobie nie radzą! Kurde! Jak nie zobaczymy w sobie bezradności, On nas minie! Ludzie!

Autentyczne, głębokie przeżycie własnego upadku to jedno z najbardziej formujących doświadczeń, jakie znam. Tu naprawdę nie chodzi o to, by teraz iść i kogoś zabić, by później móc poczuć, co to znaczy Boże miłosierdzie. Wystarczy jednak wydobyć się z myślenia taryfikatorem: jak zachowałeś się cacy, Bozia zrobi cacy, jak be – Bozia zrobi kuku. Zobaczyć, że nawet jeśli spowiadasz się od lat z tych samych dupereli, nie chodzi wcale o to, co robisz, a kim jesteś. Że jeśli nie panujesz nad wszystkim, to nie panujesz nad niczym. Ale że jest Ktoś, kto chce nad tym zapanować tak, żeby nie odebrać ci siebie, ale przeciwnie – oddać ci ciebie. Który – gdy upadniesz – nie katuje cię i nie ocenia, tylko opatruje i mówi: „OK, spokojnie, idziemy dalej, pomogę ci, spróbujemy być uważniejsi".

To nie grzech w największym stopniu zabija w nas relację z Bogiem, ale przekonanie o własnej bezgrzeszności (albo małogrzeszności). Bóg rozbija się o lepioną przez nas przez całe życie skorupę „porządności". Nam się wydaje, że On nas będzie karał za to, gdy pojawią się w niej szczeliny, a przecież te szczeliny to często jedyna szansa, by On mógł dostać się do nas i wyleczyć nas z frustracji nieskutecznych automesjaszy.

Największym zmartwieniem Boga nie są niewierzący niewierzący, a wierzący niewierzący, że do czegoś Go potrzebują. W życiu nie chodzi o to, by dowieźć korzystny dla mnie wynik do końca moralnego meczu (bo w ten sposób funduję sobie życie skupione tylko na sobie), ale by rzucić się w przepaść czegoś, co wymyka się ludzkiej logice, sprawiedliwości, regułom pobożności. Zachwycić się lotem, choć wszyscy będą twierdzić, żeś wariat, bo przecież spadasz. Ale tylko zachwycony wariat jest w stanie zarazić dziś kogoś wiarą, doktryner dawno tę zdolność utracił.

6

BŁOGOSŁAWIENI

czystego serca, albowiem
oni Boga oglądać będą.

[BIBLIA TYSIĄCLECIA]

SZCZĘŚLIWI,

którzy mają czyste serce,
ponieważ oni będą oglądać Boga.

[BIBLIA PAULISTÓW]

KRÓTKO I NA TEMAT:

Mieć czyste serce to widzieć świat, tak jak Bóg go widzi. W opisie stworzenia wciąż powtarza się zdanie: „I widział Bóg, że wszystko co stworzył był bardzo dobre". Bóg nie zmienia zdania, nie rozmyśla się. Więc nadal to powtarza. Proste ćwiczenie: będziesz w stanie powtórzyć to za Nim, patrząc na ten, konkretny, dziś, tu i teraz, otaczający cię świat? Jeśli nie i jeśli nawet masz za tym „nie" tysiąc sensownych argumentów, to znaczy, że twoje serce jeszcze nie jest czyste. Ergo: jeszcze nie jesteś gotów oglądać Boga. Jedyna znana nam droga do Niego wiedzie przez ten świat, a nie poza światem.

DLA TYCH, CO WYTRZYMAJĄ JESZCZE TROCHĘ:

Ojciec Tugwell zwraca uwagę, że w rodzimej kulturze Jezusa zupełnie inaczej kojarzono części ciała z różnymi życiowymi funkcjami. U nas serce jest od czucia, mózg od myślenia. U Hebrajczyków nos był siedliskiem gniewu, wnętrzności (brzuch) – współczucia, nerki – świadomości, a serce oznaczało po prostu kombinację duszy i psyche człowieka, tzw. wewnętrznego człowieka.

Gdyby przeprowadzić w tej sprawie sondaż, wyrażenie „mieć czyste serce" większości publiczności przywiodłoby pewnie na myśl niewinne pacholę, względnie pierwszokomunijną dziewczynkę odzianą w biel, ze złożonymi rączkami, zapatrzoną czule w obłoki. Czystość, stan, który niejako z definicji w sferze życiowego konkretu uważa się za pożądany (lepiej mieć czysto w domu i w zagrodzie niż nieczysto), w odniesieniu do życia duchowego stał się synonimem naiwności. Cóż, życie jest takie, że nie da się być całkowicie czystym, przejść przez nie i się nie pobrudzić. Ludzką rzeczą jest mieć w swojej palecie oprócz kolorów jasnych również te ciemniejsze, wtedy tylko można mówić o sensownym malowaniu otaczającej nas rzeczywistości. Człowiek naprawdę zrobił sobie w głowie coś takiego, że musi móc robić coś złego, żeby czuć się dobrze.

Pielęgnowanie takiej postawy przywodzi na myśl nastolatków, których widać czasem na ulicach: w uszach słuchawki, najbardziej niewygodne i aestetyczne ciuchy, różowe fryzury, słowem – koszmar ze snu o opętanym styliście. I ta mina – niby nieobecna, a jednak wyzywająca cały szary świat na pojedynek: jesteście nikim, jesteście zerem, brniecie ślepo w tym swoim wyścigu, a tymczasem ja mam odwagę iść w poprzek, zbuntować się, postawić, każecie mi być ładnym, a ja będę brzydki, każecie mi się dostosować, a ja się odstosuję. Wara od mojego świata, ja tu rządzę, bunt jest nowym przystosowaniem itd.

Po ziemi chodzi dziś wielu takich mentalnych gimbuntowników, przekonanych, że sami są swoim źródłem, szczytem oraz horyzontem. Opłukują ręce wyłącznie swoją wodą, krążącą w obiegu zamkniętym. A nie lepiej podłączyć system konserwacji serca do źródła wody bieżącej, pochodzącej od Kogoś, kto owo serce stworzył? Gdy kupuje się np. drukarkę, napisane jest na niej, by używać oryginalnych materiałów eksploatacyjnych, gdy bowiem założy się inne, może skończyć się to uszkodzeniem sprzętu. Tyle że człowiek – nie drukarka, drugiego siebie sobie przecież nie kupi. Skoro więc przynajmniej zakładasz, że jedną z niedających się wykluczyć opcji jest to, że stworzył cię Bóg, podłącz przynajmniej na próbę swoje wnętrze do źródła wody dostarczanej przez firmę Jezus Waters Inc.

Czystość serca, do której doprowadzi je woda od Boga, nie polega – jak już mówiłem – na tym, że zaczniesz chodzić z głową w chmurach. Pierwszym objawem czystego serca nie jest wzlot w metafizykę, a odkrycie umiejętności kontemplowania fizyki. Nie świętych i cherubów zaczynasz więc widzieć, ale drogę, drzewa, rzekę, ludzi, i zaczynasz się cieszyć, sycić tym, że są. Odkrywasz w nich porządek, wraca ci zdolność zadziwiania się tym, co widzisz. Znika lęk. Zaczynasz patrzeć na świat oczami Boga, a On nie widzi w nim zła, On we wszystkim widzi dobro.

Tak, mam świadomość tego, jak szokująco brzmi to zdanie. Co dobrego można dostrzec w tym, że ktoś morduje drugiego człowieka? Pamiętam, jak zszokowany byłem, gdy u pisarzy chrześcijańskich (Pseudo-Dionizego, św. Tomasza z Akwinu) odkrywałem pogląd, że robienie zła jest w istocie wynaturzoną realizacją potrzeby dobra. Czasem potrzeby bliskości, czasem potrzeby przyjemności, czasem potrzeby posiadania i zarządzania ziemskimi dobrami. Dobrze to widać na przykładzie zbrodniczych totalitaryzmów, które zanim stały się zbrodnicze, zawsze szły przecież po władzę pod sztandarami, na których roiło się od szlachetnych haseł. Czasem owe ideały zostaną wypaczone przez człowieka w błahym stopniu (chcesz się poczuć odprężony i wolny, więc zapalisz sobie jakieś zielsko), czasem w stopniu takim, że aż trudno to sobie wyobrazić (patrz dokumentnie spaczona psychika seryjnych morderców czy pedofilów). Jedno jest pewne: jeśli rzeczywiście chcemy uważać się za monoteistów, to musimy przyjąć założenie, że Bóg wyposażył człowieka wyłącznie w dobre pragnienia. Jeśli ktoś miałby „doposażyć" go w pragnienia złe, musiałby być równy Bogu. A nie ma dwóch bogów: dobrego i złego. Jest jeden Bóg. Który dał ci dobre serce, które (i tylko ty) możesz pod wpływem podszeptów szatana nawozić i uprawiać tak, że drzewo, które na tej glebie hodujesz, nie wyrośnie prosto do nieba i nie da owoców, tylko zwali się komuś na głowę. I tyle będzie całej tej historii.

Czyste serce leczy relacje człowieka ze światem, ale i z samym sobą. Czy pomyślałeś kiedyś o sobie z wdzięcznością albo z zachwytem? Czy kiedyś po przyjęciu Komunii dopuściłeś do siebie myśl, że przecież teraz jesteś chodzącą (albo siedzącą) monstrancją i tak naprawdę wszyscy powinni przed tobą klękać i ty sam powinieneś przed sobą klęknąć, bo Bóg zatrzymał się u ciebie na nocleg? Nie? To znaczy, że nie masz jeszcze czystego serca.

JAKBY KOMUŚ JESZCZE BYŁO MAŁO:

Czyste serce, obmywane Bożą wodą, działa jak filtr. Złe rzeczy – i twojej produkcji, i bliźnich – osadzają się na nim i dokonuje się, jak pisał o. Tugwell, alchemiczna reakcja, która dokonała się w życiu Chrystusa. Całe zło, agresję, nienawiść, zazdrość, które Go spotkały, On przerobił w swoim wnętrzu na dobro. Nie oddał ciosu. W każdym, nawet w tych, którzy go torturowali, radośnie przy tym rechocząc, widział jakieś dobro i tego dobra dla nich chciał. Że to jest nienormalne, że to był Pan Jezus, a my jesteśmy ludźmi? No ale właśnie On przecież między innymi po to to wszystko przeszedł, żeby Nam pokazać, że to jest możliwe. Jasne, możesz to nazywać heroizmem, ale tu przecież na koniec dnia chodzi o to, żebyś ty na tym skorzystał!

Jak? To proste. Człowiek o czystym sercu przestaje się lękać czegokolwiek. Nie ma takiej rzeczy, która mogłaby takiego kogoś wprawić w niepokój, bo skoro patrzysz na świat tak jak Bóg, „to cóż może uczynić ci człowiek?". Hugon ze św. Wiktora opisywał czyste sumienie jako posłanie duszy, dzięki któremu może ona wygodnie wypoczywać.

I jeszcze słowo o nagrodzie, którą zapowiada to błogosławieństwo. A cóż może być fajnego w oglądaniu Boga? Nawet jeśliby ktoś chciał, to co? Obejrzysz Go, OK, Bóg, i tyle. Otóż „oglądanie Boga" nie będzie gapieniem się nań albo korzeniem się przed nim jak przed jakimś überszefem, będzie jednoczesnym włączeniem wszystkich ukrytych funkcji, jakie masz w sobie, i przeżywaniem nimi świata. Będziesz przecież widział Boga patrzącego na stworzony przez siebie świat jak na najdroższy skarb. Święci, którym udało się mieć czyste serca już tu, wiedzą, jak to się robi. Możesz skrócić czas oczekiwania na zdobycie tej umiejętności i poprosić ich o pomoc.

7

BŁOGOSŁAWIENI,

którzy wprowadzają pokój, albowiem
oni będą nazwani synami Bożymi.

[BIBLIA TYSIĄCLECIA]

SZCZĘŚLIWI,

którzy zabiegają o pokój, ponieważ oni
nazwani będą synami Bożymi.

[BIBLIA PAULISTÓW]

KRÓTKO I NA TEMAT:

Pokój to coś zupełnie innego niż brak wojny. Brak wojny może też przecież być okupacją, stagnacją albo nieustannym zderzaniem się napięć, o zbyt małej jednak energii, by przerodziło się to w wojnę (mówimy wtedy o wojenkach – politycznych, słownych, towarzyskich).

Przyzwyczailiśmy się chyba myśleć, że „tak" jest brakiem „nie". Że dobro to brak zła. Nie ma gwałtu, więc jest sprawiedliwość. Nie zabiłem, nie ukradłem, więc spełniam kryteria świętości. A przecież już intuicyjnie czuje się, że takie podejście to bzdury. Bo jeżeli nie najeżdżają zbrojnie naszych domostw i nie kradną nam słoików, to oznacza, że w kraju wszyscy mają co jeść? Czy z faktu, że jak dotąd nie spowodowałeś wypadku, wynika, że jesteś najlepszym kierowcą?

Pokoju nigdy nie osiąga się przez wojnę. Przez wojnę można uzyskać podbój. Pokój może kiedyś wyrosnąć w miejscu, które doświadczyło wojny, ale to jednak jest zupełnie inna historia. Że to takie tam chrzanienie, teoretyzowanie? Że ludzie po ustaniu działań zbrojnych w II wojnie światowej albo po wojnie w Zatoce cieszyli się, wiwatowali, z radością witali nastanie pokoju? Ale to nie był pokój, to był spokój. Jak się zresztą okazało – chwilowy. W co zamienił się Bliski Wschód po wyzwoleńczej krucjacie George'a W. Busha? Wszyscy wiemy, jak wyglądała Polska lat powojennych. Bomby nie leciały na głowę, ale co działo się w lasach, w ubeckich katowniach, w pokojach przesłuchań na komendach milicji? Nie wypada i nie można stawiać znaku równości między czasem, w którym miliony ginęły na froncie, i epoką, gdy ludzie chodzili normalnie do pracy, a zza węgłów nie zerkały lufy czołgów. Iluż jednak z nich w czasie komunizmu zostało zabitych albo okaleczonych psychicznie? Ilu zdeptano poczucie własnej wartości, uniemożliwiono rozwój, ilu dzisiaj żyje w poczuciu głębokiej niesprawiedliwości, w biedzie?

Pokój to nie tylko stan, w którym nie rozbijasz, pokój jest wtedy, gdy scalasz, lepisz. To nie tylko stabilność, to rozwój.

DLA TYCH, CO WYTRZYMAJĄ JESZCZE TROCHĘ:

Co to znaczy „czynić pokój"? Nie szukać zgody ze wszystkimi za wszelką cenę, nie zgadzać się na kompromisy, bo pokój to nie święty spokój. Proszę jednak spojrzeć, jak Jezus rozmawia z ludźmi, którzy są z Nim w sporze. Z Piłatem, z Samarytanką przy studni. Próbuje w ich „nie" znaleźć jakieś „tak". Zachowuje się jak Święty Ignacy Loyola (a przed nim choćby Święty Tomasz z Akwinu), którzy stając z kimś do dysputy, najpierw próbowali przyjąć za swoje wszystkie jego argumenty, żeby ocalić z nich wszystko to, co ich zdaniem wartościowe, a dopiero na tej bazie dokonywali krytyki reszty (i to zawsze krytyki poglądów, a nie wypowiadającej je osoby).

Pokój to nie przemilczenie, to nie słynne „ustąp głupiemu, by otrzymać 300 dni odpustu". To aktywne uczestnictwo w życiu świata, oparte jednak na założeniu, że Bóg jest większy ode mnie, a skoro On wyraźnie mówi, że jego celem jest, żeby wszystkie jego dzieci znów żyły jak rodzeństwo, więc i ty wszystkie swoje partykularne cele musisz zawiesić na kołku. Jeśli będziemy tak żyć, sprawy wrócą do sytuacji z raju.

JAKBY KOMUŚ JESZCZE BYŁO MAŁO:

Czyli konkretnie: co robić, jak nas biją? Jezus – choć wielu usilnie próbowało to zrobić – nie dał się przecież zapisać do stronnictwa gorliwców (zelotów) walczących zbrojnie o polityczne wyzwolenie Izraela. Chrześcijanin, który pierwszy łapie za miecz, który urządza „wojnę o pokój", jest równie pożałowania godny jak muzułmanin, który urządza zbrojny dżihad.

Jezus nie był jakimś odrealnionym pacyfistą, warto jednak pamiętać, że w krytycznym momencie, gdy przyszło do fizycznego użycia miecza w Ogrodzie Oliwnym, ów miecz kazał Piotrowi schować. Mówił też wyraźnie: jeśli cię biją, nie broń się, nadstaw drugi policzek. Jeśli cię zabijają – nie przejmuj się, bo na tym ich wachlarz możliwości wobec ciebie się kończy. Wracamy do błogosławieństwa „łagodnych". Przecież to paranoja! Mamy oddawać walkowerem naszą, odwiecznie chrześcijańską ziemię jakimś islamistom? Jezus nie każe rozwiązywać armii, ale też walki zbrojnej na żadnym miejscu nie pochwala. Do żołnierzy ma tylko jedno zdanie, i to odnoszące się do ich życia wewnętrznego, a nie zewnętrznego: każe im nie kraść i nie kombinować, poprzestawać na swoim żołdzie.

On zresztą ma tak przez całą Ewangelię. Nie tyle mówi, co masz zrobić, ile pokazuje na sobie, jak przekroczyć swój obecny stan i że da się żyć inaczej. I nie umrzeć. To właśnie próbują zarzucić papieżowi Franciszkowi różni wzmożeni chrześcijańscy wojownicy, którzy w odpowiedzi na pochód zbrojnych islamistów chcą wystawiać zbrojne hufce pod wymalowanymi w krzyże flagami. Czy Bóg potępia taką reakcję? Nic nam na ten temat nie wiadomo. Wiadomo jednak z pewnością, że sam zachowuje się w Ewangelii. Tak jak teraz papież Franciszek. Idzie do meczetu szukać zgody, pokoju, błaga, prosi, szuka dróg porozumienia. Jezus słabo odnalazłby się chyba w zbroi, z piką czy z mieczem. Hełm przeszkadzałby mu zresztą dostrzegać ludzi, rozmawiać z nimi i szukać w nich dobra. Czy dla któregoś ze współczesnych patrio-kato-macho nie brzmi to jak święta naiwność? To wasz problem, koledzy, że wydaje się wam, że jesteście w stanie dorównać Bogu, wykorzeniając zło, które tak naprawdę tylko On może zniszczyć. I już zniszczył, tylko trzeba w to uwierzyć i cierpliwie czekać, aż się sami przekonacie, że ta zatruta winorośl, która na wysokości drugiego piętra jeszcze jest zielona, ma już wycięte korzenie.

I to naprawdę – po raz 157. – nie oznacza imperatywu siedzenia i nicnierobienia! To oznacza, że jeśli kierujesz przeciwko komuś broń, rób to w swoim imieniu (albo państwa, albo sprawy), bo On tego nie zrobił. Po drugie – musisz pamiętać, że twoja perspektywa sięga dużo dalej niż do chwili zgonu ciebie i twojego przeciwnika. Że kiedyś staniecie przed Bogiem i będziecie musieli zdać sobie sprawę nie tylko z tego, czy mieliście prawo coś zrobić, bo nie z prawa będziemy sądzeni, ale z miłości.

8

BŁOGOSŁAWIENI,

którzy cierpią prześladowanie dla sprawiedliwości, albowiem do nich należy Królestwo Niebieskie. Błogosławieni jesteście, gdy wam urągają i prześladują was i gdy z mego powodu mówią kłamliwie wszystko złe o was. Cieszcie się i radujcie, albowiem wielka jest wasza nagroda w niebie. Tak bowiem prześladowali proroków, którzy byli przed wami.

[BIBLIA TYSIĄCLECIA]

SZCZĘŚLIWI,

którzy są prześladowani za sprawiedliwość, ponieważ do nich należy Królestwo Niebieskie. Jesteście szczęśliwi, gdy was znieważają, prześladują i oczerniają z mojego powodu. Cieszcie się i radujcie, bo wielka jest wasza nagroda w niebie. Tak samo przecież prześladowano proroków, którzy byli przed wami.

[BIBLIA PAULISTÓW]

KRÓTKO I NA TEMAT:

Szacuje się, że w latach 1993–2013 za wiarę zginęło od 150 tysięcy do dwóch milionów ludzi. Ocenia się, że 150 milionów chrześcijan na całym świecie jest dziś prześladowanych za wiarę. Zaryzykuję tezę, że tych ostatnich jest tak naprawdę dużo więcej. Do tej liczby włączyć przecież trzeba wszystkich tych, którym życie zmarnowano, choć go nie odebrano. Wszystkich, z których wyśmiewano się, że zachowując nauczanie Jezusa, są nieznośnie lewicowi albo koszmarnie prawicowi. Że kompletnie pomijają seksualność człowieka oraz że wyłącznie na niej się koncentrują. Że są smutni, choć powinni się cieszyć, i cieszą się, choć powinni być smutni. Nie ma chyba w historii ludzkości takich oskarżeń, które nie spotkały chrześcijan i nie były jakoś powiązane z ich wiarą. Antysemityzm, pedofilia, antypaństwowość (anarchizm), antyrozwojowość etc., itd., itp. Człowiek, który deklaruje, że prawda objawiona przez Boga jest jedyną, którą uznaje za kompletną i ważną, musi być gotowy na cios ze strony tych, którzy z Bożego katalogu dóbr wybrali sobie jakiś kawałek i z negowania go zrobili sobie ideologię.

Tymczasem Boży pomysł na świat jest jak skomplikowany mechanizm, z którego nie można wyciągać elementów, bo one w nim wzajemnie się równoważą. A chrześcijanin jest człowiekiem, którego ten pomysł, ta prawda zmieniła do spodu (bo w przeciwnym razie jest tylko agitatorem). I tylko ci, których owa prawda rzeczywiście do spodu przegryzła, będą w stanie realnie patrzeć na prześladowanie czy nawet perspektywę męczeństwa. To po prostu konsekwencja tego, kim jesteś. Przecież nie wyrzekniesz się siebie samego. Jeśli mają cię zabić, zabiją cię przynajmniej w jednym kawałku, trudno. Dowiedziesz w ostateczny sposób prawdy, która bije z całej Ewangelii: najwyższą wartością wcale nie jest ludzkie życie, ale miłość.

DLA TYCH, CO WYTRZYMAJĄ JESZCZE TROCHĘ:

Psychologiczno-socjologiczny mechanizm prześladowania bywa zwykle ten sam. To logiczne, że nie mogą naraz istnieć obok siebie dwie prawdy i dwie sprawiedliwości. Jeśli ktoś obstaje przy tym, że tylko jedna z tych prawd jest prawdą, to znaczy, że druga jest kłamstwem. Czyli, że zarzucasz mi, że jestem kłamcą. Czyli mnie obrażasz, przekraczasz moje granice, jesteś agresywny. A to znaczy, że ja mam prawo się bronić. I tu zaczyna się większość prześladowań.

Ale uwaga. Mechanizm ten jest powszechny, prześladującymi mogą więc też być (i bywają) chrześcijanie. Zanim więc zaczniesz cieszyć się, że Pan Jezus tak pięknie ci tu błogosławi, sprawdź, czy te Jego słowa nie dotyczą raczej twojego rozmówcy, kolegi, matki albo polemisty na Facebooku.

Czy bezdomny leżący na ulicy i pozbawiony pomocy jest prześladowany dla sprawiedliwości? Oczywiście, że jest. Podobnie pobity na ulicy student z Bliskiego Wschodu. Podobnie człowiek obrażany za swoje poglądy (poglądy krytykować można zawsze, topić w błocie człowieka – nigdy). Podobnie ktoś, komu ksiądz, odmawiając rozgrzeszenia, odmówił też zwykłej ludzkiej delikatności i czułości. Chyba jesteśmy dostatecznie duzi, by wiedzieć, że nie tylko kałasznikow, ale i np. sposób wydawania pieniędzy albo formułowania myśli są w stanie doprowadzić drugiego człowieka do cierpienia i śmierci.

Tym błogosławieństwem i jego bezpośrednim podobieństwem do pierwszego (w którym ubodzy duchem posiądą Królestwo Niebieskie) Chrystus blokuje przejście wszystkim tym, którzy chcieliby iść i zaprowadzać Jego porządek swoimi metodami. Uważaj, byś wprowadzając sprawiedliwość, nie wprowadził swojej sprawiedliwości, bo dwa tysiące lat temu prawi – w ich mniemaniu – i sprawiedliwi ludzie zabili Pana Boga.

JAKBY KOMUŚ JESZCZE BYŁO MAŁO:

Śmierci i prześladowań nie ma co szukać. Nie lataj i nie szukaj, pamiętasz o ryzyku acedii? Trzeba robić swoje. Nie tylko stawiając się, demonstrując i krzycząc, ale przede wszystkim – by być w zgodzie z duchem poprzednich błogosławieństw – pozytywnie promując Boży pomysł na ten świat. Od lat trujemy ludziom, ile zła czeka ich, gdy przekroczą granicę, a oni mają to w nosie. Zacznijmy więc może z innej strony, pokażmy im, ile dobra płynie z życia w tych właśnie granicach.

Rozdział V
SIEDEM UCZYNKÓW MIŁOSIERDZIA
(względem ciała)

KRÓTKO I NA TEMAT:

W najbardziej popularnej katechizmowej wersji jest ich siedem: głodnych nakarmić, spragnionych napoić, nagich przyodziać, podróżnych w dom przyjąć, więźniów pocieszać, chorych nawiedzać, umarłych pogrzebać. Tę listę (z wyjątkiem ostatniego punktu, bo on jest ze Starego Testamentu) wzięto ze wspomnianego już tu 25. rozdziału Ewangelii według św. Mateusza, w której Jezus, opowiadając o tym, jak będzie wyglądał Sąd Ostateczny, dokładnie wyjaśnia, o co będziemy na nim pytani, z czego rozliczani. Podaje nam pytania na wiele lat przed klasówką, nie możemy mieć wymówki, że nie byliśmy przygotowani.

Nasz Szef zapowiada tu wieczną nagrodę dla tych, którzy realizowali powyższe wskazania, używając pierwszej osoby liczby pojedynczej. A więc nie: „Dobrze, że nakarmiliście biednych", ale: „Byłem głodny, a daliście mi jeść". Tłumaczy zaskoczonym podsądnym, że wszystko, co zrobili jednemu z ludzi, zrobili literalnie Jezusowi (są co prawda komentatorzy, którzy twierdzą, że Jezus w tej wyliczance dobrych uczynków mówi wyłącznie o konieczności opieki nad swoimi uczniami, którzy zaraz rozejdą się po świecie, ale patrząc na kontekst – tak wąskie rozumienie wydaje się nieprawdopodobne). To wystarczy, by wcisnąć człowieka w fotel. Ten Bóg nie broni swojego stanu posiadania, ale domaga się przyznania każdemu człowiekowi takiej samej ochrony, jaką przyznano by Jemu (bo jako chrześcijanie jesteśmy z Nim jednym ciałem).

Ma to zastosowanie szczególnie do tych, którzy w świecie żadnej ochronie nie podlegają – do najsłabszych.

Gdy więc jadę, dajmy na to, do Konga, gdzie pracuje jedna z moich fundacji, i widzę dziecko z chorobą głodową, powinienem je – w myśl powyższych zasad – nakarmić. A czy powinienem nakarmić, dajmy na to, kogoś, kto mnie w tym Kongu porwał, jest zbójem, jest dobrze odżywiony, a podanie mu kanapki będzie oznaczało, że będzie miał więcej sił na robienie złych rzeczy? Jeśli nie dam mu tej kanapki – żadnej przewiny mieć nie będę. Staną za mną murem liczni mędrcy oraz uczone katechizmy roztłumaczające, co Pan Bóg musiał mieć na myśli i że tak naprawdę wcale nie był taki radykalny. A ja i tak wiem, że tylko wtedy, gdybym dał tę kanapkę, otworzyłyby się drzwi, przez które w tę sytuację, gdzie obaj mamy przerąbane (ja teraz, on później) – miałoby szansę wejść coś kompletnie nowego, obu nas przekraczającego.

Dopóki ludzie grają według swoich uświęconych tradycją zasad, w których za dobro płaci się dobrem, a za zło złem – w księgowości wszystko się zgadza, ale Pan Bóg nie ma tu nic do roboty. Miłosierdzie zawsze wymaga wyjścia poza ludzką sprawiedliwość, zawsze jest – pisałem już o tym – dawaniem komuś, kto nie zasłużył. Jednak tylko wtedy, gdy ludzie wychodzą ze słoika, jaki zrobił im się w głowie, i na zło odpowiadają dobrem, pojawia się szczelina, w której zmieści się cud. Gdy pierwsi chrześcijanie nie złorzeczyli, ale dobrze życzyli torturującym ich i zabijającym oprawcom, część z pewnością uznawała ich za kompletnych głupków. Jest jednak wiele relacji o tym, że owi kaci dzięki szokowi, jaki przeżyli, widząc tak niestandardowe zachowanie, okazali się gotowi na nawrócenie, zostawali chrześcijanami. Też chcieli mieć tak nieskrępowane mózgi i dusze.

Miłosierdzie to najlepsze znane mi narzędzie do głoszenia Ewangelii. Wszystkim: i biednym, i wypchanym jedzeniem, władzą czy dolarami. Nie robi z wiary imprezy intelektualnej czy grupy emocjonalnego wsparcia, ale pokazuje, że słowo Boga rzeczywiście równa się działanie. Pisałem już o tym przy błogosławieństwach: miłosierdzie najlepiej opisuje Boga, bo Bóg zawsze daje za darmo, nigdy nie śledzi biorcy (zamieniając dar w inwestycję), jest hojny do bólu.

Miłosierdzie to najlepsza i najskuteczniejsza metoda zmiany człowieka, bo ono nie chce się boksować z ludzką duszą, ono najpierw robi jej wstrząs, a później rozmiękcza. Miłosierdzie może przyjąć postać działalności dobroczynnej, ale to coś więcej niż tylko charytatywa. To metoda zmiany świata, który widać, ale też jego fundamentów, które pozostają niewidoczne, tkwią w ludzkich sercach i głowach.

DLA TYCH, CO WYTRZYMAJĄ JESZCZE TROCHĘ:

W XVIII wieku żył w Stanach Zjednoczonych John Woolman, z zawodu krawiec i kupiec, z zamiłowania publicysta i kaznodzieja. Woolman należał do wspólnoty kwakrów, jednej z chrześcijańskich (wówczas, bo teraz bywa z tym rozmaicie) grup, która odróżniała się od innych umiłowaniem pacyfizmu i promowaniem indywidualnego kontaktu z Bogiem (na nabożeństwach siadano tam i po prostu czekano na światło Boże, które miało przemawiać do każdego w duszy).

Woolman miał obsesję: świat urządzony od podstaw na zasadzie miłości bliźniego. U kwakrów – jak można się domyśleć po tym, co powiedziano wyżej – największą wagę ma nie wykład prawd wiary, ale świadectwa ludzi opowiadających, jak to Bóg w ich życiu działa. Woolman swój program zaczął więc wdrażać najpierw u siebie, próbując żyć tak, jakby każdy człowiek rzeczywiście był jego bratem, siostrą i Jezusem.

Nosił wyłącznie białe ubrania (kapelusz też), bo nie chciał wspierać wyzysku niewolników pracujących na statkach przywożących barwniki do tkanin z Karaibów. Gdy szedł z wizytą, odmawiał jadania na srebrach i srebrnymi sztućcami, by zademonstrować w ten sposób solidarność z niewolnikami pracującymi w kopalniach srebra. Gdy wyruszał w kaznodziejską podróż, szedł na piechotę, by nie brać udziału w procederze koszmarnego traktowania chłopców pracujących przy obsłudze koni pocztowych. Miał dobrze prosperujący sklepik, ale sprzedał go, bo – jak tłumaczył – pieniądze, które zarabiał, mąciły mu spojrzenie na innych. W dzienniku (który do dziś jest wznawiany) relacjonował swoje zmagania o patrzenie na świat czystym („pojedynczym") okiem, bez filtrów egoizmu, wygórowanych własnych potrzeb, pieniędzy, źle pojętej miłości i pragnienia bezpieczeństwa najbliższych. Woolman był uważnym obserwatorem. Sam będąc radykalnym abolicjonistą (zwolennikiem zniesienia niewolnictwa), widział, że nie ma co potępiać w czambuł posiadaczy niewolników, ale trzeba im w oparciu o Ewangelię pomóc pozbyć się lęku o przyszłość, skutkującego myleniem zapobiegliwości z chciwością. Bo przecież znaczna część z nich trzyma ludzi w niewoli nie dlatego, że to lubi, ale dlatego, że chce zapewnić dostatnią przyszłość swoim dzieciom.

Woolman, dobrowolnie się ogołacając, poszedł więc drogą Chrystusa, który mówił: „Patrz na mnie, idź za mną". Jego wrażliwość na cierpienie świata była tak wielka, że gdy wyruszył w podróż do Anglii, nie dość, że kazał się umieścić w ładowni wraz z marynarzami i największą biedotą, by poznać ich perspektywę, to współczucie kierował też pod adresem ptaków stanowiących okrętowy zapas pożywienia i podróżujących w tak samo tragicznych warunkach. Opowiadał o przełomowym zdarzeniu z dzieciństwa, gdy podczas durnej chłopięcej zabawy zabił kamieniem samicę drozda, a później zorientował się, że osierociła ona czekające na pożywienie pisklęta. Zrozumiał, że pozbawiając życia jedno stworzenie, skazał de facto pięć kolejnych. Pisklęta wówczas zabił, by nie musiały konać z głodu (sam nie wiedział, jak się nimi zająć), i na zawsze wbił sobie do głowy prawdę o współzależności wszystkich ziemskich bytów.

Sam nudzę się już, powtarzając po raz osiemset trzeci: to naprawdę ma kosmiczne znaczenie, na jakie strony internetowe wchodzisz (komu dajesz w ten sposób zarobić, jaki popyt kreujesz czasem na odległym krańcu świata), jaką wodę mineralną kupujesz, w co się ubierasz, czy powiesz dziś komuś „Jak się masz?", czy „Spadaj!". Jeśli prawdziwa jest teoria Stanleya Milgrama, że od każdego człowieka na ziemi dzieli nas zaledwie sześciu ludzi (znajomych naszych i owego znajomego), to nietrudno sobie wyobrazić, że każde zło i każde dobro, które z siebie wypuszczamy, rzeczywiście zatruwa dużo większe połacie świata, niż nam się wydaje. Zanim więc np. otworzy się paszczę, warto pamiętać, że zwrzeszczany przez nas człowiek wróci do domu i zepsuje swoim smutkiem (lub agresją) dzień paru kolejnym osobom.

A one oddadzą tę złą energię kolejnym. I to prędzej czy później wróci również do ciebie.

Co to ma wspólnego z uczynkami miłosierdzia? Ano to, że jeśli tylko będziemy mieć wrażliwe, niezaćmione oczy, a ponadto przyjmiemy strategię Woolmana („głosić coś sobą", a nie – „coś sobie głosić"), to naprawdę wylądujemy w innym świecie, w takim, który strasznie irytował będzie chyba piewcę Ewangelii Sukcesu, księdza Jacka Stryczka („przestańcie być biedni"), ale ja będę się w nim czuł jak ryba w wodzie. Mając obok kaznodziejów takich jak Woolman, biskupów takich jak papieski jałmużnik (który mieszka w pracy, odkąd oddał mieszkanie syryjskim uchodźcom), polityków takich jak były prezydent Urugwaju José Mujica, który nie mieszkał w pałacu, tylko w prostym domku z żoną i pieskiem, a pensję oddawał biednym, bo stwierdził, że ma małe potrzeby (nie zgadzam się z wieloma poglądami Mujicy, ale jego podejście do służby publicznej mi imponuje). Wierzę, że przyjdzie czas, kiedy to również tacy właśnie wariaci będą urządzać nam raj.

Uczynki miłosierdzia wyliczone przez Chrystusa nie byłyby może spychane do rangi katechizmowej wyliczanki albo traktowane z pobłażaniem jako kolejna porcja katolickiej utopii, gdyby do ludzi dotarło, że Jezus wykazuje się tu dużo większą przenikliwością i wiedzą o świecie niż Milton Friedman. Świat, w którym ludzie potrafią użyć swojej wolności nie tylko po to, by nakręcać swój apetyt, ale również po to, by go do rozsądnego poziomu ograniczyć – to świat ciut gorszy dla jednego procentu ludzkości, ale dla 99 procent o całe niebo lepszy. Czy można więc zmusić ten jeden procent, by się nieco na swojej ławce posunął? Nie można. Ale można perswadować, zachęcać, nęcić. Jeśli nie noszeniem białych ciuchów, to choćby słuchaniem autorytetów innych niż wymienieni wyżej bogowie wolnego rynku. Oto fragment wywiadu, jakiego Grzegorzowi Sroczyńskiemu z „Gazety Wyborczej" udzieliła ekonomistka, prof. Elżbieta Mączyńska:

Powiedzmy, że ja, pan i trzy inne osoby zarabiamy razem milion złotych rocznie. Ale ja mam 900 tysięcy, a pan i pozostałe trzy osoby po 25 tysięcy. Ja – mając co roku tak dużą sumę – wcale nie ruszam z pieniędzmi na rynek. Część ulokuję w zagranicznych funduszach spekulacyjnych, część odłożę, może nawet opłaci mi się tzw. optymalizacja w raju podatkowym. Pozostałe osoby – zarabiając po 25 tysięcy rocznie – ledwo wiążą koniec z końcem, więc kupią tylko to, co najpilniejsze do przeżycia.

Teraz podzielmy ten milion inaczej, czyli równiej: dla mnie 400 tysięcy, dla pana 300 tysięcy, a dla trzech pozostałych osób po 100 tysięcy złotych rocznie. Drastycznie inny efekt dla rynku! Mój zarobek to nadal bardzo dużo, ale jednak nie tyle, żeby ryzykować spekulacje walutowe. Pańskie 300 tysięcy to sporo, być może kupi pan większe mieszkanie, co nakręci koniunkturę, bo potem są kafelki, meble itd. Pozostali – mając po 100 tysięcy rocznie – zrobią remonty, kupią nowe ubrania, ktoś zmieni samochód, inny pójdzie do dentysty, na którego poprzednio brakowało. Kapitalizm na bardziej równym podziale tylko skorzysta.

JAKBY KOMUŚ JESZCZE BYŁO MAŁO:

A czy na praktykowaniu miłosiernego spojrzenia na świat nie straci dusza? Czy niewypełnianie tych uczynków to grzech? Zależy: bogacz z ewangelicznej przypowieści o Łazarzu nie zrealizował co najmniej trzech i wylądował w piekle. Grzech nie grzech, ale patrząc na to, ile wszyscy mogą na tym zyskać – głupota to jest na pewno. Święty Jan Chryzostom zgrabnie porównał miłosierdzie do oliwy:

Oliwa nie wzmacnia tak ciała, jak miłosierdzie wzmacnia duszę. Ono zabezpiecza ją przed wszystkim, czyni niezwyciężoną wobec diabła. Gdziekolwiek by ją uchwycił, zaraz mu się wyślizguje, gdyż olej miłosierdzia nie pozwala, by nas pochwycił za barki i trzymał. Stale się więc nacierajmy tą oliwą. Ona jest warunkiem zdrowia, podtrzymuje światło, jest przyczyną blasku. „A ten czy ów, ktoś powie, ma tyle a tyle talentów w złocie, ale nic nie daje". A cóż to ciebie obchodzi? Tym większy podziw będziesz wzbudzać, jeśli w swym ubóstwie będziesz bardziej miłosierny niż on. Podobnie Paweł nie dlatego podziwiał Macedończyków, że dali, ale że dali, chociaż byli ubodzy (por. 2 Kor 8, 1-5).

Ojciec Silvio Fausti SJ dodaje: „Kościół nie zbawia ubogiego, to ubogi zbawia Kościół". O tym, że biedny to nie statystyka, ale realne, żywe ciało Chrystusa, którego mamy dotykać i którym mamy się z czcią opiekować, piszę więcej przy okazji omawiania ośmiu błogosławieństw.

1

BYŁEM GŁODNY, **A DALIŚCIE MI JEŚĆ**

TEORIA:

Jeśli ktoś nigdy w życiu nie był tak naprawdę, solidnie głodny, to niech nie je przez trzy dni od teraz albo niech sięgnie po którąś z historycznych relacji z oblężenia Leningradu w czasie ostatniej wojny. Ja odkładam je zwykle po kilkudziesięciu stronach, gdy zaczyna się etap zjadania ukochanych domowych psów, a nie zaczął się jeszcze kanibalizm.

Można też wziąć na czytelniczy warsztat powieść *Głód* wybitnego norweskiego prozaika, Knuta Hamsuna. To historia literata, który – nie mając co do garnka włożyć i w ogóle za co żyć – tuła się po ulicach XIX-wiecznej stolicy Norwegii, Christianii. Opowieść utkana jest z jego poszukiwań strawy, głodowych omamów, dramatycznych starań instynktu każącego mu walczyć o przetrwanie, a także braku sił, by cokolwiek w tym kierunku zrobić. Po zakończeniu lektury byłem w szoku. Jeszcze nigdy żadnej książce nie udało się zmienić fizjologicznych reakcji mojego organizmu. Czytając *Głód*, po prostu czułem głód.

Głód żarł mnie straszliwy, tak że nie miałem chwili spokoju. Przełykałem raz po raz ślinę, by się nasycić i trochę zelżało. Niedostateczne odżywianie w ciągu kilku tygodni odebrało mi siły. Najgorzej było z plecami, kłucia w piersiach mogłem się pozbyć na chwilę przy pomocy kaszlu lub skulenia się, ale na plecy i ramiona nie było rady. (...) Nie płakałem, byłem zbyt słaby. Cierpiąc ogromne męki, siedziałem bezradny, nieruchomy i głodowałem. Musiałem dostać chyba zapalenia płuc, bo w piersiach paliło mnie strasznie. Żucie wiórów już nie pomagało, a męczyło jeno szczęki. Zaprzestałem walki i poddałem się. Poza tym gniotła mnie w żołądku łupina pomarańczy znaleziona na uli-

cy i połknięta chciwie. Byłem chory. Tętnice w przegubach rąk nabrzmiały sino. (...) Uczułem ponownie haniebny apetyt, wewnętrzną żarłoczność, która rosła z każdą chwilą. W piersiach żarło mnie bezlitośnie, odbywała się tam przedziwna jakaś czynność. Zdawało mi się, że mam w sobie tuzin maleńkich, drobnych zwierzątek, które pochylają na bok głowy i gryzą przez moment, potem przechylają głowy w drugą stronę i znowu gryzą przez moment. Następnie leżą cicho i znów zaczynają gryźć bez pośpiechu, a tam, gdzie wbiły zęby, powstają długie, puste chodniki...

Te fragmenty z Hamsuna wybrał inny jego czytelnik, ks. Andrzej Draguła, autor eseju zamieszczonego we wspólnym projekcie portalu Deon.pl i kwartalnika „Więź" – *(k)Rok Miłosierdzia*. Andrzej (znamy się od wielu lat) zwraca tam uwagę, że głód zawsze wymieniany był na pierwszym (lub drugim – po chorobach) miejscu we wszystkich wyliczankach spadających na ludzi klęsk i modlitwach o uwolnienie od nich. Podobnie – karmienie człowieka było zawsze na topie listy dobra, jakie można drugiemu wyświadczyć. Zaspokajanie czyjegoś głodu to czynność bardzo święta, podtrzymywanie danego przez samego Boga życia.

Powiedzmy to wprost: jeśli więc ktoś prosi cię o jedzenie, a ty odmawiasz – bierzesz na siebie poważne ryzyko. Jasne, znam temat: we współczesnych miastach działają żebracze szajki, których członkowie proszą o pożywienie, licząc na to, że niewielu ludzi ma je przy sobie i że raczej dostaną pieniądze (a nawet jeśli ktoś pójdzie i im coś kupi, to oni oddadzą to do sklepu albo sprzedadzą dalej). Naiwny raczej nie jestem (a po czterech latach pracy w tzw. działalności dobroczynnej – tym bardziej), ale ze względu na przywołane ryzyko, gdy pada prośba o pokarm, nie mogę odmówić. I to mimo iż wiem, że w większości europejskich stolic prowadzone są dziś akcje rozdawania żywnościowych pakietów wszystkim, którzy o to poproszą, a świadomość restauratorów i producentów jedzenia (że obok mogą być potrzebujący) – rośnie. Gdy jednak ktoś prosi mnie o jedzenie, powtarzam: wolę nakarmić oszusta, niż zostać zabójcą.

Niedożywienie, na które cierpi jeden na dziewięciu Ziemian, w takim na przykład Kongu widać na ulicach. U nas kryje się za drzwiami biednych kamienic i walących się wiejskich domów. Nie wiem, czy ktoś prowadzi kompletne statystyki pokazujące, ilu starszych i bezrobotnych ludzi zapada na ciężkie schorzenia z powodu zbyt ubogiej diety, wiem, że każdy taki przypadek to megawstyd dla parafii, diecezji. Dla całego ochrzczonego narodu.

LICZBY:

* Około 800 milionów ludzi cierpi dziś na Ziemi z powodu głodu lub chronicznego niedożywienia.

* 3,1 miliona dzieci poniżej piątego roku życia umiera rocznie z powodu niedożywienia (6 zgonów w ciągu każdej minuty).

* Obecny potencjał żywnościowy świata wynosi 2790 kcal/osobę/dzień (to znaczy, że w wypadku równego dostępu do produkowanej dziś żywności, każdy mieszkaniec Ziemi byłby w stanie otrzymywać pożywienie o takiej wartości energetycz-

nej). Dzienne zapotrzebowanie na kalorie wynosi (w przybliżeniu): u niemowlęcia – 500 kcal, u pięciolatka – 1600 kcal, u dorosłego 2000-2700 kcal. WHO ustaliła minimum przeżycia dla dorosłego człowieka na poziomie 2200 kcal.

* Gospodyni domowa z krajów zachodniej Europy wydaje średnio 10-15 procent dochodów rodziny na zakup jedzenia. Dla kobiety z manilskich *smoky mountains* (nieustannie dymiących wielkich wysypisk śmieci będących domem dla setek tysięcy biedaków) – jedzenie to 80-85 procent ogółu wydatków.

* 1/3 ludności Ziemi nie może w pełni korzystać ze swojego potencjału fizycznego i umysłowego z powodu braku witamin i składników mineralnych. Niedobór witaminy A w pożywieniu dotyka co roku około 40 milionów dzieci, około 13 milionów rocznie traci z tego powodu wzrok.

* Jednym z najważniejszych czynników odpowiadających za wzrost cen żywności (obok działalności globalnych megaholdingów żywnościowych i funduszy inwestycyjnych spekulujących na rynku żywności) jest produkcja biopaliw z roślin jadalnych. Jak już wcześniej wspomniałem: w 2014 roku amerykańskie firmy spaliły w tym celu 46 procent krajowych plonów kukurydzy. Znaczna część konfliktów w państwach Ameryki Łacińskiej i Afryki ma w tle działania wielkich koncernów, które przy wsparciu lokalnych polityków odbierają ziemię rolnikom, by urządzić przemysłowe plantacje palmy oleistej lub kukurydzy.

* W Polsce z powodu niedożywienia (nazywanego niekiedy „cichym głodem", bo wyniszcza organizm powoli) cierpi – według różnych szacunków – 100-200 tysięcy dzieci. W analizach dotyczących głodu najczęściej mówi się o dzieciach nie dlatego, że to grupa najsilniej działająca na emocje, ale dlatego, że o ile w przypadku dorosłego nawet długotrwałe niedożywienie może być procesem odwracalnym, o tyle niewłaściwe odżywianie dziecka poniżej piątego roku życia skutkuje trwałym upośledzeniem funkcji organizmu w całym przyszłym życiu.

PRAKTYKA:

1. Sprawdź, czy w okolicy działa Wspólnota Sant'Egidio (albo jakakolwiek inna) zajmująca się opieką nad bezdomnymi i głodnymi w miejscach ich pobytu. Sant'Egidio potrzebuje odpowiedzialnych wolontariuszy, a okresowo również ludzi do pomocy w robieniu kanapek czy przygotowywaniu dorocznej Wigilii, zwanej bankietem miłosierdzia.

2. Jeśli nie uda ci się żadnej wspólnoty znaleźć – zaproś spotkaną na ulicy bezdomną osobę na śniadanie, lunch albo kolację. Jeśli spotykasz ją częściej, zrób z tego zwyczaj. Zupa w południe raz czy dwa na tydzień nie kosztuje wiele, a może to być cena za zmianę na lepsze dwóch ludzkich światów. Jeśli słyszałeś o kimś ubogim i samotnym w najbliższej okolicy – raz w miesiącu zrób mu zakupy, takie, jakie robisz sobie.

3. Załóż na Facebooku wydarzenie, zaproś do współpracy znajomych, kupcie o jedno opakowanie trwałej żywności (puszki, makarony, soki) więcej. Zebraną żywność przekaż do działającej w okolicy kuchni dla bezdomnych (bywają przy klasztorach i parafiach, trzeba poszperać w sieci) albo do jednego z domów Wspólnoty Chleb Życia siostry Małgorzaty Chmielewskiej. Przed zorganizowaniem wydarzenia trzeba zadzwonić (lub pójść) do danej organizacji i zapytać, czego najbardziej w tej chwili potrzebuje.

4. Zadbaj o zracjonalizowanie żywienia. Wydłuż czas posiłków (w USA czas trwania kolacji skrócił się w ciągu ostatnich 20 lat z 33 do 14 minut), co pozwoli zmniejszyć ich objętość (mniej łapczywe jedzenie). Unikaj restauracji z głośną muzyką, która instynktownie zmusza nas do szybszego i bardziej obfitego jedzenia oraz większej konsumpcji alkoholu (bo organizm podświadomie każe nam z takich miejsc jak najszybciej uciekać). O ile to możliwe – kupuj jedzenie od miejscowego dostawcy i od małych, lokalnych producentów.

5. Żeby poszerzyć swoją wiedzę o głodzie (oraz wyobraźnię w tym zakresie), wpisz do przeglądarki internetowej hasło „Hunger Banquet". Wejdź na stronę OxfamAmerica.org i pobierz materiały do przygotowania imprezy, na której wraz ze znajomymi będziecie mogli przekonać się, jak porąbany jest obecnie podział żywności na świecie (w zależności od statystyk z danego roku: kilka procent uczestników spotkania siedzi przy stole i je normalną kolację, kilkanaście procent – na stołkach, jedząc ryż

z fasolą; większość – na podłodze, pijąc wodę i jedząc ryż).

6. Weź udział w dowolnej akcji dożywieniowej dostępnej w internecie. Za 50 złotych wesprzyj PAH-owskiego Pajacyka (Pajacyk.pl), za dwa złote kup posiłek jednemu z małych podopiecznych Ośrodka Dożywiania w Ntamugendze w Kongu (DobroCzynne24.pl), znajdź innych dożywiaczy. Środki na takie wsparcie zbiera się szybciej i bardziej świadomie, gdy stale odmawia się sobie np. jakiegoś smakołyku, a jego równowartość odkłada do specjalnej skarbonki (której zawartość wpłacamy później zajmującym się problemem fachowcom).

2

BYŁEM SPRAGNIONY, **A DALIŚCIE MI PIĆ**

TEORIA:

Ten nakaz Jezusa często interpretuje się w kluczu metaforycznym, widząc w nim wezwanie do nasycania rozmaitych ludzkich pragnień, przede wszystkim pragnienia akceptacji i miłości, poczucia sensu itp. To, że mówiąc o takich sprawach, używa się terminu „pragnienie", ma pokazać intensywność braku i absolutną niezbędność danej rzeczy dla życia człowieka.

Bez jedzenia człowiek jest w stanie wytrzymać nawet kilka tygodni, gdy jednak zabierze mu się wodę – nie przeżyje tygodnia. Pamiętam, jak podczas jednej z podróży do Oceanii źle wyliczyłem zapas i nie miałem dostępu do wody przez około osiem, dziesięć godzin. Nie wiem, jak czują się ci, którzy nie mają go dłużej, ja byłem na krawędzi totalnego obłędu.

Dlatego z przejęciem zawsze patrzę na mijane na afrykańskich drogach zastępy kilkuletnich maluchów dźwigających na głowach 10- i 20-litrowe żółte baniaki z wodą, targane czasem ze źródeł odległych o pięć czy dziesięć kilometrów. Brak dostępu do czystej wody na miejscu oznacza dla tych dzieci, że nie będą mogły chodzić do szkoły. Że będą narażone na dziesiątki chorób związanych z piciem wody z kałuży czy innych bajorek (a tam czyhają na nie pasożyty, takie jak robak gwinejski czy przywry wywołujące bilharcjozę). Wreszcie – że nie będą w stanie prawidłowo się odżywiać, bo brak wody to brak możliwości uprawiania ziemi. A połączenie w całość tych wszystkich okoliczności spowoduje, że nigdy nie będą w stanie wydostać się z zaklętego kręgu wodnego wykluczenia, gdzie coś, co dla nas jest oczywistością, ma wartość większą niż złoto.

Póki mam przed oczami ten widok, póty jestem zdania, że zanim zaczniemy rozbierać to wskazanie Jezusa na sensy duchowe, musimy najpierw wypełnić je w sensie zupełnie dosłownym. Przede wszystkim powiedzieć głośno, że dostęp do wody jest prawem człowieka i wbrew temu, co mówi dziś wielki biznes – woda nigdy nie powinna być prywatyzowana. O skomercjalizowanie dostępu do wody zabiegają usilnie nie tylko koncerny bezpośrednio wykupujące źródła, wodociągi, a nawet rzeki, ale również przedstawiciele firm spożywczych, zakładających w najbiedniejszych krajach państwowo-publiczne biznesy, pozwalające im położyć łapę na niezbędnym do produkcji napojów rezerwuarze wód pitnych.

W Polsce nie mamy dziś kłopotu z dostępem do czystej wody, przeciwnie – marnujemy ją hurtowo. Na świecie jednak problem z wodą narasta (pisałem już o tym: szacuje się, że do 2025 roku dostępu do niej nie będą miały dwa miliardy ludzi), a praktycznie każda z zamieszczonych poniżej statystyk to dla nas po prostu hańba.

Te statystyki pokazują też drugi koniec wodnego problemu: brak dostępu do toalet. W Afryce to olbrzymi kłopot i źródło chorób (znaczna większość obszarów jest nieskanalizowana, a w gospodarstwie zawsze są jakieś ważniejsze zajęcia niż wykopanie porządnej latryny). W europejskich miastach brak dostępu do kibelka i łazienki również stanowi największą bolączkę społeczności najbiedniejszych. Rzymscy czy warszawscy bezdomni mówią wprost: z głodu dziś tu umrzeć się raczej nie da. Ale jak koszmarny wpływ na zdrowie człowieka i na jego godność, a nawet na jego perspektywę wyjścia z bezdomności ma fakt, że przez wiele tygodni nie może się zwyczajnie umyć? Bezdomni, którzy śmierdzą, nie śmierdzą zazwyczaj dlatego, że bardzo to lubią, ale – że nie mają dostępu do łazienki. Dlatego Papieskie Biuro Dobroczynności zorganizowało bezdomnym prysznice (z fryzjerem) w otaczającej plac św. Piotra Kolumnadzie Berniniego. To dlatego organizacje zajmujące się bezdomnymi w Warszawie mówią i apelują: to nie kolejne noclegownie i ogrzewalnie są teraz priorytetem (choć ich zawsze przyda się więcej; a nade wszystko przyda się podniesienie standardu w tych już istniejących, bo ja się wcale nie dziwię, że z niektórych z nich bezdomni uciekają na mróz, sam bym to na ich miejscu zrobił), ale łazienki. Wiemy, że bezdomny to istota, którą należy zachować przy życiu, dlatego ją karmimy i ogrzewamy. Kiedy zrozumiemy, że to dokładnie taki sam jak my – człowiek?

Póki co, w moich prywatnych rozważaniach dopuszczam jeden niedosłowny sposób rozumienia nakazu pojenia spragnionych. Jezus żył w upalnym klimacie Bliskiego Wschodu, woda była tam synonimem życia, dostarczała pożywienia, chroniła też przed śmiercią z przegrzania. Była więc tym samym co odpoczynek, co regeneracja sił człowieka, któremu pot zalewał oczy. Przywracała do istnienia. Pojenie spragnionych mogę więc też rozumieć jako imperatyw troski o tych 52 niewolników, którzy dla mojej wygody i komfortu pracują codziennie w nieludzkich warunkach w szwalniach, na śmietniskach, w kopalniach i na farmach na całym świecie (obliczyłem to na kalkulatorze dostępnym na stronie SlaveryFootprint.org, każdemu polecam to zrobić).

Szacuje się, że prawie 30 milionów ludzi pracuje dziś w warunkach niewolniczych (tzn. wykonują pracę wbrew swojej woli i bez płacy albo za wynagrodzenie drastycznie niższe od pozwalającego na przeżycie). Setki tysięcy z nich pracują po 20 godzin dziennie i pod ciągłym nadzorem na farmach krewetek w południowo-wschodniej Azji. 1,4 miliona dzieci jest zmuszanych do pracy przy uprawach bawełny w Uzbekistanie. 200 tysięcy dzieciaków pracuje niewolniczo przy wyrobie dywanów w Indiach. Globalny zysk z pracy niewolników to około 150 miliardów dolarów rocznie. Co ja mogę z tym zrobić?

Kilka praktycznych propozycji zamieściłem poniżej. Póki co – zróbmy pierwszy i najważniejszy krok. Niech wreszcie do nas dotrze, że ślicznie zapakowany towar uśmiechający się do nas radośnie ze sklepowej półki nie począł się niepokalanie w hurtowni. Wytworzyły go czyjeś ręce, czasem gdzieś na drugim końcu świata. Handlowcy i producenci zrobią dużo, by na bananach, czekoladzie, kawie, ciuchach czy elektronice nie było widać śladów krwi (pisałem o tym w *Jak robić dobrze* – jeden na pięć smartfonów i tabletów zawiera minerały ukradzione niewolniczo pracującym dzieciom w prowincji Kiwu Północne w Demokratycznej Republice Konga, gdzie działa moja Fundacja Dobra Fabryka). Dlatego musimy o przywrócenie tej infostrady między wytwórcą a odbiorcą zadbać sami. Chcesz dać chwilę wytchnienia umierającemu z wysiłku robotnikowi gdzieś na końcu świata? Poświęć parę godzin na doedukowanie się i poszerzenie horyzontu poza osiedlowy sklep i swój czubek nosa.

Każda z globalnie działających firm (kosmetyczna, odzieżowa, żywnościowa) ma zwykle w internecie bogate dossier dotyczące poziomu swojej odpowiedzialności za środowisko, w którym działa. Ci, którzy posługują się językiem angielskim, znajdą w sieci niezliczone raporty niezależnych organizacji pokazujących, która marka wykorzystuje niewolników, kto truje, kto zabija, kto dewastuje, kto kradnie. W języku polskim niedawno ukazała się przeciekawa książka Marka Rabija *Życie na miarę*, która pokazuje, jak wygląda codzienność w azjatyckich szwalniach produkujących ubrania dla wielu polskich sieciówek (już tu wspominałem, że po głośnym zawaleniu się jednej z nich w 2013 roku na gruzach znaleziono metki wielu naszych znanych marek). 12-latki pracują tam po kilkanaście godzin na dobę, za kwotę pozwalającą na kupienie jednego posiłku dziennie. Rabij pisze, że wizje lokalne europejskich biznesmenów, przynaglanych naciskami ze strony walczących z niewolnictwem NGO-sów, można (mało elegancko, ale trafnie) porównać do przewiezienia eleganckich państwa, którzy w drogiej restauracji zamówili steka, wprost do rzeźni. Bangladesz i Kambodża to setki tysięcy niewolników i półniewolników. O tym, co dzieje się w pobliskich Chinach, skąd każdego roku do Stanów Zjednoczonych płynie około miliarda samych tylko tiszertów, pisze Pietra Rivoli w książce *Śladami T-shirta* (szczegółowe dane książek jak zwykle w bibliografii). Warto też poszukać w necie informacji gromadzonych przez międzynarodowy ruch społeczny Fair Trade (Sprawiedliwy Handel – FairTrade.org.pl), m.in. o systemie certyfikacji pozwalającym odróżnić producentów grających fair od (tłumaczących się zawsze wolnym rynkiem, morderczą konkurencją i trudnym otoczeniem biznesowym) cyników i dusigroszy. Uczciwe kupowanie to dziś nie fanaberia dla bogaczy, dla współczesnego chrześcijanina – to konieczność.

LICZBY:

* Około 650 milionów ludzi na świecie nie ma dostępu do bezpiecznych źródeł wody. 2,4 miliarda mieszkańców Ziemi nie ma dostępu do toalety. Liczba ludzi dysponujących telefonem komórkowym jest większa niż liczba ludzi mających dostęp do toalety.

* Co półtorej minuty umiera na świecie dziecko, którego śmierć związana jest z brakiem dostępu do czystej wody. Biegunka związana z brakiem czystej wody i dostępu do higieny zabija ponad 840 tysięcy ludzi rocznie.

* Wyprodukowanie 1 kilograma wołowiny w hodowlach przemysłowych pochłania około 15 tysięcy litrów wody. Produkcja 1 litra biopaliwa to zużycie 4 tysięcy litrów wody.

* Statystyczny Polak zużywa osobiście (nie wliczamy w to wody zużytej na wyprodukowanie potrzebnych mu dóbr) około 170-200 litrów wody na dobę (Amerykanin: 365 litrów). Około 40 procent tej wody służy do kąpieli.

* Nieszczelny kran, z którego woda kapie z częstotliwością jednej kropli na sekundę, to zużycie na poziomie 5 tysięcy litrów w ciągu roku. Na cierpiących na deficyt wody obszarach Afryki Subsaharyjskiej roczne zużycie wody na mieszkańca to 2-4 tysiące litrów (5-10 litrów dziennie). Basen olimpijski mieści 2,5 miliona litrów wody.

* Kobiety i dzieci (te dwie grupy obarczane są zwykle obowiązkiem dostarczenia wody do domu czy gospodarstwa) spędzają rocznie 125 milionów godzin, maszerując po wodę (średnia odległość pokonywana dziennie w Afryce i Azji to około 7 kilometrów).

* Łączna objętość szacowanych światowych zasobów słodkiej wody to 10,5 miliona kilometrów sześciennych. 22,6 procent zasobów powierzchniowej wody słodkiej (bo są jeszcze wody gruntowe) zawiera jezioro Bajkał, 21,8 procent – Wielkie Jeziora Ameryki Północnej, 18,1 procent – jezioro Tanganika.

PRAKTYKA:

* Poszukaj w sieci organizacji, która prowadzi gdzieś na świecie projekt poprawy zaopatrzenia ludzi w wodę poprzez kopanie studni, budowę infrastruktury, budowę toalet – moje typy od lat to PAH (Pah.org.pl) i Fundacja Studnia Nadziei (StudniaNadziei.org). Zanim zdecydujesz się wesprzeć, przeczytaj zamieszczone na stronach materiały. Dawaj świadomie. Większość organizacji dobroczynnych doskonale wie, że świat zmienia się nie tylko poprzez gromadzenie wpłat, ale też przez rozszerzanie horyzontów i wyposażanie ludzi w wiedzę, dlatego ich strony pełne są fascynujących multimediów, danych, reportaży, wykresów, wyjaśnień i ciekawostek.

* Wejdź na stronę Roundabout.co.za i dowiedz się, jak pomysłowe mogą być projekty związane z pozyskiwaniem wody. Tu przeczytasz o południowoafry-

kańskim wynalazku – pompie głębinowej napędzanej przez energię bawiących się dzieci.

* Sprawdź na stronie GUS-u, jaki odsetek mieszkań/domów w twojej okolicy ma dostęp do łazienki/bieżącej wody (najgorsza sytuacja panuje na wsiach, gdzie toalet nie ma jedna czwarta domów, ale też np. brakuje ich w 19 procentach starych kamienic na warszawskiej Pradze-Północ). Gdy uda ci się ustalić przynajmniej jedną rodzinę z sąsiedztwa, która ma taki problem, skrzyknij znajomych i zróbcie eksperyment: zablokujcie sobie dostęp do własnych łazienek na 12 godzin. A gdy zbuduje to waszą motywację – spróbujcie poruszyć, kogo trzeba (opiekę społeczną, sponsorów, parafię), by rozwiązać ten problem choćby jednej rodzinie.

* Jeśli jesteś statystycznym Polakiem, to znaczy, że w 2014 roku wypiłeś 116 litrów wody butelkowanej. Rynek wody butelkowanej rośnie na świecie w tempie 20 procent rocznie (w Polsce: 5-10 procent). Poświęć godzinę na możliwie dokładne zbadanie dossier twojej ulubionej marki wody mineralnej. Wystarczy wyjazd na południe Polski, by posłuchać historii mieszkańców, którzy skarżą się na wysychanie lasów i drastyczne obniżenie poziomu wód gruntowych, po tym jak w pobliżu wielki koncern spożywczy uruchomił produkcję bardzo popularnej mineralnej.

Sprawdź na etykiecie, co pijesz. Woda mineralna to taka, która zawiera minimum 1000 miligramów substancji mineralnych na litr. Warto wiedzieć, czy woda, którą najbardziej lubisz, mocno różni się w parametrach zmineralizowania od zwykłej kranówki (która w wielu polskich miastach jest już naprawdę wysokiej jakości).

Nie każdego przekona pewnie do kranówki argument, że rocznie na polski rynek trafia 4,5 miliarda plastikowych butelek, z których tylko 1,1 miliarda jest recyklingowanych. Ale może warto zacząć od obudzenia w sobie świadomości, że szalona moda na picie wody i wszystkie nakręcające ją filmiki pokazujące młodych, szczęśliwych ludzi biegnących przed siebie z butelkami wody (i obowiązkowo białymi słuchawkami w uszach), to są reklamy, a nie misja społeczna albo Ewangelia.

* Jeśli pijesz wodę butelkowaną, nie tylko recyklinguj butelki – zbieraj też nakrętki. Nimi naprawdę można zmieniać świat, trzeba tylko wiedzieć, komu je oddać. I nie zniechęcać się, że potrzebna jest ich tona. Tony biorą się z dekagramów, a jakie cuda można z nich zrobić – pokazuje choćby Lubelskie Hospicjum dla Dzieci im. Małego Księcia, które od lat prowadzi zbiórkę nakrętek i funduje za to przyjemności swoim podopiecznym. Sam mam w garażu wyprodukowany przez nich pojemnik, tzw. zakrętkożercę, i staram się regularnie go dokarmiać.

3

BYŁEM PRZYBYSZEM, **A PRZYJĘLIŚCIE MNIE**

TEORIA:

Ewangelista Mateusz używa tu tak dobrze znanego nam ze słowa „ksenofobia" terminu *ksenos* (obcy, nienależący do wspólnoty, nieoczekiwany) i mówi, że powinniśmy Go *synegagete*, czyli przygarnąć, ugościć między nami. „To obcy ma być przyjęty i to ponad wszelką wątpliwość przyjęty gościnnie – tak aby zniknął podział na obcego i swojego", pisze we wspomnianym cyklu *(k)Rok Miłosierdzia* delegat ds. imigracji polskiego Episkopatu, bp Krzysztof Zadarko.

To świetny, naprawdę wart przeczytania tekst. Biskup Krzysztof wspomina w nim o starej, jeszcze judaistycznej tradycji, streszczającej się w polskim przysłowiu „Gość w dom, Bóg w dom". Ze zdumieniem pisze o polskich politykach i prawicowych publicystach, którzy wyśmiewają się dziś z „przynudzających" Ewangelią „pięknoduchów i naiwniaków", apelujących, byśmy otworzyli się na przybyszów. To jasne, że powinniśmy przyjmować ich mądrze, z głową, tak by i nam, i im nie stała się żadna krzywda, ale na Boga – powinniśmy wreszcie zacząć coś robić! „Niedopuszczanie ubogich do udziału w swoich własnych dobrach oznacza kradzież i pozbawianie życia" – pisze św. Jan Chryzostom, a ja wciąż zachodzę w głowę, jak długo jeszcze będziemy pisali o uchodźcach to, co 30 lat temu pisano o uciekających przed komunizmem do Austrii czy Niemiec Polakach (że to pijacy, że będą kraść auta i gwałcić kobiety, że zniszczą zachodni etos pracy swoim bumelanctwem). „Deklarujemy, że moglibyśmy im pomagać, ale nasze poczucie bezpieczeństwa nie może zostać naruszone. Czyż i poganie tego nie czynią?" – pyta biskup Krzysztof.

Trafia w punkt. Pytanie o uchodźców i imigrantów zaczyna być osiową sprawą dla diagnozy naszego polskiego chrześcijaństwa. W niejednym tekście próbowałem już lansować tezę, że tak jak tragedia smoleńska była testem na spoistość naszego społeczeństwa i dobitnie wykazała, w jakiej – jako naród – jesteśmy kondycji po 25 latach wolności, tak trwająca od kilkunastu miesięcy ostra faza kryzysu migracyjnego pokazała nam, jak to naprawdę (a nie deklaratywnie) jest z praktykowaniem Ewangelii w katolickim narodzie. Gdy trzeba było podejmować (szlachetne) wysiłki walki np. z pomysłami legalizacji tzw. małżeństw homoseksualnych, byliśmy wielkimi piewcami bezkompromisowości Ewangelii, bo urządzaliśmy nią czyjeś życie. Ale gdy Ewangelia przyszła urządzić nasze życie i odebrać nam spokój oraz bezpieczeństwo, zaczęło się wielkie larum. I wyjaśnienia, że Katechizm to jednak mówi co innego, kardynał Wyszyński też był przeciw, a tak w ogóle to przecież Jan Sobieski lał muzułmanów pod Wiedniem, a nie ich przyjmował do kraju.

To kolejne podobieństwo: zarówno po Smoleńsku, jak i po Lampedusie internet przeżył prawdziwą publicystyczną eksplozję, był świadkiem narodzin niezliczonych zastępów ekspertów. W 2010 roku każdy Polak mający dostęp do internetu natychmiast stawał się ekspertem od katastrof lotniczych, dziś – wszyscy jesteśmy uznanymi specjalistami od historii islamu, terroryzmu i gospodarki Bliskiego Wschodu. Trzeba przyznać, że coraz sprawniej przerzucamy się wykresami, liczbami i wywiadami dowodzącymi prawdziwości skrajnie sprzecznych tez, tyle że od tego mieszania herbata nie stała się słodsza. Co realnie można zrobić, by przybysze pukający do naszych bram rzeczywiście zostali potraktowani, tak jak powinni zostać potraktowani przez ludzi, którzy twierdzą, że mają (mieli) coś wspólnego z Jezusem Chrystusem?

Po pierwsze trzeba zrobić coś, w czym Polacy zawsze byli dobrzy. W ludziach (niezależnie od tego, jakiej byli narodowości i wyznania) widzieli ludzi. Nie zjawiska socjologiczne, nie potencjalne zagrożenie, nie rozsadników innej kultury czy religii, ale człowieka. Imię, nazwisko, oczy, usta, ręce, rodzinę i osobistą historię. Jestem głęboko przekonany, że gdybyśmy owych uchodźców mieli dziś nie na zdjęciach w internecie, ale na naszych ulicach, to zdecydowana większość z nas (łącznie z tymi, co wypisują teraz antyimigracyjne brednie) dzień i noc nosiłaby im ubrania, koce, herbatę. I nie dopytywała, dlaczego są wśród nich młodzi mężczyźni, nie utyskiwała, że pewnie będą chcieli wyjechać do Niemiec (wśród Polaków emigrujących do USA w latach 80. też dominowali młodzi, zdolni do pracy mężczyźni, a Reagan jakoś nie kazał im łapać za karabiny i wracać do domu, by walczyli z Jaruzelskim). Fajnie, że rośnie liczba deklaracji: „Jestem za tym, żeby im pomagać tam na miejscu". Naprawdę wspaniale. A ilu z tych, co są zwolennikami takich działań, rzeczywiście coś dla kogoś, niosąc pomoc, w tureckich czy jordańskich obozach zrobiło?

Nie wiem, czy polskiego państwa, które stać na organizowanie co chwila absurdalnych referendów za sto milionów złotych albo wyborów uzupełniających za kilkanaście milionów, nie stać na przyjęcie tysiąca uchodźców i precyzyjne wyłuskanie spośród nich jeszcze przed przyjazdem (od tego mamy służby) tych, którzy rzeczywiście najpilniej pomocy potrzebują. Prorokowałem już, że polski Kościół, jeśli zdecyduje się jeszcze silniej włączyć w organizowanie wsparcia dla migrantów, zbierze wśród rodaków większe baty, niż w 1966 roku zebrał po słynnym liście od biskupów polskich do niemieckich. Czy nasz Nauczyciel nie mówił jednak przypadkiem, że miłość bliźniego nie ma być dla nas ważniejsza od własnego dobrostanu, ba – od życia? Konfrontowani z takim postawieniem sprawy polscy katolicy odpowiadają mi czasem wprost: „To ja się z takiego katolicyzmu wypisuję". Szanuję taką postawę. To uczciwe postawienie sprawy.

Po zaliczeniu emocjonalnego szoku zwykle następuje spokojna rozmowa o faktach. Przekonuję się, że moi rodacy o islamie wiedzą tylko tyle, ile powie im propaganda. Nie mają pojęcia, że jedynie niespełna 20 procent światowej populacji muzułmanów to mieszkańcy Bliskiego Wschodu (największym krajem islamskim na świecie jest Indonezja, drugim Pakistan, trzecim Indie, a czwartym Bangladesz). Że muzułmanie to obecnie 6 procent ludności Europy. Do 2025 roku mają stanowić 15 procent, ale futurolodzy zwracają uwagę, że w skali globu społeczność islamską dotknie dokładnie to samo zjawisko, które spotka cały nasz świat: pod koniec XXI wieku współczynnik dzietności ma spaść na wszystkich kontynentach w okolice poziomu 2,1, co oznacza zatrzymanie wzrostu liczby ludności, a w perspektywie – możliwy jej spadek (wiele państw, gdzie dominuje islam, ujemny przyrost naturalny rejestruje już dziś).

Kto dziś zdaje sobie sprawę, że Polska w latach 90. przyjęła nie tysiąc, ale prawie 90 tysięcy uchodźców z Czeczenii (Czeczeni to w znakomitej większości muzułmanie)? Czy ktoś ma wrażenie, że zalali nasz kraj i przeprowadzili u nas kulturową rewolucję? W Polsce żyje obecnie 30 tysięcy muzułmanów. W Niemczech i Francji (z którymi mamy otwarte granice) – jakieś 9 milionów. Czy naprawdę ktoś musiałby przebierać się za uchodźcę, jeśli rzeczywiście chciałby zrobić u nas zamach?

Statystyki pokazują, że największą grupę ofiar islamskich dżihadystów (te ofiary idą już w setki tysięcy) stanowią... muzułmanie. Eksperci Polskiego Instytutu Spraw Międzynarodowych, którzy przygotowali nasycony faktami i liczbami raport pokazujący realne, a nie histeryczne tło imigracyjnych procesów, zwracają uwagę, że dżihadyzm to margines marginesu (niezwykle hałaśliwy) i zazwyczaj budzący przerażenie w liczącym 1,5 miliarda wyznawców islamie. Kolejne dane: w latach 1990-2000 tylko trzy kraje (Chiny, Indie i Egipt) otrzymały większą pomoc międzynarodową niż my, a my jesteśmy dziś krajem, który najmniej w UE przeznacza na pomoc rozwojową dla słabszych od nas na świecie (0,08 proc. PKB).

Przeciwnicy imigracji krzyczą, że nie chcą u nas Arabów, więc może przyjęliby np. Erytrejczyków, którzy stanowią znaczną część uciekających przez Morze Śródziemne na tratwach do Włoch uchodźców i imigrantów? Pozwoliłoby to odciążyć zatykający się europejski system udzielania pomocy. Ale to też nie. Dlaczego? Bo nie. Argumenty i liczby rzadko pomagają, gdy rozbijają się o lęk. Z moich doświadczeń wynika, że może go rozpuścić wyłącznie sam Jezus (pamiętam panią, która pierwszego dnia prowadzonych przeze mnie rekolekcji kręciła głową na moje wstawki o imigrantach i powtarzała: „To skomplikowany problem", a po dwóch dniach bombardowania nas wszystkich Ewangelią oczy świeciły jej się tak, że miałem wrażenie iż już, zaraz, natychmiast polecimy coś dla tych przybyszów robić). Albo – znów wracam do refrenu: wzięcie się do jakiejkolwiek roboty i przekonanie się, że przybysz to po pierwsze nie diabeł, a ponadto w ogóle nie jest straszny.

Sensowne i uczciwe rozwiązanie stanowi proponowana przez katolickie wspólnoty we Włoszech idea korytarzy humanitarnych. Polega to na tym, że osoby znajdujące się w najtrudniejszej kondycji (chore, w podeszłym wieku, najmłodsze, ofiary tortur itd.) po procesie weryfikacji na miejscu otrzymują wizy humanitarne (ściśle ograniczone terytorialnie) i legalnie trafiają do krajów Europy, gdzie czeka przygotowana przez Kościoły, NGO-sy i państwo (załatwiające sprawy formalne) – pomoc medyczna, społeczna, w znalezieniu schronienia czy pracy. Świata tym nie zbawimy, kryzysu migracyjnego nie rozwiążemy, ale może chociaż zamiast bić pianę w internecie i walić się swoimi lękami po łbach, uratujemy choć jedno życie. A później drugie i trzecie.

Ogłoszony 7 września 2015 roku apel papieża Franciszka, by każda parafia w Europie (oraz każde sanktuarium i klasztor) przyjęły jedną rodzinę uchodźców, był genialny. Papież nie mówił, by każda rodzina przyjęła parafię, ale by parafia przyjęła rodzinę. Nikt nie musi nikogo przyjmować na swój tapczan, wystarczy, że się w tych parę tysięcy sąsiadów skrzykniemy i zrobimy razem coś dla innych. Może w ten sposób nie tylko zintegrujemy z nami przybyszów z daleka, ale i sami zintegrujemy się wreszcie między sobą? Ktoś może dać sto złotych gotówką na miesiąc, ktoś po kosztach wynająć mieszkanie, ktoś może pomóc w załatwieniu pracy. Na razie problem zdjął nam z głowy polski rząd, wycofując się rakiem z deklaracji przyjęcia uchodźców, ale – przyznajmy szczerze – czy zrobiliśmy coś w kierunku, żeby to w ogóle wystartowało? Zdecydowana większość parafii apel Franciszka (powtórzony później przez szefa naszego Episkopatu) olała. „Bo ludzie się boją". To znaczy, że ogłosiliśmy im jakąś koślawą Ewangelię, bo ona uwalnia ludzi od lęku, a nie go legitymizuje.

LICZBY:

* 1 011 700 migrantów dotarło w 2015 roku do Europy przez Morze Śródziemne, 34 900 – drogą lądową. To dane International Organization for Migration, zdaniem Frontexu (europejska agencja ochrony granic) było ich w sumie ponad 1,8 miliona.

* 3770 osób w 2015 roku utonęło, próbując sforsować Morze Śródziemne (według danych IOM). Na Morzu Śródziemnym operuje statek ratowniczy Lekarzy bez Granic, którego załodze udało się w 2015 roku uratować kilkanaście tysięcy ludzi.

* Kraje Unii Europejskiej w 2015 roku przyznały azyl 292 540 uchodźcom.

* W Syrii i Iraku domy straciło dotąd około 12 milionów mieszkańców. W krajach sąsiadujących z Syrią przebywa dziś około 4,8 miliona ludzi, którzy uciekli z tego kraju przed wojną. Najwięcej koczuje w Turcji (2,6 miliona – według danych MercyCorps, 1,9 miliona – według rządu Turcji), ale

w Libanie, gdzie jest ich ponad milion, stanowią już jedną piątą populacji kraju. Niektórzy czekają (w obozach, pustostanach, garażach, wynajętych pokojach) na powrót do domu już trzy lata. Według danych UNHCR 49 procent uchodźców to mężczyźni, 50,7 procent to kobiety.

PRAKTYKA:

* Warto konkretnie wesprzeć jedną z organizacji działających na rzecz ofiar syryjskiej wojny na miejscu. UNHCR (Unhcr.org) jest jedną z niewielu ONZ-owskich agend, która rzeczywiście stara się pomagać ludziom, a nie przekładać papierki i śmigać terenowymi autami. W Syrii i krajach ościennych działają też nasze PAH (Pah.org.pl) i Polskie Centrum Pomocy Międzynarodowej (Pcpm.org.pl). Sensowna lista organizacji działających u źródła kryzysu jest dostępna na stronie Fundacji Wolna Syria (WolnaSyria.org). Caritasowi Polska (Caritas.pl) można wpłacić środki na żywność dla dzieci w obozach na terenie Kurdystanu. Z kolei Pomoc Kościołowi w Potrzebie (Pkwp.org) zbiera pieniądze dla grupy przesiedlonych ze swoich domów chrześcijan z Aleppo.

* Wystarczy wpisać do przeglądarki „wyjazd na Bałkany, pomoc uchodźcom", by dowiedzieć się więcej o jednej z grup Polaków, którzy omijając inercję rządu, spontanicznie organizują pomoc dostarczaną na granice UE. Warto śledzić na Facebooku działania grup takich jak np. Dobrowolki.

* Kryzys w Syrii trwa od kilku ładnych lat, w Sudanie czy Somalii – od kilkunastu. Migracyjna fala prędzej czy później (za tego czy następnego rządu, za pięć czy za dziesięć lat) i tak trafi do Polski, dobrze by więc przygotować się na jej przyjęcie, tak by nasi goście znaleźli tu czekającą na nich szansę. Każde z zaproponowanych wyżej działań można wykonać wspólnie: w grupie znajomych, w pracy, w parafii. Na stronie Laboratorium.wiez.pl można przeczytać wywiad Błażeja Strzelczyka z Tomaszem Wilgoszem, przedsiębiorcą z Oławy, który przyjął rodzinę uchodźców z Syrii. Kopalnia wiedzy praktycznej i motywacji.

4

BYŁEM NAGI, **A PRZYODZIALIŚCIE MNIE**

TEORIA:

Jesteśmy milionerami. Ekipa brytyjskich filmowców pracujących dla amerykańskiego kanału History wyprodukowała niedawno superciekawy dokument, w którym próbowano ustalić, ile warte są wszystkie policzalne zasoby na Ziemi. Z filmu wynika, że Stwórca naprawdę zadbał, by niczego nam nie brakowało. Złoto, srebro i platyna, jakie jeszcze możemy wydobyć (i odzyskać z oceanicznej wody), są warte łącznie około 15 bilionów dolarów. Paliwa kopalne – 717 bilionów dolarów. Rosnące obecnie na naszej planecie drzewa (NASA szacuje, że jest ich około 400 miliardów) przerobione na drewno byłyby warte 270 bilionów dolarów. Zasoby wapnia i granitu – kolejne 93 biliony dolarów. Gdy doda się do tego szacunkową wartość żywności: zbóż, bydła, ryb i owoców morza (2 biliony dolarów), a także metali (135 bilionów dolarów), diamentów (529 miliardów dolarów) i metali ziem rzadkich (23 biliony dolarów) oraz zapasów słodkiej wody (po cenie obowiązującej w USA wychodzi 5,5 biliarda dolarów), otrzymujemy łączną kwotę tak astronomiczną, że nawet rodzeństwu Kulczyków zakręciłaby pewnie w głowie. Zasoby Ziemi warte są 6 biliardów 873 biliony 951 miliardów 620 milionów 979 tysięcy 880 dolarów.

Oczywiście wszystko to w bardzo dużym uproszczeniu, przybliżeniu, bo przecież nie da się wszystkiego naraz wydobyć i sprzedać. Ale nawet jeśli potraktujemy dane z filmu (mimo iż wsparte autorytetem naukowców) z przymrużeniem oka, trudno po jego obejrzeniu nie wpaść w poznawczy stupor, zawiesiwszy się na pytaniu: skoro tyle mamy, to dlaczego, kurczę, mamy jednocześnie tak mało? Przecież gdy podzieli się owe prawie

7 biliardów dolarów przez 7,3 miliarda obywateli planety, wypada niespełna milion dolarów na łebka! Oto kapitał, posag, wyprawka, którą każdy z nas otrzymał od naszego Ojca. Problemem nie są więc zasoby Ziemi, ale to, jak je dzielimy.

Te liczby można powtarzać do znudzenia. Organizacja Oxfam podaje, że choć w 2010 roku 388 osób na świecie miało tyle majątku, co biedniejsza połowa ludzkości, dziś to 62 osoby mają tyle, co 3,7 miliarda najbiedniejszych (1,76 biliona dolarów). 1 procent ludzkości ma pod kontrolą tyle pieniędzy, co cała reszta. Istnieją specjalne współczynniki pozwalające ocenić poziom nierówności społecznych w każdym kraju, są też badania dowodzące, jak bardzo rozwarcie tych nożyc wpływa na niemal wszystkie aspekty życia, czyniąc je mniej znośnym (niższa oczekiwana długość życia, więcej ciąż wśród nastolatek, więcej przestępstw, mniejsza frekwencja na wyborach, dużo niższy poziom wzajemnego zaufania – szczegółowe dane w książce Danny'ego Dorlinga *Inequality and the 1%*, dane w bibliografii).

Nie jest więc tak, że nierówny dostęp do dóbr to akademicki problem dla lewaków. Taki system rzeczywiście niszczy największy dar, jaki dał nam Bóg – ludzkie życie. Wszyscy piewcy niewidzialnej ręki wolnego rynku zaczną tu oczywiście dowodzić, że przecież bogaci utrzymują nas wszystkich, płacąc największe podatki (to bzdura, płacą niskie, dzięki optymalizacji podatkowej i ucieczkom do rajów podatkowych). A księża kanonizujący gospodarczy liberalizm będą nadal ludziom, którzy pracują u big bossa na śmieciówce, tłumaczyć, że podjęli przecież nieskrępowaną decyzję i jak im się nie podoba – mogą po prostu zmienić pracę. I że nie ma nic dziwnego ani złego w tym, że prezes jakiegoś wielkiego banku inwestycyjnego zarabia kilkanaście milionów dolarów miesięcznie. Ciekawe, gdzie byli ci księża, gdy w seminarium wykładano soborową naukę o powszechnym przeznaczeniu dóbr (pisałem o niej więcej przy okazji omawiania Dekalogu)? Czy czytali św. Tomasza z Akwinu, który proroczo krytycznie wypowiadał się o całej odklejonej od konkretu ekonomii, w której pieniądz z narzędzia stał się środkiem produkcji, a więc np. o generowaniu zysków z pożyczek na procent, bo pieniądze wtedy pracują non stop, bez żadnego święta i odpoczynku – nie tylko w banku, ale i w głowie człowieka, który je posiada.

Świat ludzi ultrabogatych już dawno odkleił się od racjonalnego podłoża. Kto nie wierzy, niech poczyta wywiady, jakie przeprowadził z zamożnymi Polakami wspomniany już Grzegorz Sroczyński z „Gazety Wyborczej". Opowieść o tym, że ktoś musi trzymać w garażu auta za parę milionów, by – choć nimi nie jeździ – mieć świadomość, że je posiada, bo to pomaga mu mieć wewnętrzną pewność, gdy rozmawia z największymi bogaczami świata, naprawdę robi wrażenie. Warto słuchać takich rzeczy (a czasem nawet ich poszukać) nie po to, by osiągać temperaturę wrzenia i szykować się do rewolucji, ale by zrobić sobie prywatny rachunek sumienia. Bo to jest chyba jedno z najmniej docenianych, a najważniejszych pytań, jakie będą stawały przed bogatszą Północą w dającej się przewidzieć przyszłości: czy mam prawo zdobyć wszystko to, co mogę zdobyć, czy raczej poprzestać na tym, czego potrzebuję?

Co to wszystko ma wspólnego z miłosierdziem? Ma dużo. Miłosierdzie to – jak wielokrotnie pisałem wcześniej – wyjście z kieratu, ze schematu „zasłużył – należy się". To zapewnienie temu, kto czegoś potrzebuje, tego, czego potrzebuje, bez pytania o jego kontrybucję w całym tym procesie.

Tu oczywiście można skręcić w rozważania proponowane natychmiast przez młodych studentów finansów i bankowości, którzy jeszcze nigdy nie byli w slumsie i nie widzieli bezdomnego: a kto jest potrzebujący? Przecież lepiej zachęcać ludzi, żeby wzięli się do roboty i przestali być potrzebujący. Jasne. Każda organizacja dobroczynna ma w swoich podstawowych założeniach to, by w końcu zostać bez pracy. Człowiek udzielający takich złotych rad najczęściej popełnia jednak jeden błąd: myśli o drugim, tak jakby on był nim. Jakby miał te same możliwości, oszczędności, wykształcenie i przeszłość. Trzeba wziąć pod uwagę, że większość ludzi, którzy dziś proszą o pomoc, tkwi w biedzie systemowej, odziedziczonej po przodkach, zdeterminowanej brakiem wykształcenia, chorymi ograniczeniami politycznymi i społecznym wykluczeniem. Łatwo jest stać nad bezdomnym i mówić mu: „Wziąłby się pan do roboty, ja ciężko pracuję!". Trudniej dostrzec, że on od 20 lat żyjąc na ulicy, dawno nie ma już dokumentów, nikt nie przyjmie go do żadnej pracy (bo nie ma dokumentów i jest bezdomny), nawet gdyby miał kasę – nikt nie wynajmie mu kąta do spania (bo nie ma pracy, nie ma dokumentów i jest bezdomny). I że ten człowiek nie doczeka żadnej systemowej zmiany. Zmieniajmy system, kochani, ale ktoś musi też zadbać o to, by ludzie, którzy dziś padli jego ofiarą, owej postulowanej przez was dobrej zmiany dożyli.

Czy się na nią zanosi? Na razie widzę dużo bicia piany i pouczania tych, którzy w ogóle próbują coś robić, że powinni to robić mądrzej i lepiej. Wyznam szczerze, że szlachetne zakończenie moich pleców naprawdę boli mnie już od wysiadywania na panelach dyskusyjnych poświęconych pomocy potrzebującym. A kolejne konferencje o sposobach zapobiegania biedzie są dla mnie źródłem wielu wzruszeń, gdy widzę, jak wysłuchawszy wstrząsających historii uchodźców czy głodujących matek, publiczność, ocierając ukradkiem łzę, zdąża w kierunku stołów z darmowym cateringiem. Dlatego spory nad naturą dziury w wiadrze zostawię specjalistom, ja zajmę się robotą i tym, by choć kilku więcej ludzi za mojego życia mogło się z niego napić.

Jak więc konkretnie odpowiedzieć na ten bardzo konkrety apel Jezusa? Zacznijmy od wymiaru dosłownego. Nie chodzi o rozdawanie kurtek na zlotach naturystów. Można jednak zrobić przegląd swojej szafy i zastanowić się, czy nie ma tam ubrań, które nie były noszone przez ostatnie 12 miesięcy, a nadal są w dobrym stanie. Jeśli masz takie – spakuj je i zaproponuj w ośrodku pomocy potrzebującym najbliżej Ciebie (ja swoje wysyłam do placówek siostry Chmielewskiej, oni zawsze mają kogoś do ubrania). Nie korzystam z pojemników na używaną odzież, bo wszystkie dane, jakie dotąd udało mi się zgromadzić, pozwalają mi traktować ów biznes (bo to jest najczęściej biznes) z dużą ostrożnością. To krok pierwszy.

Krok drugi. Zwłaszcza w świecie najmłodszych istnieje coś takiego, jak odzieżowe wykluczenie. Dzieci (dorośli też, tyle że im jest wstyd to tak otwarcie okazywać) oceniają zamożność człowieka i jego miejsce w społecznej hierarchii często właśnie na podstawie stroju. Ileż to dziecięcych łez wylewanych jest każdego dnia na świecie, bo ktoś powiedział, że wygląda się jak sierota, śmiał się z marynarki po bracie albo za krótkich spodni. Rozejrzyj się wokół i sprawdź, czy masz w swoim otoczeniu podobną sytuację. Człowiek w minimalnym nawet stopniu empatyczny znajdzie sposób, żeby dziecku sąsiadów albo znajomych zrobić fajny odzieżowy prezent w taki sposób, by nie poniżyć i nie zakłopotać jego rodziców oraz nie obudzić żadnej potrzeby odwdzięczania się (dlatego tak lubię dawanie – ono wymaga znacznie więcej kreatywności niż banalne branie).

Kiedyś, gdzieś w początkach mojej pracy w telewizji, bardzo przejmowałem się moim wyglądem, dziś mam to serdecznie w nosie. Widzę jednak, ile radości może sprawić któremuś z naszych podopiecznych w Afryce jeden ciuch nie z darów, ale ze sklepu. Kupiony specjalnie dla niego. Ileż fajności jest w tym, że czasem można takiego człowieka obdarować czymś, co wykracza poza standard „żywność, leki, edukacja". Zegarek, perfumy, apaszka, torebka... Ileż to zmienia, gdy dziewczyna, wychodząc za mąż, będzie miała na sobie porządną suknię ślubną, gdy facet, idąc na rozmowę o pracę, założy porządne buty! Gdy dowiedziałem się, że para bezdomnych z Warszawy myśli o wzięciu ślubu, natychmiast przekazałem im podarowany kiedyś jednej z moich fundacji przez o-mało-co-mężatkę pierścionek zaręczynowy. Bo niby dlaczego bezdomny nie może zaręczyć się, jak Pan Bóg przykazał, wręczając dziewczynie pierścionek? Od niedawna działa w Polsce organizacja Dress for Success, która prosi o wyjściowe ubrania w dobrym stanie, a następnie przekazuje je uboższym kobietom udającym się na rozmowę o pracę lub zaczynającym właśnie nowe zajęcie.

Ubranie człowieka to nie tylko osłonięcie go przed chłodem. To również ochrona jego godności. Dlatego to polecenie Jezusa rozumiem w szerszy sposób: zabrania mi ono patrzeć na tych, którzy zostali publicznie obnażeni. Albo sami się dla kasy i sławy obnażają. Gdy inni wypruwają komuś publicznie flaki, okrywam taką osobę kocem mojego *désintéressement*. Odwracam wzrok, nie zamierzam tego sponsorować moim spojrzeniem. Nie muszę wiedzieć, kto z kim i dlaczego, nawet gdy obnażający mówił co innego, a robi co innego. To jego problem. Jestem dostatecznie duży, by swojego życia nie uzależniać od przykładów dawanych przez artystów, pisarzy czy polityków. A jeżeli nawet się sprostytuowali, wciąż muszę pamiętać, co zrobił Jezus, gdy zobaczył, że tłum – zgodnie z prawem – zamierza zabić cudzołożną kobietę. Podszedł, usiadł przy niej i obronił ją jednym, jedynym pytaniem: kto z was, gapie, plotkarze, moraliści i świętoszki, jest bez grzechu?

LICZBY:

* 1,6 miliarda ludzi nie ma dostępu do elektryczności.

* 80 procent ludzkości żyje za mniej niż 10 dolarów dziennie (1200 złotych miesięcznie). Prawie 50 procent ludzkości żyje za mniej niż 2,5 dolara dziennie (300 złotych miesięcznie). Prawie 20 procent ludzkości żyje za mniej niż 1,25 dolara dziennie (150 złotych miesięcznie).

* Jeśli cena kilograma kawy w hurcie u dostawcy kosztuje około 26 złotych (dane z 2008 roku), a z kilograma da się przyrządzić około 100 porcji napoju, to cena jednej filiżanki kawy powinna oscylować wokół 26 groszy. Reszta ceny kawy w kawiarni to zysk pośredników i kawiarni (30 procent), podatki i opłaty (31 procent), płace (18 procent), kubek, łyżeczka, cukier i mleko (15 procent). Rolnik hodujący kawę, z kawy kupionej przeze mnie za 5-6 złotych, otrzyma około 10 groszy (nierzadko – nawet wtedy, gdy kawa będzie sprzedawana po cenie Fair Trade).

* W Brazylii w 2000 roku 1 procent właścicieli ziemskich był w posiadaniu 44 procent gruntów uprawnych.

* Niemiecki historyk religii Martin Hengel szacuje, że do roku 250 n.e. chrześcijanie z Rzymu wspierali regularnie grupę około 1500 potrzebujących. Opisany w Dziejach Apostolskich system dzielenia się majątkiem wewnątrz pierwszej chrześcijańskiej gminy w Jerozolimie (ludzie sprzedawali ziemię, pieniądze umieszczali we wspólnej kasie, współużywali też reszty dobytku) załamał się po kilkudziesięciu latach z paru powodów: dwóch kolejnych klęsk głodu, coraz liczniejszego napływu potrzebujących do Jerozolimy, ale też znaczącej nadreprezentacji osób starszych i niedołężnych w populacji (do Jerozolimy przyjeżdżano, by tu umrzeć i przy końcu świata w pierwszej kolejności zmartwychwstać). Święty Paweł próbował organizować zbiórkę pomocy dla gminy, ale nie była ona wystarczająca, a chrześcijaństwo nie było jeszcze tak rozwinięte,

by rozwiązać ten problem poprzez solidarność innych gmin.

PRAKTYKA:

* Wejdź na strony Opportunity.org albo Kiva.org i udziel 25-dolarowej pożyczki Lorenzo z Meksyku, który chce wybudować swojej rodzinie godny dom, albo Khatunie z Gruzji czy Peterowi z Kenii, proszącym o kapitał na zakup towarów, które mogliby sprzedać w swoich sklepikach.

* Z obserwacji działań polskich fundacji zajmujących się pomocą bezpośrednią w kraju wynika, że zajmują się one głównie najmłodszymi. Ciekawe sposoby wsparcia grupy cieszącej się najmniejszym wzięciem, czyli osób starszych i samotnych, proponuje Stowarzyszenie Mali Bracia Ubogich (MaliBracia.org.pl), które zwraca uwagę na fundamentalną, a często zapominaną kwestię: czasem kwiaty powinny iść przed chlebem, a dobre słowo, szacunek, uśmiech i przyjaźń powinny zawsze poprzedzać udzielenie pomocy materialnej.

* Na fantastyczny pomysł wpadli założyciele organizacji Tools for Self Reliance (Tfsr.org). Prowadzą zbiórkę narzędzi (pił, młotków, śrubokrętów itd.), a następnie wysyłają je do mieszkańców Afryki, którym akurat te narzędzia potrzebne są do uruchomienia albo rozwinięcia działalności pozwalającej im na samodzielne funkcjonowanie. Organizacja edukuje też odbiorców sprzętu na miejscu. TFSR przyjmuje nowe i używane narzędzia (oczywiście

w dobrym stanie) stacjonarnie w Anglii (w Anglii jest wielu Polaków), nie udało mi się ustalić, czy również korespondencyjnie.

* A gdyby tak, kupując, preferować przedsiębiorców, którzy dzielą się ze swoimi pracownikami? Nie miałem pojęcia, że w świetnie radzącej sobie na rynku wytwórni wody Muszynianka prezeska zarabia z wyboru ledwie trzykrotność pensji szeregowego pracownika. A w spółdzielni fabrykującej majonez kielecki bezpośredni udział w zyskach ma 60 procent pracowników. Możesz też zajrzeć na stronę EkonomiaSpoleczna.pl albo zacząć śledzić podróże niestrudzonej blogerki społecznej Celiny Chełkowskiej, która przemierza Polskę, odwiedzając kolejne spółdzielnie socjalne (umożliwiające wejście na rynek pracy tym, którym najtrudniej nań wejść) prowadzące m.in. salony fryzjerskie, sklepy z rękodziełem, wegańskie knajpki (CelinaChelkowska.wordpress.com).

* Żeby zostać wolontariuszem i swoim konkretnym działaniem zmienić świat, nie musisz ruszać się zza biurka. Fundacja Dobra Fabryka proponuje, byś wyliczył, ile kosztuje godzina twojej zawodowej pracy, i ściśle określoną godzinę raz w tygodniu (np. w środy o 10) wykonywał ją z intencją pomocy jednemu z kilkunastu tysięcy podopiecznych Fundacji (a kwotę przekazywał na najbliższy ci projekt).

* Wejdź na stronę MyFootprint.org i za jednego dolara przekonaj się, jakie zniszczenia wywołujesz w środowisku naturalnym każdego dnia i co mo-

żesz zrobić, by zacząć z nim współpracować, a nie tylko je wykorzystywać.

* Na stronie GivingWhatWeCan.org znajdziesz kalkulator, który – gdy wpiszesz doń wysokość swoich zarobków, kraj zamieszkania i liczebności rodziny – pokaże ci, jak plasuje się twój dochód na tle reszty mieszkańców świata (po wpisaniu czteroosobowej polskiej rodziny, w której jest dwoje rodziców zarabiających najniższą pensję krajową oraz dwoje dzieci, dowiadujemy się, że takie stadło mieści się w 24 procentach najlepiej zarabiającej ludzkości). Kalkulator pokazuje, ile środków zostałoby do dyspozycji (i jak zmieniłyby się statystyki), gdyby badany zechciał płacić co miesiąc dziesięcinę na pomoc tym, którzy mają jeszcze gorzej od niego (i proponuje różne opcje, ale głównie zagraniczne).

5

BYŁEM CHORY, **A ZATROSZCZYLIŚCIE SIĘ O MNIE**

TEORIA:

Najtrudniej jest zawsze z myciem. Mogę latać po tabletki, szukać najbliższego USG, organizować księdza, prowadzić duchowe rozmowy, mogę błaznować i rozśmieszać, ale gdy przychodzi do mycia chorego – chowam się, uciekam. Gdyby nie było pielęgniarzy, salowych czy nikogo chętnego do pomocy, pewnie bym to jakoś zrobił. Ale gdy są – symuluję wycofanie się za zasłonę szacunku dla prywatności chorego. Po angielsku znikam z pola widzenia.

Nie to, że się boję albo że brzydzę się okaleczonego ciała. Podczas krótkiego epizodu zajmowania się ratownictwem zdążyłem zobaczyć i zapamiętać naprawdę przerażające rzeczy. Nie mniej wstrząsające przypadki trafiają czasem do naszego hospicjum w Rwandzie czy do szpitala w Kongu. Ze zdumieniem przekonuję się, jak straszne rzeczy może zrobić z ludzkim ciałem leczony półamatorsko nowotwór. Przeszedłem chrzest bojowy, gdy otwieraliśmy projekt w Togo i po raz pierwszy musiałem nie tylko stanąć twarzą w twarz z ludźmi, którzy zamiast skóry mają łuskę (i brakuje im już kończyn), ale też odpowiedzieć na ich wylewne powitanie. Podać rękę, przezwyciężając lęk przed trądem, czy nie podać – zachować swoje bezpieczeństwo, ale jednocześnie zniszczyć tamtemu człowiekowi godność i dumę. Z myciem to jednak zawsze była zupełnie inna historia.

Nie wiem, o co chodzi. Może o to, że myjąc chorego, de facto zamieniasz się z nim miejscami? Dotąd to ty byłeś panem sytuacji: świadczyłeś pomoc, decydowałeś, ile siebie w to zaangażować, w każdej chwili mogłeś odejść. Gdy myjesz człowieka, to jednak on jest tu szefem, panem. To jego ciało. Ma więc prawo powiedzieć, że robisz coś niedelikatnie, że trzeba zwrócić szczególną uwagę na to albo inne miejsce. Rządzi się. Przestajesz być pracownikiem pomocowym, liderem organizacji dobroczynnej, stajesz się służącym.

Jezus, myjąc uczniom nogi w Wieczerniku, wykonał pracę, która należała do niewolników. Po co to zrobił? Naprawdę tylko po to, by zachęcić uczniów, żeby zamiast spierać się, kto ma rządzić, uczyli się chować (może i słuszne) przywódcze ambicje i brać je na smycz służby? Przed ostatnią Wielkanocą wykwitały w naszych mediach komentarze polskich ultratradycjonalistów, którzy w klękającym w Wielki Czwartek z miską i ręcznikiem przed muzułmańskimi uchodźcami papieżu Franciszku widzą zagrożenie dla chrześcijańskiej Europy. Ja widzę w nim jej ostatnią szansę. Niech ktoś mi jeszcze powie, że Ewangelia nie jest ponadczasowa, że to lekarstwo – mimo iż przygotowano je dwa tysiące lat temu – dziś nie działa. Jezus tuż przed śmiercią, krytycznym momentem swojej misji, scala swą małą wspólnotę nie wykładem, ale dwoma najprostszymi gestami: umyciem nóg i połamaniem chleba. Myje je i chleb daje również Judaszowi.

Jak to scala – skoro wspólnota się rozbiegła? Ale jednak później znów się zbiegła. Może uczniowie uwierzyli w zmartwychwstanie, rzecz absolutnie szokującą, bo parę dni wcześniej byli świadkami katechezy wygłoszonej właśnie przez umycie nóg? Może dotarło do nich, że to, co Jezus wykonał z miską, powtórzył później na krzyżu, a jeśli oni chcą dojść do stanu, w którym On teraz jest, muszą zrobić to samo?

Chrystus nie niósł ludziom krzyża, On dał się do niego przybić. Nie dał ludziom Księgi, oni sami spisali ją, by nie uronić z Jego nauk ani jednego słowa. Gdy szedł do ludzi, miał w ręku albo chleb, albo ręcznik i wodę (raz trzymał jeszcze bicz, by wypędzić handlarzy; przyznam, że ta wersja Pana też bardzo mi się podoba). Chrześcijaństwo ręcznika i wody – tylko ono może dziś uratować Europę pogubioną między swoimi lękami a starą dumą.

Tyle że ona już za bardzo się boi i wciąż jest za bardzo dumna, by ów sprzęt myjący do ręki wziąć. Ona nie klęknie przed nikim, wszyscy muszą klękać przed nią. Chorzy w hospicjach (można zapisać się na wolontariat), w domach (ktoś ze znajomych na pewno o kimś takim słyszał) mogą nam tu posłużyć – wybaczcie, drodzy chorzy – jako sparingpartnerzy. Takie doświadczenie naprawdę zmienia człowieka. Ktoś, kto bierze gąbkę i mydli chorego, rzadko kiedy jest później w stanie bić, wyzywać, pomstować. Bycie służącym, choć przez chwilę – wycisza.

Pamiętam, z jakim przerażeniem reagowałem na napływające od znajomych informacje, że gdy ktoś z nich wyjeżdżał gdzieś ze śp. ks. Janem Kaczkowskim, ten – bardzo ciężko już chory – prosił ich zawsze, by pomogli mu się umyć pod prysznicem. Wyczuwałem w tym jakąś pedagogiczną prowokację, Janek nieraz szokował skrajnym urealnianiem choroby. Ona nie była dla niego mistycznym cierpieniem, ale po prostu dość mechaniczną sprawą, która się przytrafiła, więc teraz trzeba z klasą sobie jakoś z tym poradzić. Bez żadnych ogródek pisał o tym, jak po podawanych w ramach terapii dużych dawkach sterydów wariowały mu męskie hormony i jak reagowało wtedy jego ciało, nie wahał się wspominać dobroci ludzi, którzy pomogli mu, gdy zanieczyścił spodnie. Kombinowałem więc, że pewnie i tymi prośbami o pomoc pod prysznicem chciał wprawić przeintelektualizowanych mieszczuchów w szok poznawczy: halo, koledzy, to już nie kameralna lektura Księgi Hioba – Hiob siedzi tutaj, cały zniszczony i niepełnosprawny i trzeba go jakoś umyć!

Myślę, że Janek nie tyle robił tu performance, ile prosząc o zupełnie podstawową rzecz, dawał szansę. Żebyśmy w tym całym swoim zagonieniu za wskaźnikami śmiertelności, (słusznej) walce o mniejsze kolejki w przychodniach i pielęgnowaniu autorskiej, hipochondrycznej wersji cierpienia leczonego braniem ton leków na skurcze i wzdęcia, nie zapomnieli o chorym, który jest tak do bólu realny, że czasem aż sam jest źródłem bólu. Brzydko pachnie, ma czkawkę albo plecie od rzeczy.

To, nawiasem mówiąc, drugi z najtrudniejszych dla mnie tematów. Mimo że studiowałem psychologię i odbyłem praktyki na oddziale psychiatrii – kontakt z chorym psychicznie człowiekiem jest dla mnie zawsze wielkim wyzwaniem. Patrzę na kogoś, po kim przecież na pierwszy rzut oka nie widać, że jest chory. Próbuję wejść w jego świat, czasem po omacku, wiedząc, że tu zabija się źle skierowanym słowem, a nie pięścią czy nożem. Ale w takich sytuacjach myślę też zawsze o chwili, w której znajdziemy się po drugiej stronie, a przecież on tam będzie już zupełnie zdrowy. Choroba dla nas obu jest szansą, by nauczyć się, że cierpliwość to drugie imię miłości.

I jeszcze na koniec. Po śmierci księdza Kaczkowskiego w „Gazecie Wyborczej" ukazał się poruszający wywiad

Jarosława Mikołajewskiego z ojcem Janka. Pan Józef w tej swojej bezpretensjonalnej, czułej i prostej opiece nad chorym synem był prawdziwym bohaterem. Zaszkliło mi się oko, gdy dojechałem do końca rozmowy. Sam kiedyś przeżyłem coś takiego i wiem, że to jeszcze trudniejsze niż najtrudniejsze rzeczy w życiu. Bo przecież wiesz, jak to się skończy, i nic nie możesz z tym zrobić. I chory też nie może nic z tym zrobić. A przecież wierność polega na tym, by właśnie w tej chwili nie uciec. Więc pożyczacie słowa ze świata, w którym śmierci nie ma, zachowujecie się, jakby było tylko życie. „Trzymaliśmy go za rękę. Powtarzaliśmy mu, że jesteśmy. Mówiliśmy: »Oddychaj spokojnie, wszystko będzie dobrze«. Aż westchnął ostatni raz".

LICZBY:

* Szacuje się, że 2 miliony dzieci umiera rocznie na świecie z powodu chorób, którym w bogatszej części świata można zapobiegać i z łatwością się zapobiega (biegunka, choroby wyszczepialne itd.).

* Maksymalny przewidziany ustawą czas dojazdu zespołu pogotowia ratunkowego do chorego to w Polsce 15 minut w mieście i 20 minut poza miastem (średnia powinna oscylować wokół 8 minut w mieście i 15 minut poza miastem). W Zambii, Rwandzie, Togo, Beninie, Demokratycznej Republice Konga i Burkina Faso (pracuje tam Dobra Fabryka) nie ma pogotowia ratunkowego. Chorego (czy rannego) dowozi się do szpitala prywatnymi autami, wózkami, rikszami albo niesie na noszach.

PRAKTYKA:

* Stowarzyszenie Lekarze Nadziei (LekarzeNadziei.waw.pl) prowadzi w Warszawie przychodnię dla bezdomnych. Zafunduj jednemu z podopiecznych przychodni RTG płuc. Jeśli jesteś lekarzem, może przydasz się w zespole świadczącym pomoc najbiedniejszym z biednych? Lekarze Nadziei działają też we Wrocławiu i w Krakowie.

* W ostatnich miesiącach kilkakrotnie słyszałem od osób zajmujących się świadczeniem pomocy w Polsce, że najtrudniejsze do namierzenia i rozwikłania są sytuacje, w których samotna, starzejąca się matka (albo obydwoje rodziców) opiekuje się w domu swoim dorosłym, niepełnosprawnym dzieckiem. W takich historiach w papierach zwykle wszystko gra: państwo wypłaca rentę, świadczenia. Rodzice jednak i tak ledwo wiążą koniec z końcem, próbując zapewnić dziecku jak najlepsze warunki, na co ich zwykle nie stać. Sami mają coraz mniej sił, od wielu lat pracują przy chorym i z przerażeniem myślą o tym, co się stanie, gdy ich zabraknie.

  Jedną z takich sytuacji (mój szkolny kolega zapadł na rzadką chorobę genetyczną) mam w swoim otoczeniu – zorganizowała się już grupa kolegów z klasy, którzy próbują pomóc. Słyszałem też o takich historiach m.in. od siostry Małgorzaty Chmielewskiej. Może wystarczy rozejrzeć się w swojej okolicy, by sprawdzić, czy ktoś potrzebuje pomocy, czy ktoś może nie umiera z głodu, ale z poczucia bezsiły, ze strachu o jutro, ze zmęczenia.

* Wpisz do przeglądarki internetowej nazwę twojej miejscowości i słowo „hospicjum". Przemyśl, czy nie zechciałbyś zaangażować się w wolontariat. Ludziom wolontariat w hospicjum kojarzy się najczęściej z koniecznością siedzenia w poczuciu bezsiły przy konającym, a przecież hospicjum to przede wszystkim życie! Pacjenci hospicjów często chcą rozwijać swoje zainteresowania, czasem potrzebują po prostu z kimś życzliwym pogadać, personel hospicjów z pewnością nie będzie zmuszał do jakichś specjalnie obciążających fizycznie czy psychicznie zajęć kogoś, kto nie jest na to gotowy. W Hospicjum Małego Księcia w Lublinie po raz pierwszy zetknąłem się z ideą organizowania weekendów dla rodziców dzieci objętych opieką hospicjum domowego. Ci rodzice są skoncentrowani na pomocy swojemu maluchowi 24/7. Podczas takiego weekendu hospicjum zapewniało dziecku pełną opiekę w domu, a rodziców wysyłało do kina, na spacer, do lekarza czy do fryzjera, by mieli czas choć przez chwilę zebrać siły do dalszej walki. Może mógłbyś pomóc coś takiego zorganizować lub zainicjować?

* Wejdź na DobroCzynne24.pl i sprawdź, ile kosztują procedury medyczne podejmowane w szpitalu w Kongu, hospicjum w Rwandzie czy wiosce trędowatych Akata Dzokpe w Togo. Cena ludzkiego życia to czasem 35 złotych (worek krwi do transfuzji dla dziecka z malarią mózgową), a czasem – tylko 2 złote (cena posiłku terapeutycznego dla dziecka z chorobą głodową w ośrodku w Ntamugendze, gdzie prowadzona jest też edukacja dietetyczna matek i nauka uprawy wysokoodżywczych roślin jadalnych).

6

BYŁEM W WIĘZIENIU, **A PRZYSZLIŚCIE DO MNIE**

Przyszedłem jak dotąd trzy razy. Po raz pierwszy – do więzienia w Grudziądzu, gdzie wówczas izolowano wszystkie kobiece dożywocia w Polsce, gdzie działają więzienna porodówka i przedszkole. I gdzie po raz pierwszy z zaskoczeniem odkryłem, że osadzone panie mają często twarze w niczym nieodbiegające od twarzy moich koleżanek czy znajomych mojej mamy.

Jasne, niby człowiek ma jako taką ogładę, niby wbijano w niego przez dwadzieścia parę lat świadomego życia przekonanie, że grzesznik to też człowiek, ale ta atmosfera krat, przycisków do otwierania drzwi, wyczekiwania na ich otwarcie i meldunki zdawane przez oddziałowe przy każdym pojawieniu się kogoś z naczelników powodują, że podświadomie uruchamia się w człowieku mechanizm, którego wypada tylko się wstydzić: oto jesteśmy w zoo, w którym w klatkach trzyma się zło.

Nie wiem, być może wynika to z faktu, że gdy mijam kogoś na ulicy, nie mam przecież pojęcia, co ma za uszami. W więzieniu nie ma niewinnych, jeśli tu jesteś – znaczy, że coś zrobiłeś. Podczas kolejnych moich wizyt i spotkań ze skazanymi i osadzonymi w zakładach karnych na warszawskim Służewie i w Krzywańcu reagowałem zdumieniem za każdym razem, gdy dowiadywałem się, że ów pan, co uciszał rozchichotanych młodzieńców z sąsiedniego rzędu („bo chce posłuchać pana Hołowni"), spędzi tu za brutalne morderstwa resztę życia, a sympatyczna starsza pani trafiła za kraty, mając prawie 70 lat („A wie pan, na stare lata się babci na głupoty zebrało"). Jasne, że pierwszym, nieświadomym odruchem jest zastosowanie w tej sytuacji prawa Hammurabiego, trzeba jednak pokonać to w sobie i wykonać rzecz paradoksalną: choć człowiek ma w naturze, że gdy postawi się przed nim zło i dobro, będzie się z miejsca gapił na zło, tu trzeba znaleźć w człowieku tyle dobra, ile się da. I na to właśnie się gapić. A to czasem naprawdę nie jest łatwe.

Moi znajomi księża pracujący w zakładach karnych mówią, że śpią spokojnie, bo posada kapelana więziennego jest jedyną, na którą z pewnością żaden z ich kolegów nie czyha. Robotę mają strasznie ciężką, bo znaczna część osadzonych to wcale nie nawrócone anioły marzące o nowym życiu, ale ludzie, którym zależy tylko na tym, by nikt im się do niczego nie przyczepiał. Mądry kapelan ich rozumie, wie, że oni czasem czują, że muszą wytwarzać jakiś pancerz, bo inaczej musieliby przecież uznać, że są przedszkolakami: siku na dzwonek, spacer na dzwonek, papu na dzwonek. Oczy również się otwierają, gdy człowiek dowiaduje się, z jakich warunków ci ludzie wyszli. Słuchając ich CV, wielu przestaje mieć jakiekolwiek wątpliwości, że gdyby mieli podobny start, równie dobrze mogliby dziś być z drugiej strony krat.

A może Jezus, każąc nam odwiedzać więźniów, miał na myśli tylko tych szlachetnych, politycznych, więźniów sumienia, takich jak On sam albo ci internowani w naszym stanie wojennym? Nic nam na ten temat nie wiadomo. Skoro Jezus nic nie dopowiedział, trzeba słuchać Kościoła. Więc patrzę, co robi Kościół. A konkretnie jego ziemska Głowa, papież Franciszek, który regularnie odwiedza więzienia lub dzwoni do więźniów. Jeden z nich – skazany za morderstwo Zhang Jianqing – przemawiał nawet na watykańskiej promocji książki papieża *Miłosierdzie to imię Boga*.

Co jednak, patrząc na to, musiała czuć rodzina ofiary owego zabójcy? Wybaczenie komuś, kto zabił kogoś ci najbliższego, to bez wątpienia jedna z największych prób (inną bywa śmierć dziecka), przed jakimi może stanąć w życiu chrześcijanin. Bóg nie daje tu żadnej innej odpowiedzi niż ta, którą dał sobą. Ludzie zabili Mu Syna, a On im wybaczył i zaprosił ich do raju. Że człowiek nie jest Bogiem? Jasne. Dlatego od bliskich ofiar nie mamy prawa niczego żądać i do niczego nie można ich zmuszać. Naszym obowiązkiem jest jednak zobaczyć w siedzącym za kratami człowieku to, co ma w sobie dobrego, niezależnie od tego, czy jest tego 1 czy 99 procent. Bo jeśli nikt tego w nim nie zobaczy, to on nigdy w sobie tego nie zobaczy i z zaklętego kręgu zła już nie wyjdzie.

Trzeba to robić nie naiwnie, nie przemysłowo (jak różne nowe ruchy religijne, które w osadzonych widzą łatwy łup dla swoich nawróceniowych działań, a skazani widzą w nich głównie szansę na zahaczenie się gdzieś po wyjściu na wolność), ale po prostu. Po ludzku. Jak Franciszek. Nie musisz oddawać więźniowi swojego mieszkania i przynosić mu pieniędzy ze sprzedaży samochodu. Czasem wystarczy, że podasz mu rękę, powiesz per „pan", nie per „ty", a gdy przyjdzie o czymś rozmawiać, będziesz rozmawiał normalnie. Jak z sąsiadem czy znajomym, a nie jak z Kubą Rozpruwaczem albo z dzieciątkiem, któremu teraz musisz rozewrzeć oczęta, by ujrzało piękno tego świata i gorzko zapłakało nad swym losem.

LICZBY:

* W polskich zakładach karnych jest w tej chwili pozbawionych wolności około 71 tysięcy osób (dane ze

stycznia 2016 roku). Polska zajmuje czwarte miejsce pod względem liczby więźniów w Europie (przed nami są Rosja, Turcja i Wielka Brytania; dwukrotnie większe ludnościowo Niemcy mają o 10 tysięcy więźniów mniej niż my) i 20. miejsce na świecie (na 223 państwa uwzględnione w zestawieniu).

PRAKTYKA:

* Dwóch byłych więźniów założyło w Suwałkach Stowarzyszenie Featon zajmujące się organizowaniem praktycznej pomocy dla osób opuszczających zakład karny. Pomagają znaleźć mieszkanie (mało kto zdaje sobie z tego sprawę, ale podczas wieloletniego pobytu w ZK więźniowie często zostają de facto osobami bezdomnymi), pracę, żywność. Z Facebooka Stowarzyszenia można się dowiedzieć, że w grudniu 2015 roku do ekipy dołączył sympatyczny piesek Featon, przybłęda, który również postanowił włączyć się w dawanie ludziom z przeszłością drugiej szansy. Z pewnością przyda im się pomoc finansowa i rzeczowa (a może też prawna czy np. edukacyjna).

* W kilku miastach Polski od lat działa Stowarzyszenie Penitencjarne Patronat (Patronat.waw.pl), które też zajmuje się pomocą byłym więźniom oraz ich rodzinom. Sensowne inicjatywy na rzecz więźniów, ekswięźniów (ale i ofiar przestępstw) podejmuje również krakowskie Stowarzyszenie Probacja (Probacja.org).

* Każdy zakład karny ma swojego kapelana. Można znaleźć jego dane w internecie, spróbować się z nim umówić i zapytać o możliwe formy pomocy. Może

sens miałoby zorganizowanie zbiórki książek do więziennej biblioteki, może kupno ikony do więziennej kaplicy, może warto powalczyć o zorganizowanie spotkania z kimś ciekawym spoza krat (wielu moich znajomych z Kościoła, ale też show-biznesu – jak się okazuje – dość często na takie spotkania jeździ). W kilku zakładach karnych w Polsce (ja wiem o Krzywańcu i Grudziądzu) prowadzone są przedszkola oraz pełna obsługa psychologiczna osadzonych i skazanych matek. Psychologowie bardzo się starają, by dzieciaki nie odczuły, że ich przedszkole jest inne (bo na terenie ZK). Można jednak nawiązać z nimi kontakt i zapytać, czy istnieje sposób na pomoc tym dzieciakom, tak by błąd rodziców i jego konsekwencja – więzienie – nie wypełniły najważniejszych lat ich życia. Może można pomóc darowizną, np. uzupełnić wyposażenie, może zorganizować jakieś atrakcje?

* Setki tysięcy ludzi na świecie to więźniowie sumienia, osoby pozbawione wolności (czasem bez wyroków i na długie lata) za swoje przekonania. Są nie tylko w Korei Północnej czy Bahrajnie, ale też zaledwie kilkaset kilometrów od nas. Polska Amnesty International (Amnesty.org.pl) prowadzi obecnie kampanię solidarności z uwięzionymi opozycjonistami z sąsiedniej Białorusi. Ich historie można przeczytać na stronie organizacji, tam też jest komplet informacji, czy i jak można coś dla tych ludzi zrobić.

7

UMARŁYCH **POGRZEBAĆ**

Wspomniany już na kartach tej książki jałmużnik papieża Franciszka opowiadał mi ostatnio o pogrzebie jednego ze swoich podopiecznych, rzymskiego bezdomnego, który kilkanaście dni temu umarł tam, gdzie żył – na chodniku prowadzącej do Bazyliki Świętego Piotra reprezentacyjnej Via della Conciliazione. Ceremonię urządzono po królewsku: w kościele karmelitów, śpiewy, kwiaty, kilkaset osób. Podobno jakaś kobieta, która wstąpiła do kościoła na chwilę modlitwy, zapytała: „Czyj to pogrzeb? Jakiegoś księdza, biskupa?". „Nie, tak żegnamy naszego brata, bezdomnego". Gdy to usłyszała, rozpłakała się.

Pewnie nie tylko ja odnoszę wrażenie, że są takie pogrzeby, na których patrzy się przed siebie, i takie, na których patrzy się do tyłu. Pierwsze to zwykle pożegnanie z ludźmi, którzy – jak mówi Ewangelia – na ziemi „nie odebrali jeszcze swojej nagrody". Gdy odchodzą święci albo biedacy, jakoś mniej jest rozpaczy, a więcej podszytej radością nadziei, że jeśli gdzieś jest sprawiedliwość, to ten człowiek będzie z niej teraz korzystał na maksa. A skoro tak – to może tej nadziei wystarczy kiedyś i dla mnie?

Na takich pogrzebach udziela się człowiekowi poczucie, że ktoś żegnany właśnie wszystko zyskuje. Strasznie ciężko jest mi z kolei modlić się na ceremoniach, na których ma się wrażenie, że ten, kto odszedł, właśnie wszystko traci. Przekonują o tym ordery, lista wielkich czynów, rozdzierające przemowy najbliższych. Tam kibicuje się komuś, kto zdjął z siebie przemoczony płaszcz i wreszcie wyszedł na słońce, tu – walczy ze łzą, która więźnie w gardle na myśl, jak żegnany w tym płaszczu wyglądał i ile takich płaszczy po sobie zostawił. Wszyscy wiedzą, że cmentarny egalitaryzm jest bezwzględny, że najczarniejszy marmur, najbardziej złote litery i najlepiej przyśrubowany flakon naprawdę niczego w istocie sprawy nie zmienią, a mimo to z rozpaczą nic innego przecież nie da się zrobić, zakuwa się ją więc na wieki w kamieniarsko-florystyczną galanterię.

Pamiętam relacje zdawane przez Wspólnotę Sant'Egidio na Facebooku (oraz przez Ewę Kiedio w reportażu o ich działalności w „Więzi") z pogrzebu bezdomnej pani Klaudii. Pochodziła z kresowej rodziny, studiowała z sukcesami na SGPiS (dzisiejszym warszawskim SGH-u), była na stypendium w Niemczech. „Mówi się, że w niewielkim odstępie czasu spotkały ją dwie tragedie: zmarła jej matka, a mąż porwał syna za granicę. W tym punkcie historia zapada się w mrok" – pisze Kiedio.

Wolontariusze poznali ją przy rozdawaniu kanapek pod Pałacem Kultury. Jak mają w zwyczaju, odwiedzali ją, zaprzyjaźnili się (idea Sant'Egidio jest taka, że wolontariusze i biedni są członkami wspólnoty – nie tyle jedni pomagają drugim, ile obie strony pomagają sobie nawzajem, jak mogą i czym mogą, np. modlitwą). Pani Klaudia po jednej z uroczystych Wigilii nagle przestała się wolontariuszom pokazywać. Zadzwoniła policja. Jeden z wolontariuszy identyfikował ciało. Władze nakazały pochować panią pod tabliczką z napisem „NN Kobieta", pozwoliły jednak pod spodem (w cudzysłowie) dopisać imię i nazwisko, pod jakim znana była ludziom z Sant'Egidio.

„Bezdomni umierają anonimowo: bez nazwiska i bez twarzy. Nawet jeśli mają znajomych, nikt ich nie szuka, by poinformować o pogrzebie. Przy trumnie są tylko grabarze. Chcieliśmy zrobić

wszystko, żeby było inaczej" – mówi Anna Matlak. Aby przyjechać na pogrzeb razem ze swoimi przyjaciółmi bezdomnymi, wspólnota wynajęła autobus. Razem modlili się podczas mszy i razem szli za trumną. Jeden z grabarzy nie ukrywał zdziwienia. Pierwszy raz widział 60 osób na pogrzebie bezdomnej. „Jesteście rodziną?" – dopytywał. Odpowiedzieli: „Właściwie tak". „Byliśmy w tej samej sytuacji: ludzie, którzy przyjechali pożegnać się ze znajomą – dzieli się swoimi odczuciami Agnieszka Nosowska. – Zobaczyłam inne oblicze miasta, biedacmentarz, krzyże wbite w rozwiewane przez wiatr kopczyki. Segregacja jest wyraźna. W jednej części piękne pomniki, w innej kwatera z tymi babkami z piasku, wypchnięta, jak najdalej się da".

Nie byłbym zaskoczony, dowiadując się później, że któryś z tych grabarzy się nawrócił. Gdy ktoś jest otoczony dobrem – nawet jego martwe ludzkie ciało ma moc czynić cuda, otwierać ludziom drogę do Boga, do szczęścia, do poradzenia sobie z jakimś lękiem.

Śmierć, jeśli zostanie otulona miłością, też może stać się źródłem życia.

Bibliografia

Biblia. Stary i Nowy Testament, najnowszy przekład z języków oryginalnych, oprac. Zespół Biblistów Polskich z inicjatywy Towarzystwa św. Pawła, Częstochowa 2015

Pismo Święte Starego i Nowego Testamentu w przekładzie z języków oryginalnych, oprac. Zespół Biblistów Polskich z inicjatywy Benedyktynów Tynieckich, Poznań 2003

DWANAŚCIE PRAWD WIARY

Donald Brownlee, Peter D. Ward, *The Life and Death of Planet Earth*, Londyn 2002

Szymon Hołownia, *Bóg. Życie i twórczość*, Kraków 2010

Katechizm Kościoła Katolickiego, Poznań 2012

William Bryant Logan, *Dirt. The Ecstatic Skin of the Earth*, Nowy Jork 1995

Maria Miduch, *Biografia Ducha Świętego*, Kraków 2015

Niebo dla średnio zaawansowanych. Ksiądz Grzegorz Strzelczyk w rozmowie z Szymonem Hołownią, Kraków 2013

św. Tomasz z Akwinu, *Wykład pacierza*, Poznań 2005

PIĘĆ PRZYKAZAŃ KOŚCIELNYCH

Księgi Pokutne. Libri Poenitentiales, oprac. Arkadiusz Baron, Henryk Pietras SJ, Kraków 2011

Józef Majewski, *Arytmetyka grzechu, czyli dlaczego przykazania kościelne się zmieniają*, [w:] „Więź”, nr 12(494)/1999

Izabela Skierska, *Obowiązek mszalny w średniowiecznej Polsce*, Warszawa 2003

Tadeusz Bartoś OP, Marek Blaza SJ, Grzegorz Bubel SJ, Dominik Ciołek SJ, Dariusz Kowalczyk SJ, Józef Majewski, Jacek Salij OP, *Pięć słów Kościoła*, Warszawa 2005

DEKALOG

Bóg. Dekalog. Błogosławieństwa. Modlitwa, red. Andrzej Święcicki, Kraków 1977
Colin Duriez, *AD 33. The Year that Changed the World*, Gloucestershire 2006
Abraham Joshua Heschel, *Szabat*, Kraków 2009
Jarosław Wojcieski, *Od szabatu do niedzieli. Studium historyczne, egzegetyczne i teologiczne*, Górna Grupa 2014
Tadeusz Żychiewicz, *Stare Przymierze*, Kraków 2000

OSIEM BŁOGOSŁAWIEŃSTW

Marek Bieńczyk, *Melancholia. O tych, co nigdy nie odnajdą straty*, Warszawa 1998
Bóg. Dekalog. Błogosławieństwa. Modlitwa, red. Andrzej Święcicki, Kraków 1977
Hieronim ze Strydonu, *Komentarz do Ewangelii według św. Mateusza*, Kraków 2008
Katolicki komentarz biblijny, red. ks. Waldemar Chrostowski, Warszawa 2004
o. Silvano Fausti SJ, *Wspólnota czyta Ewangelię według św. Mateusza*, Częstochowa 2007
Simon Tugwell OP, *Osiem błogosławieństw*, Poznań 1999
ks. Antoni Paciorek, *Ewangelia według Świętego Mateusza. Rozdziały 1-13*, Częstochowa 2015

SIEDEM UCZYNKÓW MIŁOSIERDZIA

John L. Allen Jr., *The Future Church*, Nowy Jork 2009
Walden Bello, *Wojny żywnościowe*, Warszawa 2011
Daryl Collins, Jonathan Morduch, Stuart Rutherford, Orlanda Ruthven, *Portfolios of the Poor*, Oksford 2009
Danny Dorling, *Inequality and the 1%*, Londyn 2014
Giacomo Galeazzi, Andrea Tornielli, *This Economy Kills. Pope Francis on Capitalism and Social Justice*, Mediolan 2015
Megachange. The world in 2050, w serii: *The Economist Books*, red. Daniel Franklin i John Andrews, Londyn 2012

Sallie McFague, *Blessed Are the Consumers*, Minneapolis 2013
John Naish, *Enough. Breaking Free from the World of More*, Londyn 2008
Michael Norton, *365 Ways to Change the World*, Brighton 2008
Miłosierdzie. Mądrość Ojców Kościoła, Kraków 2015
Vincenzo Paglia, *Storia della povertà*, Mediolan 2014
Marek Rabij, *Życie na miarę. Odzieżowe niewolnictwo*, Warszawa 2016
Pietra Rivoli, *Śladami T-shirta*, Warszawa 2007
Ronald J. Sider, *Rich Christians in an Age of Hunger*, Nashville 2005
„Więź", nr 3(661)
Jean Ziegler, *Geopolityka głodu*, Warszawa 2013

STRONY INTERNETOWE

Bbc.com
ChristianityToday.com
Credite-Suisse.com
Deon.pl
DoSomething.org
Gosc.pl
Laboratorium.Wiez.pl
MercyCorps.org
Oxfam.org
Pism.pl
PrisonStudies.org
Przewodnik-Katolicki.pl
Unhcr.org
Water.org
Who.int
Woda.edu.pl
WorldHunger.org

Spis treści